旅游专业系列教材

康乐服务与管理

KANGLE FUWU YU GUANLI

（第3版）

主　编　赵莹雪
副主编　余　蓉　黄　菡

北京·旅游教育出版社

图书在版编目（CIP）数据

康乐服务与管理 / 赵莹雪主编. -- 3版. -- 北京 : 旅游教育出版社, 2023.1（2025.12重印）
旅游专业系列教材
ISBN 978-7-5637-4489-3

Ⅰ. ①康… Ⅱ. ①赵… Ⅲ. ①休闲娱乐－商业服务－高等职业教育－教材②休闲娱乐－商业管理－高等职业教育－教材 Ⅳ. ①F719.5

中国版本图书馆CIP数据核字(2022)第208052号

旅游专业系列教材
康乐服务与管理
（第 3 版）
赵莹雪　主　编
余　蓉　黄　菡　副主编

责任编辑	何　玲
出版单位	旅游教育出版社
地　　址	北京市朝阳区定福庄南里 1 号
邮　　编	100024
发行电话	（010）65778403　65728372　65767462（传真）
本社网址	www.tepcb.com
E - mail	tepfx@163.com
排版单位	北京旅教文化传播有限公司
印刷单位	唐山玺诚印务有限公司
经销单位	新华书店
开　　本	710 毫米 × 1000 毫米　1/16
印　　张	21.25
字　　数	284 千字
版　　次	2023 年 1 月第 3 版
印　　次	2025 年 12 月第 4 次印刷
定　　价	58.00 元

（图书如有装订差错请与发行部联系）

第3版前言

本教材在第1版和第2版的基础上，依据《职业教育提质培优行动计划（2020—2023年）》《“十四五”职业教育规划教材建设实施方案》《高等学校课程思政建设指导纲要》等文件精神，力求落实立德树人根本任务，突显职业教育类型特色。在教材内容的组织上依然按照前两版的逻辑框架，即按照酒店康乐部筹备与运营的实际操作要求，根据高等职业教育培养目标和教育部对高职高专康乐服务与管理课程的教学标准，以酒店康乐部各岗位的职业活动的基本知识和技能为依据，设计教材模块项目内容。将基础知识、项目服务和经营管理三部分内容进行整合序化，按照康乐部三大中心的运营操作要求，设置相应的模块项目，在第3版中就其中的某些内容进行了更新、整合和序化，使教材更加具有时代特色。

本教材增加了“素质目标”和“知识拓展”两部分内容，结合康乐服务与管理专业知识，充分挖掘课程思政元素，将社会主义核心价值观、中华优秀传统文化、职业道德、职业素养、职业行为习惯、职业精神、工匠精神等元素如盐入水般融入教材内容中。

本教材以立德树人、岗位教学、工学结合的思想构建教材编写体系，以项目化、任务式体例拓展教材内容，按照知识目标、能力目标、素质目标、实训项目、项目分析、学习任务、案例分析（或交流与讨论）、知识拓展、思考与练习的编写体系组织教材内容，突出育人性、实践性、职业性、应用性的特点。

本教材由赵莹雪完成所有修订工作，未修订内容的分工与第1版和第2版一致。

本教材在编写过程中参阅了大量同行专家的论著，在此一并表示衷心的感谢！

由于康乐行业发展日新月异，编者阅历与水平有限，书中难免有疏漏与不妥之处，敬请广大读者批评指正。

赵莹雪

2022年2月5日

目 录

模块一　筹建康乐部

模块二　康体类项目服务与管理

模块四 娱乐类项目服务与管理

模块一

筹建康乐部

项目一 认识康乐部

【知识目标】

◆了解康乐活动的起源与发展。

◆理解“康乐”的基本含义。

◆理解康乐需求产生的原因。

◆认识康乐部的作用和任务。

◆了解康乐行业的现状。

◆了解康乐行业的发展趋势。

【能力目标】

◆能够分析你所在地区康乐市场的现状和发展趋势。

◆能够针对目前康乐行业的现状和发展趋势，提出进一步发展康乐业的建议。

【素质目标】

◆树立遵纪守法的意识。

◆具有良好的敬业精神和服务意识。

◆具有良好的团结协作意识。

◆富有创新精神，具有创业意识，具备一定的创业素质。

◆具有弘扬中华民族康体文化的自觉意识。

【实训项目】

对你所在城市进行康乐市场调研。

【项目分析】

◆将学生分为若干组，每组负责1~2个区的康乐市场调研。

◆每个区至少选择3家以上不同星级与不同类型（度假、商务等）的酒店进行调研。

◆需调研的项目包括：酒店星级，酒店类型，康乐项目的名称、收费标准、盈利状况。

◆对比分析不同星级、不同类型酒店康乐项目的设置及经营状况的不同。

◆分析所调查区域康乐行业存在的问题，提出改进的建议。

【学习任务】

任务一　康乐行业的现状与发展趋势

一、康乐与康乐活动的含义

“康乐”一词在西方可用well-being来表示，但well-being一词仅中文翻译就不下十种，除康乐之外，还有安宁、安乐、安康、健康、幸福、富足、福利、福祉等。它具有“人类生活得更美好”的本质内涵，是一个集健康、快乐、幸福在内的综合概念。

“康乐”从字面上来理解，即“康乐＝健康＋快乐”，是人们进行活动的最终目的。

康乐活动顾名思义是指能使人提高兴致，增进身心健康的快乐休闲活动。它包括康体活动、娱乐活动、休闲活动、文艺活动、美容美发等多种形式，涉及运动学、心理学、美学、卫生学、文化艺术、医疗保健等广泛的知识领域。

康乐活动包括四个要素：第一，它是非职业性的活动；第二，它需要一定的设施设备和约定的规则；第三，它以满足人们的生理与精神享受为目的；第四，在闲暇时间进行。

因此，康乐活动完整的定义是指人们在非职业时间进行的、以一定的设施设备和规范要求为基础的、以增进身心健康愉悦为目的的各种活动的总称。

二、康乐活动的起源和发展

（一）康乐活动的发展历程

康乐活动自古有之，方式多样。原始部落时期就已经有一些带有宗教色彩的歌舞表演，封建时代出现了棋牌游戏；古代还出现了马球、秋千等娱乐项目，而现代社会中，各种康乐项目层出不穷：电子游戏、卡拉 OK、台球、保龄球、高尔夫、壁球、桑拿等。因为世界各国、各地区的社会经济发展水平和速度不一样，其康乐活动、康乐设施的发展水平和速度也是不一样的，但总体上都经历了三个阶段。

1. 自发的简单发展阶段

19 世纪末，由于生产力落后，休闲娱乐主要为少数贵族阶级享有，广大劳动者只能在有限的时间里进行简单而原始的康乐活动。

2. 普及发展阶段

美国等西方资本主义国家实行 8 小时工作制以后，康乐活动得到了普及和发展。各种歌舞厅、酒吧、球馆、俱乐部等娱乐场所开始出现，普通大众开始参与康乐活动。

3. 高档化发展阶段

“二战”以后，许多国家致力发展经济，社会生产力迅速提高，闲暇时间和工资收入的增加，使人们对康乐有了更高的要求。这一时期的康乐设施向多功能、配套化、电脑化发展，环境更加高雅、舒适，服务也更加规范而又个性化。

（二）各项目的产生与发展

1. 运动类项目的产生与发展

（1）台球

台球最早起源于 14 世纪的英国，也称桌球或弹子球。早期的台球是用黄铜和木材制造的，后来改用象牙，由于其价格昂贵，很长一段时期仅是有钱人的娱乐活动。到 19 世纪，随制造工艺的进步，逐渐流传到世界各地。如今，台球已成为中国最普及、参加人数最多的运动项目之一。有关部门的统计数据显示，目前，国内有超过 5 000 万人打过台球，2 500 万人经常打台球，每天有

50 万至 100 万人在打台球。

（2）保龄球

保龄球又叫“地滚球”，是一种在木板球道上用球滚击木瓶的室内运动。保龄球的历史最早可以追溯到距今 7200 年前古埃及流行的一种用大理石制的圆球打倒石柱的游戏。现代保龄球的前身是“九柱戏”，公元 3~4 世纪起源于德国，并传遍整个欧洲。到 14 世纪，在英国已相当普及。17 世纪荷兰移民将此游戏带到美国，19 世纪九柱戏演变成“保龄球沙龙”，成为一种高雅的室内娱乐活动。20 世纪初传入中国，成为深受大众喜爱的康乐项目。

（3）网球

12 世纪皇家网球在法国出现，起初叫“掌戏球”，流行于各地的隐修院。现代网球运动由英国绅士温菲尔德于 1873 年创始，将早期的网球打法加以改进，使之成为夏天在草坪上进行的一种体育活动，并取名“草地网球”。1885 年前后传入中国，近 30 年来得到迅速推广。

（4）游泳

早在大禹治水时期，中国居住在江、河、湖、海一带的人们已经具备游泳的技能，至唐宋已经成为一种体育运动。现代游泳运动起源于英国。17 世纪 60 年代，英国许多地区已广泛开展游泳活动。1828 年英国在利物浦乔治码头修建了第一个室内游泳池。1896 年第一届奥运会将游泳列为竞技比赛项目。

（5）高尔夫球

高尔夫是荷兰文 kolf 的音译。15 世纪具有现代意义的高尔夫球运动出现于苏格兰民间，之后发展成为苏格兰的国球。18 世纪开始流传到世界各地，盛行于美国、日本及英联邦诸国，后来与网球和台球并称世界三大绅士运动。1896 年中国上海高尔夫球俱乐部成立，标志着这项运动进入中国。据中国高尔夫球协会不完全统计，目前我国有各类高尔夫球会近 500 家，球洞数合计约 9500 洞，参与运动人数百余万（含台、港、澳地区和外国在华人士）。

（6）其他运动项目

乒乓球的产生与发展：乒乓球是将网球打法改在桌上进行的运动。19 世纪末，英国盛行室外网球运动，因恶劣天气而改造成在桌上进行，从而出现了乒乓球。乒乓球于 1913 年传入我国，发展成为我国的国球。

羽毛球运动的产生与发展：起源于古代的毽球游戏，19 世纪在印度孟买流行，1873 年由从印度退役的英国军官传至英国，并演变成为羽毛球运动。1934

年成立了国际羽毛球联合会（现羽毛球世界联合会）。

2. 娱乐类项目的产生与发展

（1）夜总会

夜总会前身是酒楼、茶肆的曲艺表演。在大酒店时期，西方人将歌舞、器乐、魔术杂技、插科打诨等综合在一起，在酒店里演出。20世纪初传入中国，后来融入时装表演、民俗风情表演等节目。

（2）舞厅

舞厅分交谊舞厅和迪斯科舞厅两种。交谊舞厅最初流行于中世纪的西方宫廷。20世纪30年代，我国的上海、哈尔滨出现了豪华的交谊舞厅。迪斯科是20世纪后期从美国兴起并流传于世界的，20世纪80年代传入我国。

（3）卡拉OK

卡拉OK的本意是“为练唱者准备的空伴奏”，于20世纪70年代起源于日本，此后风靡全世界。

（4）围棋

围棋在中国起源最早。在原始社会时，已具雏形，据说是由尧（也有说是舜）所创制。在西汉广为流传，隋唐时传至日本、朝鲜，19世纪传至欧洲、北美洲。

（5）中国象棋

中国象棋在中国有着3000多年的历史，最早出现于战国时期，唐宋时期得到发展，到南宋时其体制与现代体制完全相同。中国象棋属于二人对抗性游戏的一种，由于用具简单，趣味性强，成为流行极为广泛的棋艺活动。

（6）国际象棋

国际象棋的发展历史已将近2000年。关于它的起源，曾经有过多种不同的说法，诸如起源于中国、印度、锡兰、波斯、阿拉伯国家等。目前世界上多数棋史学家认为国际象棋起源于5世纪古印度的恰图兰卡，约7世纪时传入阿拉伯，后传至西欧。15世纪末演变成现代国际象棋，到19世纪中期规则完全统一。国际象棋在中国是新项目，1956年起列入国家体育项目，1957年首次举行了国际象棋的全国比赛。

（7）纸牌游戏

纸牌游戏最早出现在9世纪的中国。现代桥牌运动的前身为17世纪英格兰民间的惠斯特牌戏。经过惠斯特、桥牌惠斯特、竞叫式桥牌、定约式桥牌四个发展阶段，现已流行于世界各地。

（8）电子游戏

电子游戏（Electronic Games）又称视频游戏（Video Games）或者电玩游戏（简称电玩），是指所有依托于电子设备平台而运行的交互游戏，始于20世纪60年代末。电子游戏主要由传统游戏继承而来，如足球、棒球、国际象棋的电子游戏，组字和数字的游戏等。也有些电子游戏具有传统游戏所不具有的功能，如幻想世界的冒险、战争、格斗等。

3. 保健类项目的产生与发展

（1）桑拿

桑拿是英语sauna的中文音译，原意是指“一个没有窗子的小木屋”。12世纪桑拿浴已在欧洲流行。这种沐浴最早起源于古罗马，后来流行于芬兰和土耳其，故桑拿浴有芬兰浴和土耳其浴两种。最初的小木屋，不仅没有窗户，甚至连烟囱也没有，浓烟把屋子熏得黝黑，因而，那时的桑拿就叫“烟熏桑拿”。由于人们对桑拿不断的追求，1930年火炉桑拿问世了。火炉桑拿的优点在于它把石头和火完全分离，以火的强度来控制石头乃至整个房间的温度，这种火炉大大改善了环境条件，当时在北欧大为流行。1950年电炉问世了，更提高了全世界对桑拿的认可。桑拿于20世纪70年代以后传入我国，并备受欢迎。

（2）足浴

在中医文化中，足浴疗法源远流长，它源于我国远古时代，是人们在长期的社会实践中的知识积累和经验总结，至今已有3000多年的历史传统。古人曾经有过许多对足浴的经典记载和描述：“春天洗脚，升阳固脱；夏天洗脚，暑湿可祛；秋天洗脚，肺润肠濡；冬天洗脚，丹田温灼。”苏东坡曰：“热浴足法，其效初不甚觉，但积累百余日，功用不可量，比之服药，其效百倍。”又在诗中写道：“主人劝我洗足眠，倒床不复闻钟鼓。”陆游道：“洗脚上床真一快，稚孙渐长解烧汤。”清朝外治法祖师在《理瀹骈文》道：“临卧濯足，三阴皆起于足，寒又从足心入，濯之所以温阴，而却寒也”。足浴作为一种新兴的传统行业，近年来发展迅速。据有关部门统计，目前足浴行业的从业人员有数百万，行业产值近千亿。

（3）美容

人类修饰自身形象的欲望由来已久。一些史前洞穴遗迹表明，当时人们已开始使用燧石剃须刀。在公元前3000年苏美尔人的陵墓中，就发现了关于化妆的美容用品。在古代希腊、罗马、印度和中国，人们也使用各种方法来美化自己的容颜。我国早在殷商时期就有使用“燕支”（胭脂）涂面的记载。周朝时已有中医药美容药方记载。东汉时期，我国现存最早的中药学著作《神农本草经》载有美容药物数十味。20 世纪 30 年代，现代美容化妆品开始在中国各大城市里流行。近年来，中国美容行业已越来越显现出极大的市场，美容成为人们生活不可分割的一部分。

三、我国酒店康乐行业的现状与发展趋势

（一）我国酒店康乐行业的现状

1. 新项目层出不穷与酒店设施设备日益老化现象并存

随着我国经济的快速发展和社会的持续进步，人们对康乐活动的需求也不断地增加，酒店康乐行业不断推出新项目。我国酒店康乐项目近 20 年来由少数几个传统项目如游泳、乒乓球、歌舞厅、棋牌室、美容美发等迅速发展，新增了台球、壁球、保龄球、桑拿浴、高尔夫室内练习场等，涵盖了运动类、娱乐类、保健类的主要康乐项目。近些年来，一些经营者将桑拿浴这一传统保健项目不断推陈出新，陆续开发了光波浴、鲜花浴、牛奶浴、中药浴、巧克力浴、泥浴、沙浴、酒水浴、茶水浴等新项目。此外，酒店康乐业还推出了室内攀岩、蹦极、滑草、滑沙等新兴的康乐项目。新的康乐项目不断涌现，为酒店康乐业注入了新的活力。

然而，我国酒店中的康乐项目，最初是按西方人追求健康和缓解工作压力的需要而设立，在相当长的一段时间，因中国国内顾客缺少对酒店设施的需求，酒店的康乐设施大多处于闲置状态，酒店的康乐部门一直处于从属地位。一些酒店将其归属于前厅部，有的归属于客房部。许多酒店的高层管理人员未意识到酒店康乐良好的发展趋势，还在大力发展餐饮、客房项目。高层管理人员对康乐经营不重视，在项目选择上一味追赶潮流，市场上流行什么主经营什么，内容雷同，人为造成了酒店康乐经营的难度。同时，缺少对康乐项目发展前景的了解，应对速度过慢，以至于在支持康乐项目升级改造的力度上远远不如对于餐饮、客房等传统盈利部门，酒店康乐设施设备得不到及时更新，导致酒店康乐设施陈旧老化，康乐项目缺乏新颖性。还有很多酒店高层管理人员将康乐项目简单外包，而浪费酒店康乐发展的良好机遇。

2. 经营主体大幅增加与酒店康乐投入不足现象并存

我国近 20 年来一直维持经济的高速发展，居民可支配收入持续增长，对康乐活动需求的日益增加，有效地促进了康乐业的快速发展，康乐行业经营主体也大幅增加。经营康乐项目的主体从高星级酒店向度假村、康乐中心扩展，还出现了许多经营康乐项目的企业。许多旅游度假村不仅有传统的歌舞、棋牌、运动项目，还开发了垂钓、采摘、耕田、捉泥鳅、漂流等极富乡野气息和亲近大自然的新型康乐项目。广州社会化经营的康乐中心发展也极为迅速，目前已有数十家社会经营的康乐中心，仅康乐足疗中心就超过 6 家。广东长隆集团是中国旅游行业的龙头集团企业，经营的长隆欢乐世界和长隆水上世界两个主题康乐项目享有盛名。

相比康乐社会化经营迅速发展而言，酒店康乐投入明显滞后。据调查，广州的老牌五星级酒店如白天鹅酒店的康乐设施尽管已经加以改造，但康乐项目依然是比较传统的游泳、健身、壁球、桑拿、按摩等服务项目，目前较流行的高尔夫球、台球、保龄球等项目均缺失，更缺少新兴的康乐项目。

3. 参与人数持续增长与酒店康乐从业人员短缺现象并存

随着人们健身休闲观念的增强，生活方式出现多元化趋势，逛商店、游公园等传统休闲方式越来越丧失吸引力，而集健身、娱乐、休闲为一体的现代康乐，正好满足了人们对新的休闲方式的强烈需求。原先的贵族项目如保龄球、台球、高尔夫球、壁球等开始大规模走向大众化。

但由于酒店对于康乐项目的重视不够，相关的投资较少，相关从业人员的职业生涯发展较渺茫，薪资待遇和激励政策都比其他一线部室低弱，致使酒店康乐行业的人才流失。人才短缺导致康乐管理和服务质量低下，经营环境变差，如此恶性循环造成酒店经营者将康乐项目外租经营，或者将其定位为酒店配套项目，亏损经营，最终错失酒店康乐项目发展良机。

（二）现代酒店康乐业的发展趋势

1. 康乐项目不断增加

现代消费观念认为，高星级酒店应该是一个包罗万象的小社会，可以享受到各方面的乐趣。高星级酒店将会最大限度地使康乐部项目更加多姿多彩，把传统康乐项目与创新康乐项目结合起来，康乐项目之间实现相互配套，进一步满足客人的多样化和整体需求。如开设室内康乐项目包括保龄球、台球、乒乓球、壁球、羽毛球、沙弧球、藤球、飞镖、室内游泳池、儿童康乐室、有氧健身、桑拿、美容、身体 SPA（水疗）、氧吧、茶道、虚拟现实游艺机、棋牌、舞厅、迷你室内电影、卡拉 OK 等。如开设户外康乐项目包括网球、高尔夫球、游泳池、射击、射箭、溜冰、潜水、冲浪、温泉水疗、室外游乐项目等。室内项目丰富多彩，设备齐全，不受天气和时间的限制，客人可以随时随地享受康乐、休闲、娱乐的乐趣。户外项目能使客人全身心放松、贴近大自然，在寻找快乐的同时挑战自我，锻炼意志。

2. 更加注重康乐项目的经营特色

中国新的《酒店星级的划分与评定》中只保留必备的健身设施，康乐项目中大部分内容调整到加分项目，在康乐项目的设置上给予了酒店很大的选择权。酒店不仅可以选择歌舞厅、音乐厅、投影电视、迷你电影厅、卡拉 OK 厅、夜总会歌舞厅、地方特色的民俗风情表演如茶道、民歌、民族舞蹈等休闲娱乐项目，而且可以选择网球场、保龄球室、桌球室、乒乓球室、高尔夫练习场、射击场或射箭场、溜冰场、游艇、儿童康乐室、室内游泳池等运动休闲项目，还可以选择棋牌室、桑拿、美容、按摩等保健服务项目。这样将引导酒店在提供基本康乐服务项目的同时，因地、因店、因时选择特色服务项目，从而形成特色经营。例如，都市中心的商务酒店受场地限制，不可能设置占地面积很大的乡村高尔夫，但为了满足日益增长的高尔夫爱好者的需要，可考虑造小型高尔夫球场或室内模拟高尔夫练习球场。寒冷地区的酒店一般不宜建室外游泳池，这是因为受气候和季节的影响，室外泳池一年中只能在 6 月、7 月、8 月三个月开放，利用率较低。市场的运作机制是优胜劣汰，竞争压力将始终驱使酒店合理选择康乐项目，实现资源的优化配置。如深圳三九大酒店的月光城以其趣味性、新奇性及刺激性的内容，在过去几年里一直是深圳人的首选。阳光大酒店的阳光俱乐部以其健身性、休闲性、高雅性，面向深圳本地人开展会员制服务。

3. 康乐服务质量和管理水平明显提高

随着康乐事业的发展，康乐服务和康乐管理也由不规范转向比较规范，在不断进步。一方面，国际和国家关于康乐设施的安全卫生标准规范了康乐硬件质量，促使康乐设施质量不断提高。另一方面，大中专院校设置了康乐服务与管理专业，培养康乐服务与管理专门人才，康乐管理也开始由经验管理型开始转向科学管理型。此外，关于康乐经营的政策法规正在不断完善，约束康乐经营者合法经营。如东华假日酒店的康乐中心以其高标准的服务成为当今人们调节身心的场所。

4. 康乐设备的科技含量不断增加

随着科学技术的进步和市场需求的增加，康乐设备的科技含量会越来越高，其性能也越来越先进。例如，室内高尔夫练习器，占地仅十几平方米，模拟室内配有投影幕布和投影机，幕布上逼真地显示出高尔夫球场的场景，计算机内储存了几十家国际知名的高尔夫球场的场景，可供击球者选择。客人朝幕布击球，每打完一球，有三道感应器可立刻测量出客人击球的力度、角度和距离，计算机立刻根据这些数据在幕布上显示出球的飞行滚动过程，并可听到真实的声音，然后，计算机显示记分，并做出对此杆的分析，提出校正意见。电子球童同时可以用各种语言报告这些情况。若客人时间不够，无法打完这一场，计算机可保留成绩下次再打。高科技设备将使健身方法更科学、健身效果更明显、娱乐效果更逼真、服务更周到，能更好地体现康乐活动的魅力。

5. 更加体现康乐项目的文化性

康乐产品与文化的融合是酒店康乐业发展的必然趋势，这也是一种更高层次的竞争手段。酒店借助多功能厅举办小型音乐会、画展、书法展以及各种文化交流活动，可体现康乐部甚至整个高星级酒店的文化层次。借助文化的亲和力，将康乐产品中的文化因素与消费者的价值观念结合起来，满足客人对康乐活动更高层次的需求。如北京前门建国饭店的老舍茶馆，展示了以京剧为特色的中国传统文化形象；杭州国际大厦雷迪森广场酒店就成功地树立了一个现代化歌剧院的独特品牌形象。

任务二　康乐部的作用与任务

一、康乐部的作用

酒店康乐部是提供住店客人康体、娱乐和休闲保健等活动场所的部门，是酒店为满足客人多样化消费的需要，吸引客人消费，提高酒店社会效益和经济效益的重要部门。随着现代意识日益被人们所接受，无论是旅游者还是旅游酒店对康乐的意义都有了深刻的认识，康乐部的重要作用也日益凸显出来。

（一）康乐部是酒店创收潜力最大的部门

随着经济增长与收入水平的增加，顾客对康乐的需求越来越大。对于酒店住宿的客人来说，康乐项目可延长客人停留时间，提高酒店接待能力。酒店康乐项目不仅为度假旅游的客人提供休闲、游玩、社交的场所，而且也为商务客人提供健身、运动的基本条件。如度假酒店的客房新增交互式多媒体游戏、卡拉 OK 点播、网上博弈、视频点播、收费电视、音乐与剧场转播、频道租用等康乐项目，不仅提高了客房出租率，而且延长了旅客的停留时间，增加了酒店收益。据不完全统计，有 70% 的年轻人喜欢到居住地附近的酒店康乐中心玩乐。康乐项目可选择范围很广，如果项目选择得当，对市场流行趋势反应敏锐，就可以招徕大量住店客人及酒店所属社区周边城市市民和有特定消费意识的客源群体积极参与，并带动酒水、食品、饮料等其他产品的消费，其收入上浮的比例，将有可能高于客房和餐饮。有些酒店的康乐部可以每年为酒店带来上千万元的收入，其利润率甚至可高达 60%。

（二）康乐是酒店促销的重要因素

酒店具有特色的休闲、康乐项目，可丰富酒店活动内容，形成特有的市场吸引力。不少旅游者常常就是因为某酒店的康乐设施完善，或对某一次活动感兴趣而投宿的。康乐设施的完善与否，康乐器械的现代化程度和先进性，都会影响顾客的决策与选择。越是康乐项目有特色、康乐设施现代化的酒店，越会受到旅游者和公众的青睐，从而提高整个酒店的经济效益。因此，康乐设施是否完善与先进，康乐项目是否具有吸引力，也是酒店赢得竞争的重要因素。

（三）康乐部经营是酒店经营水准的重要标志

康乐部在酒店中是一个与客房、餐饮部门一样要直接面对面地为客人提供服务的部门，康乐产品与酒店中其他产品一样具有无形性、连续性、一次性、生产与消费的同时性等特征，康乐产品服务的质量同样决定着酒店服务的整体质量。宾客在享受酒店康乐服务时，也是对酒店整体产品质量的真实体验，因此康乐部的服务质量水平直接影响着客人对酒店经营水准的整体评价。

二、康乐部的基本任务

（一）满足客人体育锻炼的需求

体育锻炼有一般运动与重点运动之分。一般运动指活动筋骨、做操、跑步等；重点运动指各项运动，如举重、骑自行车、打球、锻炼各种肌肉运动。根据客人需求，应开辟专门的健身房、游泳池等设施齐全的场所。

（二）满足客人健美运动的需求

健美是现代文明的心理表现。它表现为体形健美、脸形健美、发型健美。

体形健美可以在健身房得以实现，脸形、发型健美可在按摩、美容美发过程中加以实现。

（三）满足客人娱乐的需求

顾客在酒店除了住宿和就餐外，还希望在住店期间得到娱乐享受。因此，康乐部要在娱乐项目的开展上做到丰富多彩，以满足不同客人的娱乐需求，但一定要符合我国国情与法律规定。

（四）做好康乐器械、设施、运动场所的卫生工作

运动场所、康乐场所是一个高雅、洁净的场所，客流量大，使用频繁，尤其是康乐设备与器械客人使用频率高，清洁卫生工作十分重要。运动、康乐的器械、设施和场所的洁净高雅，不但会给客人带来舒心愉快的情趣，而且也给客人带来宾至如归的感受。客人的要求就是要有一个清新的环境。

美容室是卫生要求极高的部门。所有的美容设备、美容物品都直接与客人的面部、头部接触，卫生要求十分严格，不仅要表面整洁干净，而且毛巾等用具要经过高温消毒处理。所有美容物品、化妆品都要符合卫生标准，化学成分要达标。

（五）做好娱乐设施、运动器械及其场所的安全保养

健身运动器械极易因脱扣造成损伤，而且容易因撞击而损坏，存在着一定的安全隐患。因此，每天必须在客人使用之前做一次检查，定期对设施、运

动器械、场地进行安全保养，对存在安全隐患的器械要随时检修，确保安全无误。

（六）为客人提供运动技能技巧指导性服务

康乐部的健身器械种类较多，有国产的，也有进口的，特别是进口设备以及带有电脑显示的体育器材，需要经过服务员与教练提供正确、耐心的指导性服务，引导客人正确使用康乐器材，快速掌握康乐项目技能技巧，体验康乐活动所带来的乐趣。

【交流与讨论】

和你的同学一起分享一项或几项你所喜欢的康乐活动，或是分享一次让你难忘的康乐活动经历。

【知识拓展】

中华养生文化不仅内容博大精深，而且更重要的在于它的主旨始终如一地属于人与自然的和谐统一，营造“万物并育而不相害”的生态环境，顺应“天人相应”的客观规律。

中国最早最完整的医学经典《黄帝内经素问》开篇的“上古天真论”“四气调神论”“生气通天论”三章集中地表述了中医学的养生理论。

《上古天真论》曰：“上古之人，其知道者，法于阴阳，和于术数，食饮有节，起居有常。不妄作劳，故能形与神俱，而尽终其天年，度百岁乃去”“今时之人不然也，以酒为浆，以妄为常，醉以入房，以欲竭其精，以耗散其真，不知持满，不时御神，务快其心、逆于生乐，起居无节，故半百而衰也”。

对于这样一种现象，古人的教诲是在充分认识人的机体机能并掌握其生长、发育、衰老过程的基础上，要做到以下五条：

一是对自然界，以顺应为主。

“和于阴阳，调于四时。”对“虚邪贼风，避之有时。”

二是对人体心理，以内守为主。

“恬淡虚无，真气从之，精神内守，病安从来？”

三是对形体生理，要劳而有度。

做到“形劳而不倦。”

四是对生活起居，要以朴为尚。

“美其食，任其服，乐其俗，高下不相慕，其民故曰朴。”

五是对疾病，以预防为主。

“圣人不治已病，治未病。”在这五条当中，十分强调以“精神内守”为核心的心理修养。例如“提挈天地，把握阴阳，呼吸精气，独立守神”“去世离俗，积精全神，游行天地之间，视听八远之外”“志闲而少欲，心安而不惧”“嗜欲不能劳其目，淫邪不能惑其心”“适嗜欲于世俗之间，无恚嗔之心”“内无思想之患，以适愉为务，以自得为功，形体不敝，精神不散”。

所有这些，最后归结到“真气从之”“淳德全道”“德全不危”，符合清静无为的“自然主义”。后世评《黄帝内经》和中医学的哲学思想，认为主要受道家思想的影响。《内经》形成于春秋战国时代。当时儒术尚未独尊，释家尚未引入，老子的道家学说是土生土长的哲学，《黄帝内经》中有不少老庄思想是毋庸置疑的。但后来中医学的发展，集中华民族各种优秀养生思想和养生知识之大成。如儒家的“中庸之道”“过犹不及”“以平为期”“衰其大半而止”“四君子汤中和义”“给病邪以出路”“闭门留寇不如开门揖盗”等，实际上成为阴阳平衡学说的发挥。佛经《般若波罗蜜多心经》云:“故心无挂碍。无挂碍故，无有恐怖，远离颠倒梦想。”这种无争无挂的心态，和恬淡虚无、清静无为一样成为中华养生文化的一部分。一些少数民族的产生经验，也都融入其中，丰富了中华养生文化的肉涵。当然，任何一门高深的学问被群众接受的时候，都会产生世俗的一面，与群众自身的经验结合在一起并得到恣意发挥，甚至改造成更加积极、更加实用、更加普及的群众养生活动。应积极倡导优秀养生文化传统与现代科学相结合的中国式的养生习俗。

思考与练习

1. 康乐部如何在酒店经营中发挥作用?

2. 康乐部应如何办出特色?

3. 针对目前国内星级酒店康乐业经营存在的问题及发展趋势，结合全民健康的理念，提出进一步发展康乐业的建议。

项目二　筹建康乐部

【知识目标】

◆了解康乐项目分类及特点。
◆掌握康乐项目设置的基本原则。
◆熟悉康乐项目设置的主要依据。
◆掌握康乐部组织机构设置的原则。
◆熟悉康乐组织机构设置的模式。
◆明确康乐部人员岗位职责及素质要求。

【能力目标】

◆能够分析你所在地区康乐市场的现状和发展趋势。
◆能够依据康乐市场调研与酒店特色，选择恰当的康乐项目。
◆能够合理地组建康乐部，明确康乐部各下属部门岗位职责。

【素质目标】

◆具有良好的敬业精神和服务意识。
◆具有良好的团结协作意识。
◆具有弘扬中华民族康体文化精神的自觉意识。

【实训项目】

你所在城市某酒店拟由你负责筹建康乐部，请在康乐市场调研的基础上，设置酒店康乐部的组织机构以及人员岗位职责。

【项目分析】

◆按照市场调研的分组，将学生分为若干组，每组在自己所调研区域筹建康乐部。

◆结合市场调研分析的结果以及所负责筹建康乐部的酒店特点，选择恰当的康乐项目。

◆确定康乐部人员岗位及其岗位职责。

【学习任务】

任务一　康乐项目设置

一、康乐项目的分类及特点

（一）按照功能特征分

康乐项目按照功能特征分可分为康体项目、保健项目、娱乐项目。

1. 康体项目

康体项目是指借助一定的运动设备、设施、场所，通过顾客主动参与活动，在愉快的气氛中促进身心健康的活动项目。具体有健身、游泳、保龄球、台球、壁球、沙弧球、射箭、飞镖、羽毛球、乒乓球、高尔夫球、溜冰等。

康体项目的主要特征是：设备科学，设施完善，场馆豪华；可同时完成健身、娱乐的双重任务；运动量适中，以普通顾客身体承受力为限，以增强体质为主要功能；运动的娱乐性、趣味性较强，能提高参与者的兴致。

2. 保健项目

保健项目是指通过提供相应的设施、设备或服务作用于人体，使顾客达到放松肌肉、促进血液循环、消除疲劳、恢复体力、养护皮肤、改善容颜等目的的活动项目。

保健项目包括桑拿浴、保健按摩、美容美发等项目。

保健项目的主要特点是：参与者能在轻松、自在的环境和气氛中达到强身健体的目的，无须参与激烈的运动，也不会产生特别兴奋或紧张的情绪。

3. 娱乐项目

娱乐项目是指通过提供一定的设施、设备和服务，使顾客在参与中得到精神满足的游戏活动。

娱乐项目包括卡拉 OK、歌舞表演、电子游戏、棋牌活动等项目。

娱乐项目的主要特点是：活动需要顾客的主动参与；主要功能是使参与者得到精神和情趣上的满足；要有良好的环境氛围；主体参与性强；能培养顽强的意志、锻炼思维能力、开发智力、陶冶情操；自娱自乐；相对安静；活动量小，耗能少；以室内活动为主。

（二）按照经营环境分

康乐项目按照经营环境分为室内、室外项目。

1. 室内项目

室内康乐项目包括美容、美发、SPA 氧吧、保龄球、藤球、壁球、羽毛球、乒乓球、茶道、舞厅、沙弧球、飞镖、儿童康乐室、台球、桑拿、虚拟现实游艺机、棋牌、室内游泳池、迷你室内电影、有氧健身、卡拉 OK 等。

2. 室外项目

室外康乐项目包括网球、射箭、室外游泳池、潜水、射击、高尔夫球、室外溜冰、温泉水疗、冲浪、室外游乐项目等。

二、康乐项目设置的基本原则

（一）经济效益原则

康乐项目的设置首先是为了提高企业的经济效益。康乐项目的经济效益来自两方面，即直接效益和间接效益。

直接效益通过单独收费实现。大部分康乐设施是单独收费的，如保龄球、台球、美容美发等，可以直接取得经济效益。

间接效益通过隐性收费实现。隐性收费是把康乐项目所收费用打在客房费用当中。通过这种隐性收费的方式可以使客人感到实惠，从而提高客房出租率，达到提高酒店经济效益的目的。对康乐项目来说，这是一种间接的经济效益。

（二）先进适用的原则

现代康乐项目，无论是传统项目如棋牌、乒乓球、高尔夫球、保龄球，还是新开发的项目如桑拿、按摩、模拟高尔夫球等项目，都不同程度地应用了现代科学技术，从而使各种康乐项目都具有不同的技术档次。以现在五星级或以上级别的酒店中康乐部的健身房来说，整个室内都有随时加湿系统，能让人们在运动时处于最舒适的状态。所使用的器械也是世界顶尖品牌，不仅使人们能有效地运动，还可以全面了解自己的身体状况等。这些功能都充分表现了现代康乐的先进性。

同时，不同的酒店，由于其地理位置、自身条件等不同，设置康乐项目的时候，要因地、因店、因时不同而有所不同。商务型酒店主要是为进行商业、贸易等商务活动的宾客提供膳食住宿等服务的酒店，多位于城区，靠近商业中心，以接待商务旅行者为主，该类旅游者的经济收入和文化水平都较高，对健康有自己的理念和习惯，对健身设施的要求比较专业，对价格不敏感。一些酒店专门开设商务楼层，配备商务客人必需的健身房、游泳池、酒吧等康乐设施，并为宾客提供休闲服务。会议型酒店设有不同规模和功能的会议厅，集体康乐活动较多，根据需要还可以设立兼作会议厅、舞厅或宴会厅的多功能厅，有的酒店还设展览厅。观光度假型酒店多位于海滨、山区、温泉、海岛、森林等地区，以接待游乐、度假的宾客为主。此类酒店利用天然地理优势，可以开辟很多康乐项目如滑雪、骑马、狩猎、垂钓、划船、潜水、冲浪等活动来吸引游客。活动的质量高低往往是一家度假型酒店经营成功与否的关键。

（三）合理配套原则

酒店设置康乐项目，首先应合理确定主营项目。根据企业优势和市场前景，将市场潜力最大的项目确定为主营项目，并应具有一定的规模和一定的特色。现代康乐项目，特别是新兴的康乐项目如高尔夫球、桑拿浴、水力按摩、保龄球等，这些项目的设计在空间面积、使用设施、温度、湿度等各项相关指标都有严格、科学的要求。只有科学地规划、制定并执行严格的管理规章制度，才能使这些项目设置达到标准，达到理想的使用效果，发挥出最佳的使用功能；也才能使康乐项目消费者在使用过程中达到科学、充分、理想的健身、娱乐休闲的目的，同时，增强这些项目的市场竞争能力。

酒店设置康乐项目，应合理设定配套项目。主营项目确定以后，接下来的工作是选择、设定相应的配套项目。配套项目是主营项目的补充和完善。客人进行康乐项目消费时，除了基本康乐设施与环境外，还需要相关的配套服务项目和设施，保证整个康乐消费过程健康、愉快、顺利进行。康体场所的配套设施一般有接待收银处、办公室、会议室、员工休息室、空气调节机房、机电房、洗衣房、储物室、医务室等。除了必要的项目设备设施外，还需配备必需的相应数量和质量的相关设备设施及服务，如桑拿浴室的面积要与更衣箱数量匹配。除此之外，还应设有相应的休息区，区内应设有水吧，为客人提供饮料、小吃以及一些必要的生活用品。

（四）突出特色的原则

康乐项目的种类很多，康乐设施设备的品种、规格、型号、档次更是不可胜数。在一个地区内只有那些富有个性、设施设备先进、服务优良的企业或康乐中心，才能在市场上拥有一定占有率。因此，酒店在进行康乐中心的设计规划时，要在进行可行性研究的基础上，根据经营特色设置特色项目或服务。例如，珠海御温泉是中国第一家日式露天温泉，集温泉沐汤、健康调养、膳宿会晤、休闲娱乐等服务项目为一体，温泉项目设计、布局奇特，被游客称为“华夏奇泉”。深圳三九大酒店的月光娱乐城以其趣味性、新奇性及刺激性的娱乐内容，在过去几年里一直成为深圳人的首选。阳光大酒店的阳光俱乐部以其健身性、休闲性、高雅性，面向客人开展会员制服务。北京前门建国饭店的老舍茶馆，展示了以京剧为特色的中国传统文化的形象。杭州国际大厦 Radisson（雷迪森）广场酒店成功地树立了一个现代化的歌剧院的独特品牌形象。

三、康乐项目设置的主要依据

（一）市场需求

影响市场需求的因素有：

1. 人口及其构成

包括总人口的多少、人口地理分布状况、人口的性别年龄结构、居民的社会成分、家庭数及家庭人口构成等。通常而言，人口多而且集中的地区，康乐消费需求较大；就目前阶段而言，男性康乐需求大于女性，男女性别以及年龄阶段的不同对康乐项目的喜爱也有所偏好。男性较女性更热衷球类运动，女性较男性更喜爱美容养颜项目。年轻人热衷较新奇刺激的康乐项目，而老年人更偏向于保健类项目；社会阶层越高的群体相对消费能力越强，偏好高消费的贵族项目，而平民百姓则喜欢参与程度高、消费低的大众化项目；有小孩的家庭通常会考虑子女的需求而选择少儿类的项目。随着生活水平的逐步提高，人们追求健康、健美、长寿及文化社交，带有感性色彩的个性消费理念逐渐形成，所以康乐休闲产业在设计康乐产品和服务时尤其要注重新颖、有特点并富有探究性，以满足消费者的个性及好奇心理。

2. 经济收入水平

人均国民收入的高低及其增长速度、人均个人收入水平等对市场需求总量的大小和需求结构的变化起着决定性的作用。我国经济发展不平衡，康乐休闲业是满足生活基本需要后的精神消费，所以，一个地区的经济水平决定了当地人们康乐消费的观念和能力。从世界旅游发展规律来看，只有在人们拥有了满足生存需要的收入和足够的闲暇时间，康乐消费需要才应运而生。依据恩格尔系数理论：恩格尔系数值越大，个人可支配收入就越少，康乐消费能力就越弱，反之，恩格尔系数值越小，个人可支配收入越多，康乐消费越高。由此看，地区经济水平高低、商业活动繁荣程度都会影响人们的康乐消费。

3. 价格和商品供应量

在购买力不变的情况下，价格总水平的上升意味着同样多的货币只能买到较少的商品；相反，价格水平的降低意味着花同样多的货币可以买到较多的商品。人们在选择康乐项目及消费上较为理性，康乐企业的知名度、康乐项目及活动是否需要、休闲区域的设施设备的使用性能、服务好坏和价格真实度，都会成为消费者考虑的首要条件。

4. 文化教育水平

文化教育水平与文化传统、社会习俗、审美观念等密切相关。康乐休闲活动富有娱乐性、趣味性和吸引力，具备消除疲劳、缓解压力、调节心情、恢复精力、提高兴致、陶冶情操等功能。具有较高的文化教育水平的人，会主动规避低级趣味的项目，而追求陶冶情操、调节心境的康乐项目。

（二）国家政策

在西方国家，明文规定“休假型酒店”和“公寓式酒店”要有健身、娱乐设施，并附设康乐部，如果达不到标准，酒店就会“降星”。在我国，国家技术监督局新颁布的《旅游涉外饭店星级的划分及评定》中，对星级酒店的康乐项目设置也有明确规定。同时，国家相关部门的政策、法律规范等的制定，健全了对企业经营者、消费者的保护，取缔部分不良分子的经营权，如消除非法游艺机、网吧，使康乐行业健康发展，真正给游客及社区居民带来生活的乐趣。

（三）资金投入

设置康乐项目应视资金情况量力而行。如建设一个综合娱乐项目所需资金相当于建一座较大规模的酒店。但建酒店附设的适度规模的康乐项目，则不需要那么多资金。

从康乐项目的设置来看，外资酒店会“小而精”，围绕国际商务客人的需求重点打造康体中心和高端水疗 SPA，这也体现了外资酒店的经营理念，在以客房为主要核心产品的同时，为商旅游客提供更加完善健康的休闲配套产品。国内高星级酒店会设置“多而全”的康乐项目，以满足政务客人和业主方领导的消费需求。康乐项目除了康体中心外，通常会设置乒乓球、棋牌室、茶社、理疗按摩等项目。

（四）客房接待能力

一般情况下，根据酒店客房接待能力可以推算出酒店康乐部的接待能力，以此确定康乐项目的设置规模。如果酒店康乐部同时接待店外散客，这时就要考虑市场半径内的客流量，以此为依据确定酒店康乐部的规模。

（五）康乐行业发展状况

不同国家、地区的康乐行业发展程度和水平不同，因此，在康乐活动项目的设置上也表现出一定的差别。欧美国家人强调健康，健身已成为他们生活中不可缺少的组成部分。国人注重享受性消费——喜好娱乐和被娱乐。据调查，酒店的健身房、游泳池等运动设施，70% 以上是欧美客人使用。国内客人主要使用娱乐设施和保健设施，如 KTV、酒吧、保健按摩等设施。

任务二　康乐部组织机构设置

一、康乐部组织机构设置的原则

（一）组织形式必须适应经营需要的原则

康乐部的组织形式要为康乐部的经营服务。其机构要适合经营业务，根据需要而设置。例如，有的酒店把康乐部设为餐饮部下属的一个分部，这可能是由于其康乐部规模较小而卡拉OK歌厅又是与餐厅结合在一起的，因此归到餐饮部便于管理；有的酒店把康乐部归客房部，这可能是其康乐项目较少，比如只有健身房；而较大的酒店则设置与其他部室平行的康乐部，这是各家酒店康乐部的主要形式。

（二）机构设置必须科学的原则

康乐部内部的机构设置，必须明确其功能和作用、任务和内容、工作量是否合理以及和其他项目的关系等。要坚持根据明确的工作任务来设定工作岗位和处室分工，力求机构数量合适、分工合理、任务明确。

机构设置科学的重要性表现是减少工作交叉。工作交叉会带来任务不清、职责不清，可能形成有的工作重复干、有的工作没人干、有的工作抢着干的打乱仗局面，甚至引起部门和工作人员间的矛盾，给康乐部的经营管理带来麻烦。减少交叉的有效手段之一就是工作分工要细，机构内联系不紧的工作内容不宜过多。

机构设置的科学性还表现在主管和直接领导的下级机构数和人数。一个主管所能直接领导的部门或人数应有一个合理的限度，超过了一定限度，就会顾此失彼，主管疲于奔命，部属也不会感到满意。一般情况下，一个管理人员的管理跨度不应超过八项，以三至六项为宜。

（三）等级链和统一管理的原则

等级链是一条权力线的链锁，在其每个环节上都应有相应的权力和职责，下级只接受一个上级的领导，不能由多头领导。例如，游泳池服务员只接受游泳池领班的领导，一般情况下，游泳池主管也应该通过领班去领导员工，不宜直接改变领班的安排（特殊情况除外）。

统一管理是指康乐部必须是个统一的有机体，统一划分各个分部门的职权范围，统一制定主要的规章制度，统一领导康乐部各项下属项目的工作。

（四）因才施用的原则

康乐部机构的设置应有利于发挥各级人员的业务才能，发挥他们的主观能动性。康乐部各个项目都有很典型的特点，需要有相应特长的人来参与管理和服务。例如，应该选用懂得救生知识、有游泳救生技能的人担任游泳池的主管；应该选用掌握健身相关知识与技能、懂得健身场馆管理的人担任健身室的主管。

二、康乐组织机构设置的模式

康乐部作为酒店的一个业务部门，它的职务设置原则与其他业务部门大致相同。同时，根据康乐部在企业（饭店）经营中的地位及其规模不同，职务设置又有所不同。下面列举几例：

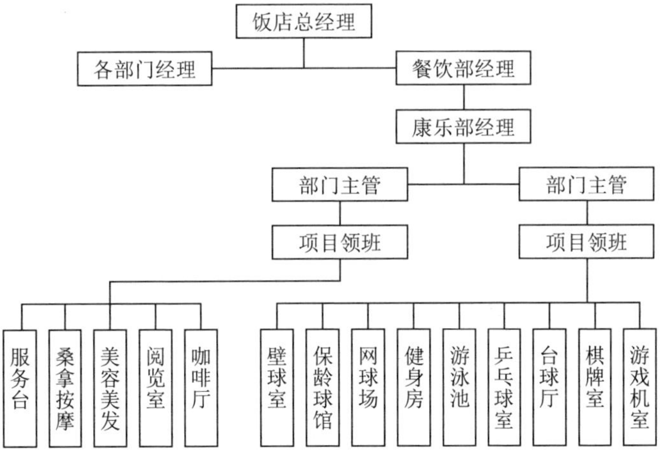

图 1-1 康乐部归属餐饮部的组织形式图

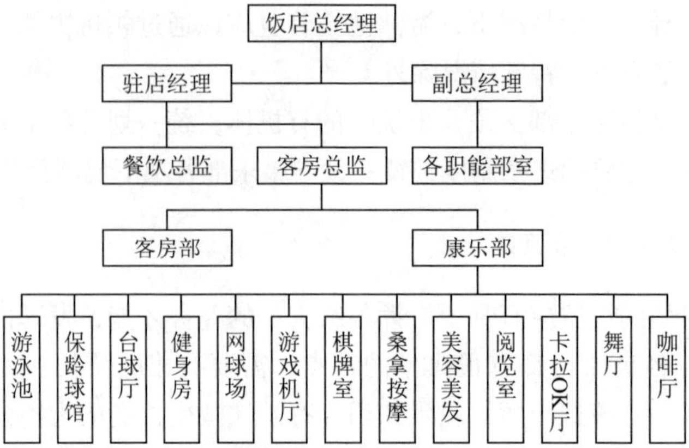

图 1-2　康乐部归属客房系统的组织形式图

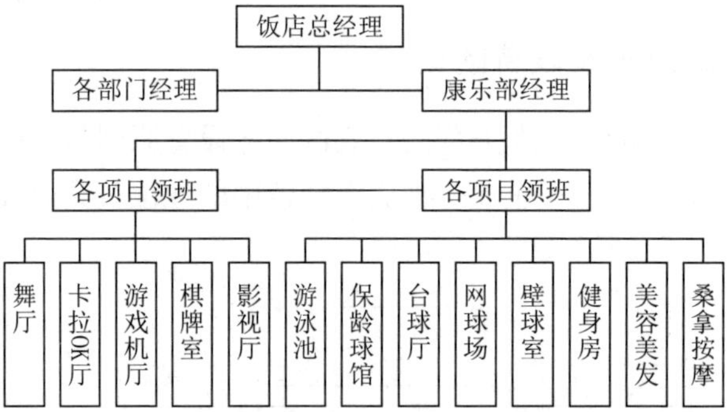

图 1-3　康乐部独立成部的组织形式图

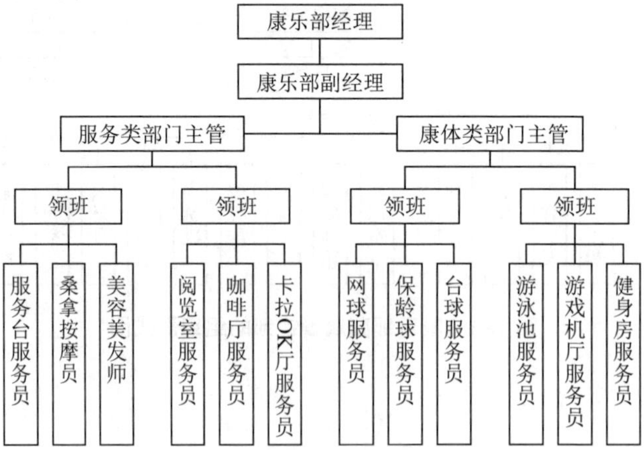

图 1-4　康乐部分类管理的组织形式图

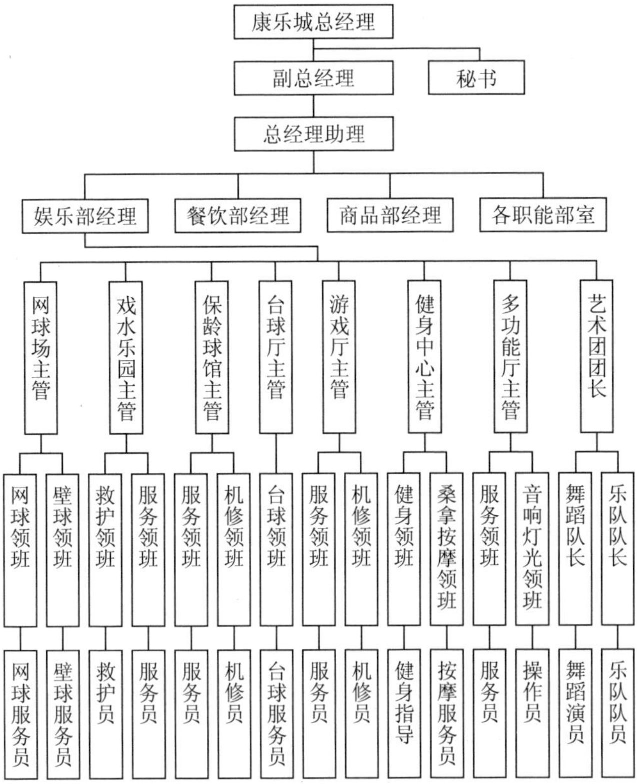

图 1-5　康乐城组织形式图

三、康乐部人员岗位职责

（一）康乐部经理

①接受总经理的督导，直接向总经理负责，贯彻酒店各项规章制度和总经理的工作指令，全面负责康乐部的经营和管理。

②根据酒店规章制度和各设施项目具体情况，提出部门管理制度和主管、领班的具体工作任务、管理职责工作标准，并监督实施，保证部门各项娱乐设施及各项管理工作的协调运转。

③分析各设施项目的客人需求、营业结构、消费状况及发展趋势，研究并提出部门收入成本与费用等预算指标，报总经理审批。纳入酒店预算后，分解

落实到各设施项目，并组织各级主管和领班完成预算指标。

④研究审核各设施项目的服务程序、质量标准、操作规程，并检查各设施项目各级人员的贯彻实施状况，随时分析存在的问题，及时提出改进措施，不断提高服务质量。

⑤根据市场和客人需求变化，研究并提出调整各设施项目的经营方式、营业时间、产品和收费标准等管理方案。配合酒店销售活动，配合有关部门组织泳池边食品销售以及网球、壁球、保龄球比赛等销售活动，适应客人消费需求变化，提高设施利用率和销售水平。

⑥审核签发各设施项目主管的物品采购、领用、费用开支单据，按部门预算控制成本开支，提高经济效益。

⑦做好各设施项目主管、领班工作考核，适时指导工作，调动各级人员积极性。随时搞好巡视检查，保证康乐中心各设施项目管理和服务工作的协调发展。

⑧制订部门各设施项目人员编制，安排员工培训。根据业务需要，合理组织和调配人员提高工作效率。

⑨随时收集、征求客人意见，处理客人投诉，并分析康乐中心服务质量管理中带倾向性的问题，适时提出改进措施。

⑩搞好康乐中心和酒店各部门的协调配合，完成总经理交办的其他工作任务。

（二）部门主管

①协助经理完成各项工作，并及时给予反馈。

②根据每月的工作计划安排工作和培训，确保员工业务技能和素质得到提高。

③做好每月员工奖金统计工作，并报经理审批。

④制订每周员工培训计划，主持每周例会。

⑤负责对各营业区域卫生、设施设备维护保养的检查。

⑥确保高水平的对客服务质量，发现问题后分析问题深层次原因，及时汇报、反馈。

⑦检查各班次员工的仪容仪表、行为规范。

⑧掌握每日酒店经营情况，了解本部室前一天经营情况和当天客人预订

情况。

⑨安排当日工作，主持每天班前班后会，听取员工工作汇报并做点评，传达早例会精神。

⑩负责对当天康乐部的工作情况进行汇总，向部室经理提交书面汇报。

⑪将每日内部质检汇总并送质检办公室。

⑫及时领取办公、对客服务用品，做好登记，仓库物品每月盘点一次。

⑬做好客史档案的统计工作，不断完善客史信息。

⑭负责外租单位的检查工作。

⑮仔细阅读“三本”并做好落实工作。

（三）康体部工作人员岗位职责

1. 健身房工作人员

①严格执行酒店和本部的各项规章制度。

②上班时要求身着制服，注意仪容仪表，讲究礼貌礼节。

③辅导不熟悉健身运动的客人正确使用各种设备或训练方法。

④坚守工作岗位，勤巡查，确保客人安全运动，及时劝止客人的违规行为。

⑤负责环境卫生工作。

⑥负责运动器材的检查、报修、保养工作，经常擦抹运动器材，保持器械洁净，出租或收回器械要认真检查质量。

⑦负责健身会员的资料管理工作，每月底上交会员情况报表。

2. 游泳池工作人员

（1）游泳池救生员

①严格执行有关游泳规定，维持正常秩序，礼貌劝阻非泳客在游泳池范围休息、拍照。

②负责客人的游泳安全，密切注意池内泳客的动态，发现险情及时处理，并向有关领导汇报。

③提供饮料、订餐、发放救生圈等服务。负责每天的清场工作。

（2）更衣室服务员

①认真做好泳客登记、发放更衣柜钥匙和浴巾的工作。

②坚守岗位，注意出入更衣室客人的动态，对客人的生命和财物负责，发

现情况及时处理和汇报。

③对客人遗留物品要做好登记和上交工作，负责游泳池物品补充，统计和填写交班本。

④负责提供饮料和送餐服务。

⑤负责更衣室设备保养和报修工作。

（3）游泳池水质净化员

①熟悉池水净化工作，负责游泳池水质的测验和保养。

②熟练掌握机房内机械设备的性能及操作规程，负责保养、检查和报修工作。

③保证池水清澈、透明、无杂物、无沉淀物、无青苔，水质符合卫生标准，每日做好水质分析化验。

④负责游泳池机房、工具房的清洁卫生工作，保管好净化工具、净化物品。

⑤负责制订净化药物和其他物资的补充计划。

（4）游泳教练

①熟悉该服务项目的动作要领和服务程序，有较高的交流技巧。

②做好本项目的营业场地和设施卫生区域（泳池区域）的卫生工作。

③做好各项物品及救生设备的检查，做到班前班后检查，防止事故的发生。

④了解酒店当日重要活动和本部室当天客人预订情况。

⑤当顾客在本项目进行活动时按照规范程序主动为顾客提供优质服务及个性化服务，对休息的客人主动询问是否需要饮料和水，积极推销酒店商品。

⑥每天两次以上对泳池的水质和水温进行抽样检查，确保达标，并将结果写在水质报告牌上。

⑦维护营业场所的公共秩序，对跳水的客人和不遵守规定的客人应婉言劝阻。

⑧认真做好安全工作，对游泳的客人做好巡视工作，掌握简单的救生知识。

⑨及时填写宾客意见本，用心做事、发现问题，做好各项工作的交接，避免给客人造成不必要的麻烦。

⑩做好领导安排的其他工作。

3. 高尔夫练习场工作人员

（1）球童

①帮助客人选杆，并为客人打球提供建议。

②耐心解答客人的询问，并提供标准、规范的示范。

③根据客人的需要为客人提供陪练服务，掌握客人心理和陪练输赢分寸，提高客人的兴趣。

④为客人保管球包，开电瓶车、捡球、递球杆、递毛巾及递水等。

⑤向客人推销练习场的商品。

⑥维持球场秩序，为客人创造良好的运动环境。

（2）高尔夫练习场服务员

①为客人提供预订服务，并准确记录预订信息。

②根据预订信息，为预订客人准备球场、球杆等。

③接待打球客人为其办理相关手续，并尽量以称谓称呼常来的客人。

④执行球场规则，确保客人人身和财务的安全，劝阻无关人员勿参观和逗留，避免发生安全事故。

⑤根据客人的服务要求，进行恰当的推销，并记录客人的消费。

⑥向客人出租球杆等球具。

⑦客人消费完毕，通知收银员结账，并引导客人交回租用物品。

⑧负责场地及周边的卫生清洁工作。

⑨负责球场场地及球场设备的维护和保养工作，发现问题及时报领班，由领班报修或更换。

4. 桌球室服务员

①热情周到为客人服务，主动介绍桌球有关知识和技术，进行动作示范。

②在客人提出要求时陪同客人练习或比赛。

③经常巡视各区域，检查客人是否损坏器具，是否有违章行为，如发现情况应及时处理。

④负责室内的环境卫生工作。

5. 保龄球房工作人员

①热情周到，为客人提供咨询服务。

②按标准搞好室内卫生，包括大厅、球道、座位等。

③维持球场正常秩序，满足客人合理需求。

④保证保龄球机器的正常运转，及时竖瓶和回球。

⑤确保取鞋存物不出差错，做好鞋的保管与消毒工作。

6. 网球场工作人员

①提供各种网球比赛规则与记分方法的咨询服务。

②指导客人正确使用各种设备和器材，可应客人要求陪同客人练习或比赛。

③负责设备保养和报修工作。

④提供其他有关服务。

（四）保健部工作人员岗位职责

1. 桑拿室、按摩室工作人员

（1）桑拿室服务员

①服从台班工作安排，与按摩师通力合作做好桑拿室的各项工作。

②熟悉各种设施器材的使用方法，注意加强设备、器材的检查和保养，及时发现问题并尽快处理。

③坚守岗位，保证客人安全，勤巡查，发现问题及时向台班报告。

④负责检查桑拿室设备运转情况，如水位、灯光、抽风机、温度等，向台班报告维修项目。

⑤熟练掌握清洁桑拿室的标准，负责客用物品的补充，保持室内空气清新、设备洁净、物品整齐、环境幽雅。

（2）按摩师

①遵守酒店各项规章制度，培养良好的职业道德，为客人提供最佳服务。

②坚守工作岗位，注意室内动态，确保客人的生命和财产安全。

③服从台班工作安排，自觉按编排顺序进行工作，不得向客人索取小费、物品等。

④按摩时，充分运用技术技巧，动作力度应恰到好处，让客人舒筋活络，轻松舒服。

⑤按操作流程做好按摩工作，为客人带路、开灯、挂衣等，做完后负责送客，整理房间用品。

2. 美容室工作人员

（1）美容师

①自觉遵守酒店的各项规章制度，热爱本职工作，热诚待客，为客人提供

优质服务。

②遵守美容业的职业道德，尊重客人，尽职尽责。

③接受合作公司的专业技术训练，严格按程序向客人提供服务，坚持一流的美容水准。

④负责解答客人有关美容护肤方面的咨询，根据客人不同的皮肤性质提供相应的护理程序，向客人推销产品。

（2）美容室服务员

①遵守酒店的各项规章制度，服从工作安排，主动配合美容师和台班服务员做好服务工作。

②负责美容用品的准备和补充工作。

③根据需要做出符合标准的药棉放入冰箱备用，毛巾、头带、头布每天要补充消毒。

④负责接待客人的辅助工作。

⑤为客人提供饮料，为美容师提供用料，客人走后收拾房间。

⑥负责美容室的卫生工作。

⑦做到地面无杂物，家具无灰尘，玻璃无水渍、手印，灯具无积尘，仪器设备无油渍，卫生无死角。

⑧负责工作室电器设备安全使用工作，发现问题及时报告。

⑨负责洗涤工作。对用过的毛巾、头带、头布、美容袍及时洗烫，按时清洗房间的床单、大毛巾、枕垫，并定期消毒。

3. 美发室工作人员

（1）美发师

①为客人美发时，精力要集中，动作要轻快，使客人轻松愉快。

②根据客人的要求，按照客人的脸型和头发的疏密，认真细致地梳理出客人满意的发型。

③热心解答客人提出的有关美发的要求和疑难问题，根据客人的发质推销、介绍美发用品。

④工作中以身作则，技术上精益求精，对助手言传身教，热心将技术传授给助手。

（2）美发助手

①遵守各项规定，服从工作安排。

②以诚实的态度、热情的服务做好每项服务工作。

③尊敬上司，配合上司做好接待客人的每一步骤。

④上司工作时，不得无故离开，听从上司的工作指令。

（五）娱乐部工作人员岗位职责

1. 棋牌室服务员

①营业前仔细检测棋牌室的各项设备、设施，清洁好使用器械、家具，并准备好纸笔供客人计分使用。

②处理客人预订事宜，正确记录预订信息。

③了解每日预订情况，根据预订信息为已预订的客人准备好包厢及棋具、牌具等。

④热情、主动地迎接客人，介绍棋牌室的服务项目与收费标准。

⑤根据客人需求引领客人到包厢，并准备好客人要玩的棋、牌。

⑥根据客人要求讲解各种棋牌的活动规则及使用方法，必要时为客人提供示范。

⑦按客人的要求洗牌、砌牌、发牌及计分等。

⑧及时清理客人的台面，适时推销，按客人的要求提供烟酒、饮料、食品等。

⑨在客人玩牌时，应随时巡视包厢内的情况，注意客人的活动，如发生纠纷或异常情况须及时报告领班。

⑩对客人的消费进行登记，并及时向收银员提交客人的消费记录，客人示意，带客人到收银处结账。

⑪客人娱乐结束后，应礼貌地送别客人。

⑫客人离开包厢后，须立即清点棋牌，并将棋牌整理好放入盒内。

⑬保管棋牌室的棋具、牌具，并按要求向客人提供出租服务。

⑭做好棋牌室牌具、棋具等各类设施、设备的维护与保养工作，发现问题须及时上报领班，由领班报修或更换。

⑮交接班时，须将预订情况和未完成工作交代清楚，保证工作无差错。

⑯做好棋牌室的卫生清洁工作。

⑰严格执行娱乐场所治安管理制度，认真做好棋牌室的治安管理及安全工作。

2. 舞厅、卡拉 OK 厅工作人员

（1）舞厅、卡拉 OK 厅迎宾员

①热情、主动地迎接客人，若是常客应尽量以客人的称谓招呼客人。

②尽可能按客人的意愿安排座位、包房，尊重客人对客位类型或档次的要求。

③根据客人预订情况，安排留位。

④为留言客人服务；引领迟到的客人。

⑤送别客人时，应主动为客人开门或按电梯，并面带微笑地说“多谢光临，欢迎下次再来”。

⑥配合歌舞厅服务人员为客人介绍歌舞厅的情况及节目安排，并适当推荐消费。

⑦耐心解答客人提出的问题。

（2）舞厅、卡拉 OK 厅服务员

①由于该场所灯光昏暗，应勤巡查，勤观察，勤为客人服务，多推销饮料。

②由于人员复杂，要注意场所安全，遇突发事件应妥善处理，或及时向上级汇报。

③准备多种食品和饮料，为客人热情周到地服务。

④根据舞厅工作的服务操作程序，为客人提供适当服务，陪同客人一起跳舞，指导客人学习、训练各种舞步。

⑤保持卫生整洁、空气清新。

（3）音响师

①测试音响、监视器、灯光、小厅内的电视机、点唱器、麦克风、功放机和音响设备，若发现故障应及时报修或排解。

②检查音响灯光控制室卫生及播放的视盘唱片是否完好，能否正常播放。

③根据节目安排顺序播放视盘唱片。

④尽量满足客人的要求，为客人播放点播的歌曲和舞曲，原则上不能播放客人自带的影视带和歌盘。

⑤正确操作音响设备，调整灯光，控制好音量及音质。

⑥调节歌舞厅的气氛，保证较高的服务质量。

⑦营业结束后，需及时关闭设备，整理歌单，检查视盘及录像带、录音带。

⑧熟悉歌舞厅音控中心的音响、灯光器材的使用与保养方法，保管好视盘及录像带、录音带。

⑨密切注意各类流行与最新歌曲的动向，并向领导提出更新节目及视盘的建议。

3. 游艺厅工作人员

（1）游艺厅服务员

①热情、主动、礼貌待客，并向客人介绍游艺厅的基本情况。

②耐心解答客人提出的问题，并向客人说明游戏机操作规范；根据客人需要引导、安排客人入座。

③在客人玩游戏的过程中，巡视游艺厅，并随时帮助客人解决问题。

④维护娱乐场所秩序，协助主管排解客人之间发生的纠纷，保证娱乐活动的正常开展。

⑤根据客人需要，适当推销其他游戏项目以及酒水、饮料、食品等。

⑥对客人的消费进行登记，并及时将记录交给换币员。客人结束游戏时，协助客人办理结账事宜，并礼貌向客人告别。

⑦客人离开后，根据规范及时关闭、整理、清洁客人使用过的游戏机。

⑧在领班的安排下，每日清洁游艺厅门前、室内及设施、设备的卫生，保持游艺厅内的环境整洁，空气清新，符合质量标准。

⑨每日按要求准备好用品、酒水饮料，调试好设备，保证营业需要。如有需补充的用品，应填好申领单审批，并按时领取。设备损坏须及时报修。

（2）换币员

①按照客人要求为客人换游戏币。

②按照程序与规范，并根据客人的账单请客人付款或签单。

③定期从游戏机中回收游戏币，保证游戏币的流通数量充足。

④检查游戏币的使用状况，发现损坏及无法使用的情况应立即提出更换申请，并报领班审批。

⑤检查游戏机运行状况，如有故障，须及时上报维修。

⑥对客人的消费情况进行登记，并将记录提供给领班。

四、康乐部人员素质要求

（一）康乐部经理的素质要求

1. 职业素养要求

①具有学法、懂法、守法、护法的法律意识。

②具有高度的责任意识和担当精神。

③具有标准化和规范化管理的意识。

④具有安全文明管理的意识。

⑤具有团结协作、勇于创新的精神。

2. 知识要求

①掌握酒店管理基础知识。

②掌握成本管理与核算知识。

③熟悉康乐设施管理知识。

④了解市场营销学和公关知识。

⑤熟悉工商管理法规以及治安消防条例。

3. 能力要求

①能组织、指挥、计划、控制和协调部门工作。

②能拓展市场、发展业务。

③能较好地进行文字组织和语言表达。

④能流利进行外语会话。

4. 经历要求

康乐部经理要求从事康乐设施管理工作三年以上。

（二）康乐部主管的素质要求

1. 职业素养要求

①具有学法、懂法、守法、护法的法律意识。

②具有高度的责任意识和担当精神。

③具有标准化和规范化管理的意识。

④具有安全文明管理的意识。

⑤具有团结协作、勇于创新的精神。

2. 知识要求

①熟悉康乐服务和成本管理。

②了解康乐服务规范和质量标准。

③懂得卫生消毒和安全救护知识。

④熟悉公共娱乐场所公安管理法规和卫生条例。

3. 能力要求

①能较好地开展业务指导和组织协调工作。

②能较好地进行文字和语言表达。

③能流利进行外语会话。

（三）康乐部服务人员的素质要求

1. 职业道德素质

（1）平等待客、以礼待人

平等待客、以礼待人作为娱乐服务的道德规范，就是尊重客人的人格和愿望，主动热情地去满足客人合理的需要。在提供以礼待人的服务中，应注意礼貌待客的延续性，让客人感到一种和谐、礼貌的氛围。要提供表里如一的礼貌服务，以取信、取悦于客人，满足其自尊和平等的心理需求。

（2）方便客人、优质服务

任何服务标准都是相对的，方便了客人，客人满意才是最根本的标准。娱乐服务必须是为满足客人的需求而进行的，方便客人可以说是娱乐经营和服务的基本出发点。一切为客人的方便着想，提供客人满意的服务，这不仅是高标准娱乐服务的标志，更是职业道德的试金石。在体现方便客人、优质服务的道德规范中，不仅要满足客人浅层次的娱乐活动的需要，还要注意客人的需求动态和需求趋势，以更好地满足客人高层次的追求享受和娱悦精神的需要。现在，愈来愈多的娱乐企业为适应、方便客人娱乐的需要，精心安排服务设施，设计服务项目和提供多功能服务，力图创造一种宾至如归的环境气氛。

（3）清洁卫生、保证安全

在娱乐消费过程中，一些娱乐项目直接与客人皮肤接触，客人要求在一个清洁、安全的环境里休闲娱乐，这是最基本的正常的心理状态。清洁能使人产生一种安全感、舒适感，能直接影响客人的情绪。

安全是人的基本需要，在娱乐场所尤其是相对封闭的 KTV 等，加强保卫措施，完善防盗、防火设施等，都是为保证顾客安全所必需的。

（4）忠于职守、洁身自好

忠于职守是娱乐企业人员在履行职业责任时必须遵守的行为规范。在服务岗位上不可有稍微的懈怠，怠慢了客人就意味着失职。娱乐业服务人员应明确自己的工作范围，明确自己的责任和义务，尽自己的最大努力服务于顾客。娱乐业服务人员不仅要忠于职守，还必须洁身自好，不私自使用娱乐设施，抵制不正当要求诱惑，都是道德规范的体现。

（5）团结协作、友善服务

团结协作应是服务人员职业道德规范的一个重要方面。在为客人服务中，不仅需要团结协作的整体意识，还需要有良好的服务意识和服务技能。热爱本行、钻研业务，这也是服务人员职业道德的基本点。

友善服务建立在服务人员良好的工作态度和工作兴趣的基础之上。因此，服务人员一方面不要妄自菲薄，视自己的工作低人一等，另一方面也不要眼高手低，马虎大意，而应牢固树立起职业意识。

2. 服务技能要求

（1）熟练的沟通能力

娱乐企业客人消费项目多，时间持续长，需要进行准确、迅速的信息沟通，确保客人消费单据的及时传送，同时提高自己的口头表达能力，能与顾客有效地沟通和交际，并引导顾客进行消费。

（2）解决问题的能力

服务人员应具有对紧急事件或突发性事件从容不迫的处理能力。对突发性事件的处理，往往能反映出服务员是否具有沉着冷静、遇事不慌不乱的能力。比如歌舞厅中的娱乐设备在营业前是完好无损的，可在营业过程中出现了问题，如音响的音质失调、录像屏幕上下跳动、模糊不清等，诸如此类的问题出现时往往有些顾客会表现出不满意，这时候服务员就要尽快出来解决，做到既能平息顾客的纷乱，又不损坏企业形象，在较短的时间内使工作恢复正常。

（3）专业技能

娱乐企业的服务人员都必须具有一定的专业技能。

①球类（包括保龄球、台球、网球等）健身及棋牌室的服务员要掌握各类健身运动器械性能、特点及玩各类球的技巧，了解球的起源与发展，通晓比赛规则。熟悉球类及棋牌服务知识，掌握竞赛规则和娱乐方法，掌握有关设备器

材的使用保养知识，能够对一些小故障自行排除解决。能按服务工作流程和质量标准独立进行工作。

②卡拉OK厅、歌舞厅DJ房音控人员必须持有专业上岗证，熟练掌握打灯、打碟技巧，能自行排除机房内设备的一些简易故障，能根据客人特点调好音阶。熟悉市场上流行曲目，能引导客人度过一个愉快的夜晚。能按康乐中心工作服务规范和质量标准独立完成各项工作。能协调好与有关岗位的工作关系。有较好的语言表达能力。能按服务工作流程和质量标准独立进行工作。

③桑拿房、游泳池的服务员应基本了解诸如过滤机、循环泵、加热泵等设备的性能、结构和使用须知，能排除一般性故障。能按服务工作流程和质量标准独立进行工作。游泳池的服务员还应熟悉游泳池服务知识，懂得游泳卫生消毒知识，取得白卡以上救生证书，具备在水中进行急救和在陆地上进行急救救生的能力。

④推拿理疗师等岗位必须经过专业培训，持有相关机构颁发的上岗证才能上岗。能按服务工作流程和质量标准独立进行工作。

⑤保健室医生需掌握医学基础知识和临床知识，熟悉内外科常见病的治疗和医疗器械、医用仪器知识。懂得心理学，掌握中医、中药的使用知识和有关管理制度。能独立处理诊治常见病、多发病，做好药品管理和医药费用结算工作。具有专业上岗证书。

任务三　康乐部管理制度设计

康乐部管理制度可参考如下内容进行设计：

一、员工管理制度

（一）员工考勤制度

①员工必须按时上下班，上班必须签到，下班必须签离，上下班时间以各部门考勤记录为准。

②员工考勤实行按级负责制。班组员工的考勤由领班负责；领班的考勤由经理负责。考勤记录在酒店统一印制的员工考勤表上。

③员工考勤每月汇总，由部门指派专人负责统计，并填写员工出勤情况日

报表，由部门经理审阅签字后报人力资源部，作为工资造表和发放员工工资的依据。

④员工考勤的内容有：出勤、迟到、早退、旷工、事假、病假、丧假、婚假、产假、探亲假、工伤假、法定假、哺乳假、年度休假和调休等。

⑤员工应遵守劳动纪律。工作时间必须严守岗位，不得擅离职守和无故早退；下班后不得在店内无故逗留；如需调换班次，事先应征得主管领导的同意。

⑥员工因病请假，必须持有酒店医务室出具的病假证明，或酒店确认的指定医院病假证明，方可准假。

⑦员工因私请假（包括婚事、丧事、探亲等）均应事先提出申请，经本部门的经理批准。

（二）员工培训制度

①本部门各级人员应积极支持和配合人力资源部和保卫部组织的各项培训活动，认真做好人员安排，教育员工主动接受培训。

②按照分级管理的规定，各部门应根据部门培训计划落实各班组员工及新进人员的培训。

③新进员工必须坚持“先培训，后上岗”的原则，在人力资源部进行岗前培训的基础上进行岗位业务知识培训和带教见习。

④部门经理是新进员工的岗位业务知识培训主要负责人，培训内容包括相关的岗位责任、素质要求，以及有关的工作规范、质量标准和规章制度等，通过自学、讲解等方法，达到应知的目的，考核成绩报人力资源部备案。

⑤领班是新进员工带教见习的主要负责人。通过实际工作的带教实习达到应会的目的。实习期满后，必须经部门或班组考评，考核成绩报人力资源部。

⑥班组员工的岗位提高培训，应在开展岗位业务练兵的基础上，采取缺什么补什么的方法，有计划地进行，部门经理和领班是员工岗位提高培训的主要负责人。

⑦员工的岗位提高培训，应采取现场培训为主，结合日常的现场管理和工作考查，加以具体指导和教育，以不断提高员工的业务技能。

二、财产物资管理制度

（一）财产设备管理条例

①根据财务部有关固定资产管理制度，康乐中心使用的各种财产设备由专人负责管理，建立康乐中心财产二级明细账，各部门使用的财产设备由各部门建立财产三级账，以便随时与财务部相互核对，做到账账相符，账物相符。

②部门使用的各种财产设备实行“谁主管，谁负责”的责任制，按照使用说明正确使用，并切实做好日常的维护和清洁保养工作，做到物尽其用，正确使用。

③财产设备的调拨、出借必须经财务部经理或总经理审核批准，填写财务部印制的固定资产调拨单。私自调拨、出借要追究当事人责任。

④财产设备在酒店部门之间转移，由管理部门填写固定资产转移单，并办理设备账、卡的变动手续，同时将其中一联转移单送交财务部备案。

⑤设备因使用日久损坏或因技术进步而淘汰需报废时，必须经酒店工程部进行鉴定和财务部经理或总经理批准后才能办理报废手续。

⑥新设备的添置必须经酒店批准，会同财务部和本部门共同验收，并填写财务部印制的财产领用单，办理领用手续后，登记入账。

⑦康乐中心每季度应对各部门使用的设备进行一次检查和核对，每年定期清查盘点，确保账物相符，发生盈亏必须查明原因，并填写财务部印制的固定资产盘盈盘亏报告单，报财务部处理。

（二）成本管理制度

①部门实行成本费用管理责任制，部门经理应对本部门的成本费用负责。

②成本费用是指在经营管理活动中发生的各项成本与费用，应做好营业成本和费用的预测，并与各项营收、经营毛利率相衔接。

③经营预算中的成本费用控制，应落实到各部门，并与考核和奖惩挂钩。各部门要对员工进行教育，使每个员工明确成本费用控制目标，不断提高员工的成本核算意识；同时要结合日常的经营活动经常检查成本费用执行情况，严格控制在计划范围内正常开支。

④结合部门经济活动分析，对月度、季度的成本费用进行分析，及时发现

影响成本费用的各项因素和在成本管理上的薄弱环节，研究和提出改进措施和方法，进一步探索降低成本费用的途径，保证计划目标的全面实现。

（三）物料用品管理条例

①物料用品主要是指供客人使用的各种物品，包括布件和毛巾类用品、卫生保健用品、文具和服务指示用品、包装用品以及工具类物品、办公室用品和清洁洗涤用具等低值易耗品。

②各部门应设有专职或兼职人员负责上述物料用品的管理工作，按财务部物资管理制度、低值易耗品管理制度和定额管理制度，负责编制年度物料用品消耗计划；按物料用品的分类，建立在用物料用品台账，掌握使用及消耗情况；办理物料用品的领用、发放、内部转移、报废和缺损申报等工作。康乐中心领班负责督导和检查。

③各种物料用品的领用，应填写财务部印制的物料用品领用单，经部门经理审核签字后，向财务部仓库领取，并及时登记入账。布件和毛巾类用品以及工具类物品，除因业务发展需要增领外，实行以旧换新的办法，并填写物料用品领用单和财务部统一印制的酒店低值易耗品报废单。报废的物品，应先经部门经理审批，并由财务部统一处理。各种物料用品在内部转移，由相关部门物资管理人员办理转移登账手续。

④各种物料用品的消耗、领用和报废、报损每月底由各部门物资管理人员统计、清点一次，并填物料用品耗用情况月报表，经部门经理审核后，确保统计数字准确，数、物和台账相符。

⑤各部门领班应结合日常管理工作，加强对物料用品使用情况的检查和监督，做到准确使用和合理使用，杜绝浪费。

（四）康乐中心客用出租物品管理制度

①客用出租物品应分类编号，摆放整齐，保持清洁、完好、有效。

②出租客用物品应办理租借手续，填写客用物品出租登记单，以备查考。

③各类出租客用物品应在租借规定时间内使用，过时应办理续借手续。

④出租客用物品仅限在本酒店内使用，未经许可不得将出租客用物品带出规定使用场所。

⑤出租客用物品用毕后，应及时收回，并核查物品数量和完好情况，发现

问题应及时汇报解决。

⑥出租客用物品应定期检查、保养，发现损坏应及时维修或更新，确保出租客用物品的完好有效。

（五）康乐中心客用更衣柜管理制度

①客用更衣柜和更衣柜钥匙须有专人负责保管，并保持清洁完好和有效。

②客用更衣柜是客人专用服务设施，应做到专柜专用，不得存放其他物品。

③在办理更衣柜租用手续时，应向宾客明示，请勿存放贵重财物，遗失概不负责。

④为保证客用更衣柜的正常使用，宾客活动结束后立即将钥匙收回，如需长期租用，应办理长期租用手续。

（六）钥匙管理制度

①早、中、晚班在交接班时，做好钥匙交接工作。

②一楼各部门钥匙，早、中班下班后，要将钥匙装袋封好后交于二楼夜班处，并做好记录。

③发生钥匙丢失，要主动报告，并追究当事人责任。钥匙丢失后，要及时报告保卫部，经部门经理签字同意后，送保卫部批准后配置。

④保卫部负责酒店钥匙管理的监督与指导，各部门应自觉接受监督和检查。

（七）康乐中心器械设备维修保养制度

①操作人要严格按照操作规程进行操作。

②当班人员要做好设备运行工作情况汇报表，即交接班记录。

③每天定时对设备线路情况进行检查，遇有障碍及时排除。

④营业前要开机运转并调试好设备，遇有障碍及时排除。

⑤每天利用非营业时间做好设备保养工作。

三、质量管理制度

（一）质量管理条例

①康乐中心质量管理工作实行“逐级向上负责，逐级向下考核”的质量管

理责任制。各中心的负责人是中心质量工作的主要负责人。

②严格执行康乐中心服务工作规范和质量标准，既是以客人为主体开展优质服务工作的保证，也是质量管理考核的主要依据。

③质量管理工作最活跃最重要的要素是员工。各级管理人员必须切实做好员工的工作，既要加强对员工岗位业务的培训，提高业务工作技能，同时也要关心员工的思想和生活，积极沟通与员工的感情，搞好员工福利，帮助员工解决困难，从而使员工情有所依，心有所属，真正焕发出工作的热情。有了一流的员工，服务工作质量才有保证。

④各级管理人员应认真履行职责，从严管理，把好质量关。要坚持服务工作现场的管理，按照工作规范和质量标准，加强服务前的检查，服务中的督导及服务后的反馈和提高，以规范作业来保证质量，以工作质量来控制操作，使各项服务工作达到规范要求和质量标准。

⑤各个中心的领班应做到上班在现场。除参加会议和有其他工作任务外，应坚持在服务工作现场巡视、检查和督导，并将巡查情况、发现的问题以及采取的措施和处理意见记录在每天的工作日志中，报部门经理审阅，每月汇总分析整理，形成书面报告。部门经理每天至少应抽出三个小时，深入到各管区中心进行巡视和督导，每月应将部门的质量管理情况向总经理汇报。

⑥经常征询客人的意见，重视客人的投诉。客人的意见是取得质量信息的重要渠道和改善管理的重要资料。全体员工要结合各自的工作，广泛听取和征求客人的意见，并及时向上级反映和报告。各级管理人员要认真研究，积极采纳。对客人的投诉要逐级上报，并采取积极的态度妥善处理。客人投诉必须做到件件有交代，事事有记录。

⑦康乐中心质量管理工作应列入本部门和各中心日常工作议事日程，列入部门工作例会的议事内容，列入对员工和各级管理人员的考核范围。

⑧部门的管理质量要主动接受酒店质检人员的监督、检查和指导。积极参加酒店召开的质量工作会议，按照酒店的工作部署认真做好工作。

（二）工作例会制度

1. 康乐中心工作例会

（1）时间：每周一次

（2）出席人员：领班以上人员

（3）主持人：康乐经理

（4）主要内容

①各部门简要汇报上周工作落实情况和存在问题。

②康乐经理对上周经营情况和成本费用、质量管理等情况进行分析、评估。

③传达酒店总经理对康乐中心工作的指令，布置本周工作和要求。

2. 各部门工作例会

（1）主持人：各部门领班

（2）出席人员：全体员工

（3）时间：每周一次或视情况而定

（4）主要内容

①研究分析一周本部门经营管理状况及存在问题。

②传达康乐经理的工作指令，布置工作任务和落实具体时间及要求。

3. 班前和班后例会

（1）主持人：领班

（2）出席人员：当班人员

（3）时间：上岗前和下班后

（4）主要内容

①班前会：检查员工仪容、仪表，布置当班任务和分工，交代工作中应注意的事项和要求。

②班后会：对当班工作进行讲评，表扬先进，提出问题，激励员工进一步做好工作。

（三）康乐中心球类运动陪练制度

①陪练人员应熟悉和遵守运动场所有关规定和运动规则，爱护场地设施设备和器材，陪练时应穿着运动服和白色运动鞋。

②接受陪练任务时对客热情、礼貌、谦虚，细心观察客人体质和球艺状况，时刻牢记以客为主。

③陪练服务过程中，应精力集中，精神饱满，不得随意中途退场。

④听从领班和部门经理安排，不得自行联系客人，不得自作主张收取陪练费用。

四、卫生管理制度

（一）卫生标准

①走廊随时吸尘，做到无痕迹、污渍及杂物。

②沙发、茶几、桌椅台面等清洁完好，摆放有序，烟灰缸及时更换。餐具卫生，光亮整洁，无水渍、茶渍、无缺口。

③地面、墙壁、天花板、门窗洁净无尘，镜面无灰尘、污迹、水痕、指印，洁净光亮。

④库房内所有物品摆放整齐，分类放好。

⑤吧台内干净整洁，记事本及各类物品码放整齐，严禁个人物品放在营业场所。

⑥保持机房内卫生，设备卫生干净，每周对整个机房和设备做一次大清扫。健身器械每天擦拭、清洁，定期消毒。

⑦多功能厅除了正常的每天清洁外，大型活动前后及时做好清洁卫生。

⑧上岗前保持良好的个人卫生。

（二）卫生检查制度

①清洁卫生工作实行层级管理逐级负责制。

②实行每月检查制，部门经理主管随时抽查，第一次督促，第二次警告，第三次罚款（根据百分考核）。

③任何人如因餐具卫生等问题引起投诉视情节追究责任。

④如酒店卫生检查一处不合格，酒店扣 1 分，部门罚 10 分。

（三）责任落实制度

①日常卫生清洁工作由当班人负责。

②一楼、二楼所属卫生落实到班组个人。

③有特殊情况，如维修或清洁地毯时，由当班人员协助及时清洁卫生，保持营业场所清洁和设施、设备完好。

④如有餐具打碎，食品、酒水等污染地面和设备现象，当班人员应及时清理或及时下派工单维修清理。

⑤保龄球定期上油、消毒、擦拭，保龄球鞋定期刷洗、消毒，每周一次，由领班负责。

五、安全管理制度

（一）部门安全组织制度

按照酒店群众性治安、消防组织的设置要求，在各部门建立相应的安全组织及兼职的治安员和若干义务消防队员，形成安全保卫网络，坚持“安全第一，预防为主”的工作方针，落实“谁主管，谁负责”的安全责任制，确保一方平安。

（二）员工的安全管理

①员工必须自觉遵守《员工手册》中明确规定的安全管理制度，自觉接受酒店和部门组织的“四防”（防火、防盗、防破坏、防治安灾害事故）宣传教育及保安业务培训和演练。

②员工应掌握各自使用的各类设备和用具的性能，在做好日常维护保养工作的同时，严格按照使用说明正确操作，以保障自身和设备的安全。

③员工应熟悉岗位环境、安全出口的方位和责任区内的消防、治安设备装置及使用方法。

④员工应熟悉《保安管理》中制定的“火灾应急预案”和“处理各类刑事案件和治安事件的工作流程”，遇有突发事件，应保持镇静，并按应急预案和工作流程妥善处理。

（三）康乐场所安全管理

①康乐场所必须做到消防设备齐全有效，有两个以上的出入通道，并保持畅通。

②严格按照治安主管部门发布的娱乐场所治安管理条例经营，发现影响治安秩序的人和事，应立即采取措施制止和隔离，并向保卫部门报告。

③营业结束时，应做好安全检查工作。

任务四 康乐部的设计与布局

一、康乐部整体设计与布局模式

康乐部整体设计与布局通常采用以下两种模式：

（一）功能组团模式

该模式将所有的服务项目组团在一个功能区，服务台、淋浴间、卫生间、饮料点心售卖点各组合为不同的功能区（如图 1-6）。

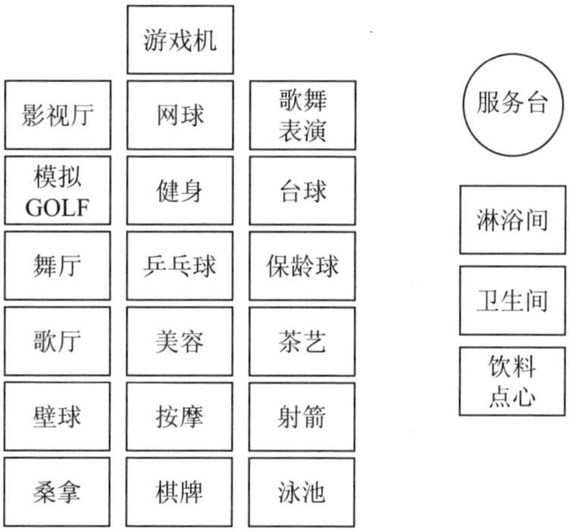

图 1-6 康乐部整体设计与布局功能组团模式

（二）项目组团模式

该模式按照服务台、淋浴间、卫生间、饮料点心售卖点的服务半径，将若干个服务项目组团在一个服务区（如图 1-7）。

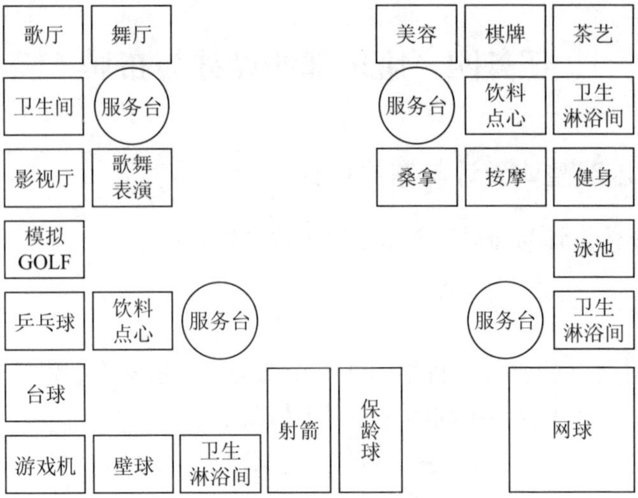

图 1–7 康乐部整体设计与布局项目组团模式

二、康乐部各项目的设计与布局

（一）康体类项目的设计与布局

1. 健身房的设计与布局

（1）布局要求

健身房应分隔成下列几个不同区域：

①伸展练习区。健身中心近入口处设伸展区，给客人做健身前的体能热身伸展之用，墙身可装嵌 1 米高的镜子，以利自赏。

②心肺功能练习区（有氧练习）。安置功率自行车、跑步机、划船器、骑马机、椭圆运动健身器、登山健身器等心肺功能锻炼器材。这些心肺功能仪器要尽可能摆放于对着房外有景观的地方。室内应配置空调装备、音乐系统及室内电视体系，并铺上软地毯。要在适当位置设电源插头。

③健身操和形体舞蹈练习区。健身操和形体舞蹈练习区的地板最好用枫木制造，也可用地毯或塑胶铺设。健身操和形体舞蹈练习区内置音响喇叭箱及弹簧设备，使地面随着音乐节拍震动。同时配备空调、墙身镜子、高频音响、电视系统、饮水机。

④肌肉力量练习区（无氧训练）。安置一系列标准的杠铃、哑铃、控力器、举重床，各种独立式或综合式、单功能或多功能的力量练习器械设备。欧美地区最新的练习区设观赏座席，方便会员及来宾参观。

⑤体能检测区。一个完善的健身中心，必须有体能测试装备，便于锻炼者在练习前检测一下自己的体格，并编排适当的运动项目及难度。体能检测区的仪器应有：身体成分测试仪、肺功能测试仪、心脏功能测试仪、身体柔软度测试仪、肌肉力量测试仪、脂肪厚度测试仪、血压测量器、身高和体围及体重测量器等。并应设小型电脑记录锻炼者的行为及编印说明表。

⑥心理健康练习区。依据健美体操锻炼者的个体心理健康状况，由健身指导员制订心理健康练习计划，对锻炼者实施“心理健美操”。要求地板用枫木，内置音箱和广播喇叭箱及弹簧设备，使地台随着音乐节拍跳动。同时要求有适度的空调装备、墙身镜子、暖和灯光、高频音响装备、室内电视系统及饮水机等。

（2）面积要求

小型：50~100 平方米。

中型：100~300 平方米。

大型：300 平方米以上。

（3）器械设备要求

①健身器材设备不少于 5 种，且摆放整齐，位置适当，使健美锻炼者有足够的活动空间。

②器材设备性能良好，用途明确。

③配有体重秤、软皮尺、肌肉力量测试仪、脂肪仪、血压计、身高仪、肺活量计等。

④各种健身器材设备始终保持完好、安全，其完好率应达到 100%。

⑤健身器材设备和设施若有损坏或故障，应停止使用及时维修。

（4）配套设施要求

①健身房旁边要有与接待能力相应档次与数量的男女更衣室、淋浴室和卫生间。

②更衣室有带锁的更衣柜、挂衣钩、衣架、鞋架与长凳。

③淋浴室各间互相隔离，配冷热双温喷头、浴帘。

④卫生间配隔离室，抽水马桶、挂斗式便池、梳洗台、大镜及固定式吹风

机等卫生设备。

⑤各配套设施墙面、地面均应满铺瓷砖或大理石，要有防滑措施。

⑥内设饮水机。

⑦各种配套设施材料的选择和装修应与健身房设备设施相适应。

⑧配套设备完好率不低于 98%。

（5）环境要求

①装修材料采用无公害、无污染的天然材料，主色调一般选择较明快的颜色，地面最好铺有实用地板或地毯。

②门口应设立经营宗旨、服务项目、顾客须知、营业时间、价目表等标志标牌。

③标牌设计要求美观大方，中英文对照。

④四周墙面适当位置挂镜子和动作解说图等。

⑤配有健身器材使用说明、影碟和光盘，并配有播放器和音响。

⑥室内温度保持在 18℃ ~20℃。

⑦室内相对湿度在 50%~60%。

⑧室内有通风装置，换气量不低于 40 平方米 / 人・时。

⑨整个环境质量做到美观、舒适、整洁、布局合理、空气新鲜。

（6）卫生质量要求

①天花板光洁明亮、灯具清洁、无蜘蛛网灰尘。

②墙面无灰尘、污渍、脱皮、掉皮现象。

③安全通道和紧急出口保证畅通。

④使用电气操作器械设备的区域，必须提供接地的电开关或漏电自动切断开关系统。

⑤前台或接待台，必须安装监视系统，用来监视事故或偷盗。

⑥不提供酒精类饮料。

⑦严禁吸烟。

2. 游泳池的设计与布局

（1）设备要求

①游泳池设计应美观、大方，室内泳池建筑面积应宽敞，层顶高大，顶棚与墙面玻璃应大面积采光，光线良好。

②池底设低压防爆水下灯，底边满铺瓷砖，四周设防溢排水槽。

③分深水区和儿童嬉水区，并要在显示处标示。深水区水深不少于 1.8 米，儿童嬉水区深度不超过 0.48 米。

④设有自动池水消毒循环系统，如一体化泳池设备，根据需要设计加热设备。

⑤池边满铺不浸水绿色地毯，设躺椅、座椅、餐桌，大型盆栽盆景点缀其间。

⑥配备一定数量的遮阳伞。

⑦进入游泳池设有专用出入通道，入口处设浸脚消毒池。

⑧泳池区各种设施设备配套，美观舒适，完好无损，其完好率不低于 98%。

（2）配套设施要求

①游泳池旁边要有与接待能力相应档次和数量的男、女更衣室、淋浴室与卫生间。

②更衣室有带锁更衣柜、挂衣钩、衣架、鞋架和长凳。

③淋浴室各间互相隔离，配冷热双温喷头、浴帘。

④卫生间配隔离式抽水马桶、壁挂式小便池、洗盥台、大镜及固定式吹风机等卫生设备。

⑤各配套设施墙面、地面均应满铺瓷砖或大理石，并设防滑措施。

⑥游泳区内应设饮水处。

⑦各种配套设施材料的选择和装修，应与泳池设施设备相呼应。

⑧各种配套泳池设备完好率不低于 97%。

（3）环境要求

①游泳池环境应开阔、幽雅、美观、舒适。

②游泳池门口设注意事项、营业时间、价格表等标牌。

③标志标牌应设计美观、有中英文对照、字迹清楚。

④室内游泳池、休息区、配套设施整体布局合理协调，空气清新，通风良好，光照充足。

⑤室内换气量应不少于 30 立方米 / 人 · 时。

⑥室内自然采光率应不低于 30%。

⑦室内应保持在 25℃ ~30℃，水温低于室内温度 1℃ ~2℃。

⑧室内相对湿度应保持在 50%~90%。

⑨休息区躺椅、座椅、餐桌摆放整齐美观，大型盆栽盆景干净且具有观赏性。

⑩一体化泳池设备既要美观大方，又要摆放位置和周围环境相呼应，融为一体。

（4）卫生质量要求

①室内游泳池顶层玻璃与墙面要清洁、地面无积水。

②休息区地面、躺椅、餐桌座椅、用品无尘土、污渍和废弃物。

③周围无卫生死角。

④更衣室、淋浴室、卫生间天棚光洁明亮，墙面、地面整洁卫生，无灰尘蜘蛛网，地面干燥，卫生间无异味。

⑤所有金属件光亮如新，镜面光洁。

⑥更衣柜内无尘土、垃圾。

⑦游泳池水质清澈透明，无污物、毛发。

⑧池水应定期通过一体化泳池设备消毒、更换，氯值保持在7.5 ± 0.2之间。

⑨细菌总数不超过每升 1 000 个。

⑩饮用水无色、透明，清洁卫生，符合国家卫生标准。

3. 高尔夫练习场的设计与布局

（1）高尔夫练习场设计要求

①室内高尔夫练习场的场地尺寸为 8 米 ×4.6 米，高度不能低于 3.3 米，因为除模拟器需要 3 米外，挥杆练习区亦尽量不设独立梁楼，这样才能促进自己的产品体验，方便练习。

②场地面积能摆放各种有关室内高尔夫设备设施还有高尔夫球杆等。

（2）场地要求尺寸

室内高尔夫练习场的尺寸要根据你有多少个打位来决定。一个打位从打垫到打布的距离应该是 4~5 码（1 码 ≈0.9 米），打位之间的距离最好保持在 3 码以上，根据具体情况而定。注意，如果要安装模拟器最好要把位置留好。

参考场地规划：至少 4.5 米宽 ×7 米长 ×3 米高（可依据现有场地而灵活规划）。

打库区：4.5 米宽 × 约 5 米长（打击区最外侧距离屏幕的长度）。

休息区：至少约 8 平方米（可视场地的具体需求与空间尺寸灵活调整）。

（3）设施与设备要求

①多台模拟系统，每个模拟系统外设客人观赏区和泡茶休息区、摆放台及桌椅3~4张及其他一些装饰物品。

②根据场地规模及客户目标而设置挥杆练习区，每个模拟器应相配不少于4个挥杆练习区。设置占50~100平方米的果岭练习区。

（4）配套设施设备要求

①室内高尔夫练习场旁边要有与接待能力相应档次与数量的男、女更衣室、淋浴室和卫生间。

②更衣室配有更衣柜、挂衣钩、衣架、鞋架与长凳。淋浴室各间互相隔离，配冷热双温水喷头、浴帘。卫生间配隔离式抽水马桶、挂斗式便池、洗盥台、大镜及固定式吹风机等卫生设备。

③各配套设施墙面、地面均满铺瓷砖或大理石，有防滑措施。

④各种配套设施材料的选择和装修，应与健身房设施设备相适应。配套设施设备完好率应不低于90%。

（5）环境质量要求

①球室门口设营业时间、客人须知、价目表等标志标牌，还需要有服务人员提供咨询回答。标志标牌设置齐全，设计美观，安装位置适当，有中英文对照，字迹清楚。

②室内高尔夫模拟装置及其他设备摆放整齐。

③室温保持在20℃~22℃之间，相对湿度50%~60%，换气量不低于303平方米/人•小时。

④自然采光良好。高尔夫球场环境美观、舒适、大方、幽雅，给人种流连忘返的感觉。

4. 台球室的设计与布局

台球运动是一项比较高雅的室内运动，台球室装修设计应充分考虑台球运动的活动规则和经营的特点。在台球室的装饰设计布局上采用灵活多变的布局方式。既要保证客人在台球运动时获得标准的竞赛条件，又要使客人享受到台球运动独特的魅力，以达到休闲娱乐的目的。

（1）台球室的布局要求

台球室的休闲娱乐中心通常划分为球台区、接待区、酒吧区和休息区。

①接待区。接待区是台球室休闲娱乐中心用来迎接客人、提供台球服务的

区域，一般以柜台形式设于台球室入口处。柜台是台球室接待客人的第一个窗口，所以柜台设计和设备配置都应方便工作、美观以及能够吸引客人，理想的柜台高度是 1 米左右。接待处的灯光设计要使用亮度适宜的光线，配备不同层次、类型的灯光，以保证良好的光照效果。接待处的色彩多采用暖色调，以烘托豪华、宁静的气氛，并适应接待员的工作和客人对台球室环境的要求，创造出台球室特有的安静、轻松的气氛。

②酒吧区。酒吧区位于接待区的附近。作为健康生活方式的活动场所，台球室的酒吧区主要经营形式为服务吧，供应的品种较为简单，只提供简易的酒水饮料和小食品。

③球台区和休息区。球台区是整个台球室的核心，摆设有球台、记分器等台球设备。球台区的空间大小应根据所用的球台规格来确定，根据球台的长和宽，在球台四周应最少留出一个标准球杆的长度。再加上服务人员和其他客人的走动面积，最少应再加上 1.5 米的公共区域。若球室里有多个球台，则可共用公共区域。

（2）设施设备要求

①台球室设计美观，面积大小与球桌安排相适应。

②球桌、球杆、台球、记分显示等运动器材和设备符合国际比赛标准。

③球桌坚固平整。

④室内照明充足，光线柔和。

⑤各种设备齐全、完好，无损坏。

（3）配套设施要求

①球场旁边要有与接待能力相应档次与数量的男、女更衣室、淋浴室和卫生间。更衣室有带锁更衣柜、挂衣钩、衣架、鞋架与长凳。

②淋浴室各间互相隔离，配冷热双温喷头、浴帘。卫生间配隔离式坐便器、挂斗式便池、盥洗台、大镜及固定式吹风机等卫生设备。

③各配套设施墙面、地面均满铺瓷砖和大理石，并设有防滑措施。

④球场内设饮水处。

⑤各种配套设施材料的选择和装修应与健身房设施设备相适应。配套设施设备完好率不低于 98%。

（4）环境要求

①台球室门口设营业时间、客人须知、价目表等标牌。

②标牌设置齐全，设计美观，安装位置适当，有中英文对照、字迹清楚。

③室内球桌摆放平整。桌面之间和四周通道宽敞，两桌间距离为 2.5~3 米。

④室内保持在 20℃ ~22℃，相对湿度为 50%~60%。

⑤自然采光良好。灯光照度不低于 60 勒克斯，照度应均匀。换气量不低于 30 立方米 / 人 · 时。

⑥整个球场环境美观、舒适、大方、幽雅。

（5）卫生质量要求

①台球室卫生每日整理，随时清洁。球台平整光滑，台面无印迹、污渍，一尘不染。墙面壁饰整洁美观，无蛛网、灰尘、污迹，不掉皮、脱皮。

②地面洁净，无废纸、杂物和卫生死角。所有用品及用具摆放整齐、规范。

5. 保龄球室的设计与布局

（1）保龄球球场设计要求

①球道需用枫木或松木等硬质木料铺成。

②球道设计应水平、光滑、细长。

③球道长度为 18.6 米、宽 104~106 米。

④球道终端摆放 10 个木瓶柱，摆成三角形。

（2）球场设施要求

①球场面积宽敞，空间开阔。

②球道、自动回球设施、记分显示、球路显示等设施符合国际保龄球比赛场地标准。

③球道及其四周木质地板高档、豪华。

④墙面、顶棚建筑装修美观、舒适。

⑤室内照明充足，光线柔和。

⑥球场设施旁边或附近根据需要有小型酒吧。

⑦球场设施设备配套齐全，完好无损。

（3）配套设施要求

①球场旁边要有与接待能力相应档次与数量的男、女更衣室、淋浴室和卫生间。

②更衣室要有带锁更衣柜、挂衣钩、衣架、鞋架和长凳。

③淋浴室各间互相隔离，配冷热双温喷头、浴帘。

④卫生间要有隔离式坐便器、挂斗式便池、盥洗台、大镜及固定式吹风机

等卫生设备。

⑤各配套设施墙面、地面均满铺瓷砖或大理石，有防滑措施。

⑥球场内设饮水处。

⑦各种配套设施材料的选择和装修应与健身房设施设备相适应。

⑧配套设施、设备完好率不低于98%。

（4）环境要求

①球场门口环境美好。

②球场门口设营业时间、客人须知、价格表等标牌。

③标牌设计美观、大方，位置设置合理，有中外文对照，字迹清晰。

④球场内部通道、过道、球道、记分显示、球路显示等设施布局合理，整体协调、美观。

⑤室内温度保持在20℃~22℃。

⑥室内相对湿度保持在50%~60%。

⑦自然采光照度不低于100勒克斯，灯光照度不低于80勒克斯。

⑧通风良好，换气量不低于30立方米/人·时。

⑨各种器材摆放整齐，适当位置有大型盆景美化环境，调节空气。

（5）卫生质量要求

①室内场地平整光洁，墙面、地面无灰尘、污物、废纸、杂物。

②所有用品、用具清洁卫生，无汗渍、污迹。

③更衣室、淋浴室、卫生间卫生要求与游泳池相同。

④球道表面光洁，无灰尘，无污迹。

6. 网球场的设计与布局

（1）设施要求

①球场场地平整，照明充足，光线柔和，顶灯下设有反射罩球网，符合国际网球比赛标准。

②场内设有适量的座椅、茶几和太阳伞，可供客人休息。

③提供的球拍等用具、用品质地良好。

（2）环境要求

①球场布局合理，四周绿地美化整体效果良好。

②有营业时间、宾客须知和价目表等告示牌，中英文对照，字迹清楚，放置位置得当，一目了然。

(3)卫生质量要求

①场地清洁，无废纸、杂物和垃圾。

②球网清洁，无破损。

③座椅、茶几等干净整洁，摆放整齐有序，标牌光洁明亮。

(二)保健类项目的设计与布局

1. 桑拿浴室的设计与布局

(1)设施要求

①桑拿浴室旁边要有与接待能力相应档次与数量的男、女更衣室、淋浴室和卫生间，更衣室配带锁更衣柜、挂衣钩、衣架、鞋架与长凳。淋浴室各间互相隔离，配冷热双温喷头、浴帘。

②卫生间配隔离式坐便器、挂斗式便池、大镜及固定式吹风机等卫生设备。

③各配套设施墙面、地面均满铺瓷砖或大理石，有防滑措施。

④浴室内设饮水处。

⑤配套设施设备完好率应不低于98%。

(2)环境要求

①桑拿浴室门口设立营业时间、客人须知、价目表等标牌。标牌设计要求美观大方，安装位置合适，有中英文对照，字迹清楚。

②室内分隔成小桑拿浴，室温保持在26℃~30℃。各室内通风良好，空气新鲜，环境整洁。

③客人有舒适感、方便感和安全感。

(3)卫生质量要求

①各桑拿浴室的顶棚、墙面无灰尘、水渍、印痕，无掉皮、脱皮现象。地面干燥，无灰尘、垃圾和卫生死角，整洁干净。

②所有金属件表面光洁明亮，镜面无水迹。所有木板洁净、光滑，无灰尘、无污渍、碳化物。

③客人有舒适感。

2. 按摩室的设计与布局

(1)设施要求

配有专用的按摩床、按摩布、浴巾、毛巾以及座椅、茶几等家具和器具。

各种设备、家具、器具完好无损。

（2）环境要求

①室内环境舒适、宁静。

②照明通风良好，光线柔和，空气清新。按摩室要注意送、排风问题，要有送、排风系统。一般按摩室都配备有中央空调，温度一般控制在18℃~23℃，相对湿度为40%~60%，空气中的氧气含量达18%左右。

③门前标志明显，营业时间、宾客须知和价目表等告示牌中英文对照，字迹清楚醒目。

（3）卫生质量要求

①室内天花板、墙面光洁，地面整洁，无灰尘、污渍，室内各种饰物干净美观。

②按摩床整洁，按摩布、浴巾、毛巾干净、卫生、无破损。

③各种设备、器具表面光洁，无污渍和缺损。

④座椅、茶几等干净整洁，摆放整齐有序，标牌光洁明亮。

3. 足疗室的设计与布局

（1）设施要求

配有专用的足疗设备以及座椅、茶几等家具和器具，各种设备、家具、器具完好无损。

（2）环境要求

①室内环境舒适、宁静。

②照明通风良好，光线柔和，空气清新。足疗室要注意送、排风问题，要有送、排风系统。一般足疗室都配备有中央空调。温度一般控制在18℃~23℃，相对湿度为40%~60%，空气中的氧气含量达18%左右。

③门前标志明显，营业时间、宾客须知和价目表等告示牌中英文对照，字迹清楚醒目。

（3）卫生质量要求

①室内天花板、墙面光洁，地面整洁，无灰尘、污渍，室内各种饰物干净美观。

②按摩布、浴巾、毛巾干净、卫生、无破损。

③各种设备、器具表面光洁，无污渍和缺损。

④座椅、茶几等干净整洁，摆放整齐有序，标牌光洁明亮。

4. 美容室的设计与布局

（1）总体设计与布局

①等候区。等候区布置应以舒适为目标，以便让顾客乐于耐心等待。可备有杂志、报纸供顾客翻阅，放置电视机让顾客消磨时间。如果店面较宽敞，可以考虑设置 VIP 室，客人在等候时可以舒服地躺卧。

②接待区。接待区是美容院和顾客接触最频繁的地方，应以方便为主，通常设在左区或进门后的正中央。它在营业店中应尽量占一个较大的空间。接待区的设备包括供接待员用的椅子和桌子，以及供顾客坐的舒适椅子，接待区的桌子应该备有电话、预计登记表、电脑及收银机。吊衣架、伞架都应该放在靠近门口的地方。接待区内还要有供给饮品的设备，以便让顾客有宾至如归的感觉。产品、海报等的展示也应该陈列在接待区中，陈列架的色调以浅色为主，灯光宜柔和，避免强光直射引起商品变质。

③操作区。操作区应保持干净，设备整洁完善，室内安静并具有良好的隐私性，其空间以能容纳一位顾客、一位美容师和所需的设备、材料且不拥挤为度，多采用长方形的房间。操作区的美容院装潢应稳重、现代并显示出专业性，要营造出舒缓的气氛，使客人感到完全的放松。此外，操作区应有足够的电源以驱动各种仪器设备，随时供应冷暖水，保持适当的温度和通风。

④员工休息区。员工休息区是提供给员工休息及用餐的区域，应有存放柜存入员工私人物品。如果空间够大，还可以在这里举行员工会议，放置录放机供员工观赏节目或者进行员工培训。

（2）设施设备要求

①美容设备设施齐全，拥有的设备设施与公示的服务项目相匹配，所有仪器设备应符合国家卫生及产品质量标准要求。

②具备满足美容院经营管理需求的电脑管理系统。

③公共区域内设有专门闭路电视监控系统，确保消费者和员工的安全。

④为消费者在消费时提供安全可靠的私人财物存放保管设施。

（3）卫生要求

①饮用水应符合 GB 5749 的要求。

②有合格的消毒设备，配备专人管理。

③美容仪器和器械应配备专人定期消毒，保持清洁状态，防止交叉感染。

④经营场所卫生整洁，符合 GB 9666 理发店、美容店卫生标准。

（4）环境要求

①光线适度，空气流畅，符合 GB 3095 的要求。

②室内装修应符合国家对环境保护的有关要求。

③污水排放应符合 GB 18918 的要求。

（5）安全要求

①房屋建筑应坚固、安全。

②电力系统的安全保护装置完好、有效。

③电力设备运行正常、安全、完好。

④地面应采取防滑措施，有明显标志。安全通道随时保持畅通，有明显的疏通线路图，并按要求配备应急照明设备。

⑤应按规定配置消防安全设施和器材，设置消防安全标示且应该符合 GB 13495 的要求，并放置在指定地点，定期对消防安全设施和器材进行检查和维护保养，确保消防设施和器材完好、有效。

⑥火警电话标识明显，火险紧急疏散通道畅通。

⑦应使用符合消防要求的室内装修、装饰材料。

⑧易燃易爆物品的存放应符合消防安全规定。

⑨美容服务人员应掌握消防安全知识，店内应配备消防安全管理员。

5. 美发室的设计与布局

（1）总体设计与布局

①美发场所应当设置在室内，并有良好的通风和采光。美容场所经营面积应不小于 30 平方米，美发场所经营面积应不小于 10 平方米。

②美发场所的地面、墙面、天花板应当使用无毒、无异味、防水、不易积垢的材料铺设，并且平整、无裂缝、易于清扫。

③经营面积在 50 平方米以上的美发场所，应当设有单独的染发、烫发间；经营面积小于 50 平方米的美发场所，应当设有烫、染工作间（区），烫、染工作间（区）应有机械通风设施。

④美发场所应当设置公共用品用具消毒设施，经营面积在 50 平方米以上的美发场所，应当设立单独的清洗消毒间，专间专用；50 平方米以下的美发场所应当设置消毒设备。

⑤美发场所应当设置从业人员更衣间或更衣柜，根据需要设置顾客更衣间或更衣柜。美发场所应当设置流水式洗发设施，且洗发设施和座位比不小于

1∶5。

（2）美发室各功能分区的设计要点

①前台区：前台是美发室的客户服务中心，消费者进入美发室之后的活动都是从前台开始的，美发室的财务管理也是通过前台来完成。要让前台实现各种功能，同时也要美观。应该体现出店面的整体设计风格，能够提供各种咨询服务、办卡、收银等的地方，一般需要干净、整洁、大气。前台桌面可以摆放一些植物和装饰品。

②洗头区及冲水区：洗头区及冲水区应以干净明快为主题来设计，墙面用喷漆玻璃来做装饰，让顾客对本店感受到洁净的形象。

③美发区：美发区是直接服务顾客的地方，要求以宽松、干净、舒适为宜，还要考虑到顾客方便、畅通。音乐一定用中贝音调播放，优雅的古典名曲为佳。镜子要明亮，椅子、床铺要精美，外形要独特，色调要统一。镜子旁边的墙壁也不能忽视，可以贴上一些有趣的图案不显单调。

④烫染区：烫染区以缤纷的色彩、简洁的风格将色彩最大化，以显示多种颜色与风格，设计以不锈钢与玻璃突出其美感。烫染区的色吧造型应以时尚、前卫、强烈色彩为主导。

⑤产品区：产品区应该分洗护产品及烫染产品，而且产品展示的位置应该明确区分开来。

（3）设施要求

①给排水设施。美发场所应有完备的给排水设施（含热水供应设施），排水设施具有防止逆流、病媒生物侵入和臭味产生的装置，并设有毛发过滤装置；给水水质符合《生活饮用水卫生标准》的要求。

②清洗消毒间。面积应不小于3平方米，有给排水设施，通风和采光良好，地面、墙壁防透水，易于清扫。墙裙用瓷砖等防水材料贴面，高度不低于1.5米。配备操作台、清洗、消毒、保洁和空气消毒设施；清洗池应使用不锈钢或陶瓷等防透水材料制成，易于清洁，容量满足清洗需要；消毒保洁设施应为密闭结构，容积满足用品用具消毒和保洁贮存要求，并易于清洁；以紫外线灯作为空气消毒装置的，紫外线波长应为200~275纳米，按房间面积每10平方米设置30瓦紫外线灯一支，悬挂于室内正中，距离地面2~2.5米，照射强度大于70微瓦；清洗、消毒和保洁设施应当有明显标识。

③公共卫生间。公共卫生间应设置水冲式便器，便器宜为蹲式，配置坐式

便器宜提供一次性卫生坐垫。卫生间应有流动水洗手设备和盥洗池；卫生间应设有照明和机械通风设施，机械通风设施不得与集中空调通风系统相通。

④储藏设施。储藏间或储藏柜应有足够的储藏空间，门窗装配严密，有良好的通风、照明、防潮和防病媒生物侵入设施。物品分类存放、离地、离墙并明显标识。

⑤通风设施。美发场所的通风设施应完备，空气流向合理。安装集中空调通风系统的，应当符合《公共场所集中空调通风系统卫生管理办法》的要求。使用燃煤或液化气供应热水的，应使用强排式通风装置。

⑥采光照明设施。美发场所应尽量利用自然采光或配置良好的照明设施，工作面照度不低于 150 勒克斯。

⑦废弃物存放设施。美发场所应当设有加盖密闭的废弃物盛放容器。

⑧预防控制病媒生物设施。美发场所应当配置有效的防尘、防鼠、防虫害设施，污水出口处及场所通风口安装防鼠网，门窗装配紧密，无缝隙。

（4）设备与工具

①美发场所应配有数量充足的毛巾、美发工具，美发场所毛巾与座位比大于 3∶1，公共用品用具配备的数量应当满足消毒周转的要求。

②美发场所应配备皮肤病患者专用工具箱，设有明显标识，一位客人一消毒。

③美发场所应配备专门摆放美容美发用品、器械、工具的工作台、物品柜或器械车。

（三）娱乐类项目的设计与布局

1. 棋牌室的设计与布局

（1）整体布局

棋牌室可划分为休息区、棋牌区、衣帽架、服务区等几个区域。

（2）设施要求

设象棋、围棋、扑克、麻将等活动项目，配有专用的台桌、椅子等家具和游艺器具。各种家具、器具完好无损。

（3）环境要求

①室内环境舒适、宁静。

②照明通风良好，光线柔和，空气清新。棋牌室要注意送、排风问题，要

有送、排风系统。一般棋牌室都配备有中央空调。温度一般控制在18℃~23℃，相对湿度为40%~60%，空气中的氧气含量达18%左右。

③门前标识明显，营业时间、宾客须知和价目表等告示牌中英文对照，字迹清楚醒目。

（4）卫生质量要求

①室内天花板、墙面光洁，地面整洁，无灰尘、污渍，室内各种饰物干净美观。

②桌椅等各种家具清洁光亮。

③各种游艺器具表面光洁，无污渍和缺损。

2. 歌舞厅、KTV的设计与布局

（1）歌舞厅、KTV总体环境卫生设计与布局要求

①歌舞厅的建筑结构必须避免不利因素对人体的影响，舞厅墙壁应做成吸声层，内装超细玻璃棉或吸声材料；吊顶不得使用含有玻璃纤维的建筑材料，天花板应设计成锯齿形或波浪形，有一定的反射面和吸声体。地面宜采用光滑平整的弹簧或木质地板。音乐茶座地面应选用磨石子、铝合金板及大理石地板或地毯。

②舞厅平均每人占有面积不小于1.5平方米（舞池内每人占有面积不小于0.8平方米）。卡拉OK厅、音乐茶座每人占有面积不小于1.25平方米。

③歌舞厅动态噪声不超过85分贝，迪斯科舞厅动态噪声不超过95分贝。

④歌舞厅总风量每人每小时不低于50立方米；新风量每人每小时不低于30立方米。通风设备的进风口必须设在室外。地下室歌舞厅必须建有机械通风、除湿设备。

⑤厕所大便池男150人设计一个，女50人设计一个（男女比例1∶1时，男女蹲位比例为1∶3）；小便斗每40人设一个（小便槽以50厘米折合一个小便斗）。每200人设一个洗手池，男女厕所应各设一个清洁池和烘手器。厕所应有单独排风设备，门净宽不少于1.4米，采用双向门。厕所内坐便器必须使用一次性坐便器垫套。

⑥歌舞厅的吧台应设流动水及上下水道，二次供水水质必须符合《生活饮用水卫生标准》（GB5749—2022）的规定。

⑦歌舞厅供应饮料和茶点的，使用的器皿应设有专用消毒间（池），并制订相应的保洁措施。

⑧歌舞厅严禁使用杀菌波长的紫外线灯和滑石粉。严禁使用有害观众身体健康的烟雾剂。供公众使用的麦克风每天使用前必须消毒。

⑨经营场所应禁止吸烟，设置禁止吸烟告示，并应劝阻各类人员不得在场所内吸烟，不得为顾客设置烟灰缸。

歌舞厅平面布局如图 1-8 所示。

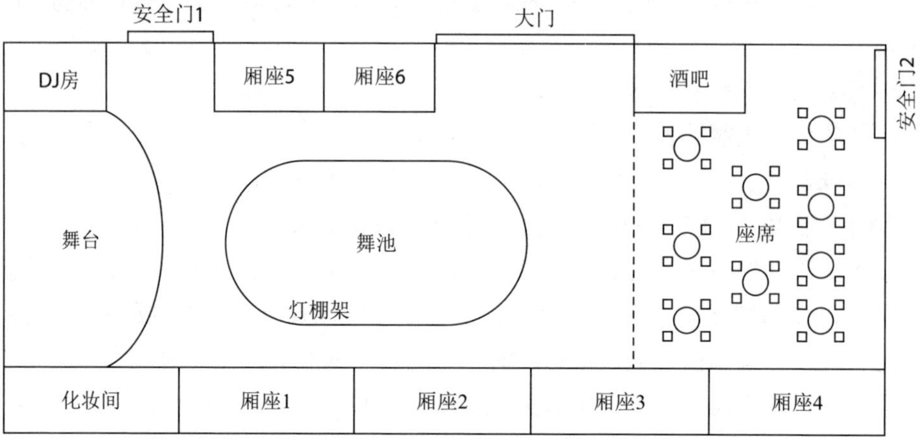

图 1-8　歌舞厅平面布局

歌舞厅音响及影像设备的排布如图 1-9 所示。

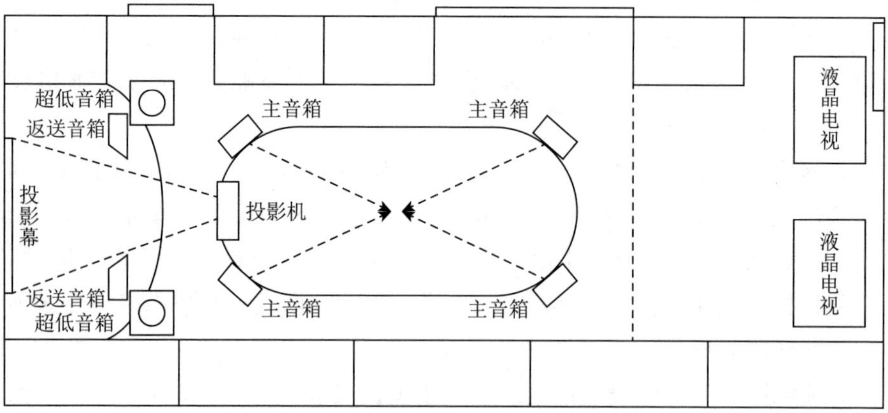

图 1-9　歌舞厅音响及影像设备的排布

（2）KTV 包房空间布局

①单一的卡拉 OK 功能的包房布局。酒吧、歌舞厅的包房很多只提供单一的卡拉 OK 服务和酒水供应。这类包房空间布局主要考虑沙发座位与电视荧屏的方向和距离。其实，大多数的酒吧包房都属于单一的包房，装修设计时不需要过于花哨。

②卡拉 OK 带舞池的 KTV 包房布局。根据接待人数的多少，面积可大可小，最小的舞池大约为 1 平方米，只能容纳两个人；最大的舞池可同时容纳 20 人左右。

③豪华的 KTV 包房空间布局。豪华的 KTV 包房必须充分考虑是否方便顾客，以满足顾客消费娱乐的所有要求。这种豪华的 VIP 包房在设施上一定要齐全，空间上比较宽裕。还要讲究艺术效果和氛围。

④普通餐厅式 KTV 包房空间布局。这类 KTV 包房要充分考虑顾客娱乐与用餐的需要，KTV 包房面积一般不能太小，要给客人宽松舒适的感觉。充分利用 KTV 的空间，在电视荧幕与沙发中间布置餐桌，而且餐桌应偏离电视荧幕与沙发的位置。

3. 游艺厅的设计与布局

（1）总体设计与布局

①电子游艺厅通常设置在消费场所的人流线附近。

②楼层的空间高度 4 米以上，最好能在 5 米左右。

③门面最好要大气，尽量独特具有创意。

（2）店内机台设计与布局

装修要层次分明，布局要合理。一定要突出电子游艺的娱乐主题氛围。选择游戏机型时，要注意游戏本身须非常简单、容易上手，即使新手也能轻松地获取快乐。

案例分析

G 市一家三星级酒店在第二、第三层成功地开辟了餐饮市场后，计划在第四层开发康乐项目。经市场调查，决定新建娱乐宫，主要开辟能接待 300 人的迪厅，并附设有卡拉 OK 厅、激光小影院、溜冰厅、游戏室等娱乐场所，面向青少年，门票价格适中。为此，酒店为娱乐宫开辟了专用的面向街道的门面，并配有直达电梯。开业后吸引了众多的迪斯科爱好者，每到周末与节假日，顾客爆满，生意十分火爆，名声越来越大。

他们还邀请有一定名气的摇滚乐队表演节目并领舞，使娱乐宫成为G市青年人在晚上或周末的好去处。但时间一长，酒店总经理发现光顾娱乐宫的住店客人很少，另外，酒店客房的出租率呈下降趋势。酒店总经理认真分析了这些问题，意识到酒店在娱乐经营项目的选择上与酒店客源的需求相脱节，使客房出租率下降。于是，他召开部门经理会议决定研究对策，采取措施扭转这种局面。

问题：

1. 酒店在开发康乐项目时存在什么问题？
2. 酒店应如何解决这一问题？

思考与练习

1. 康乐项目的选择为什么要建立在康乐市场调研的基础上？
2. 康乐项目的定位为何能反映酒店客源的定位？
3. 如何通过康乐项目的设置来体现酒店的经营特色？
4. 对比分析康乐部各组织机构设置模式的优缺点。
5. 康乐部组织机构的设置对康乐部有哪些影响？
6. 你认为具备什么样的素质才能担当康乐部经理？
7. 康乐部的制度包括哪些内容？
8. 如何设计与布局康乐部？
9. 评价康乐部整体布局功能组团模式和项目组团模式的优缺点。

模块二
康体类项目服务与管理

项目三 健身项目服务与管理

【知识目标】

◆掌握健身项目服务知识。
◆熟练掌握健身项目工作程序。
◆熟悉健身项目服务规范。
◆熟悉健身房各岗位人员目标考核的内容。

【能力目标】

◆能够熟练提供健身项目服务。
◆能够处理健身项目服务中遇到的常见问题。
◆能够制订健身项目服务规范。
◆能够制订科学的健身计划。
◆能够对健身房各岗位人员进行绩效考核。

【素质目标】

◆具有良好的敬业精神和服务意识。
◆具有良好的团结协作意识。
◆具备科学健身的素养。

【实训项目】

针对下列两位不同的客人需求，制订相应的健身训练方案：青年男性，需要增肌。中年女性，需要减肥。

【项目分析】

◆将学生分为若干组，每组独立完成训练方案，各组介绍方案，进行交流与讨论。

◆训练方案包括具体的训练项目选择、训练的时间计划，并阐明原因。

【学习任务】

任务一　健身项目服务知识

一、健身项目分类

健身运动简单易行、适用性强，能有效地增强人们的体质，增进人们的健康，发达全身肌力，增强力量，还能改善人们的体型、体态，陶冶人们的情操，所以深受大众的喜爱。室内健身运动由于在室内进行而受到部分限制，但仍涵盖了健身运动所包括的许多方面，且种类繁多，因此，可根据各训练者的训练目的进行分类。

（一）心肺功能训练项目

心肺功能指的是人的摄氧和转化氧气成为能量的能力。整个过程牵涉心脏制血及泵血功能、肺部摄氧及交换气体能力、血液循环系统携带氧气至全身各部位的效率，以及肌肉使用这些氧气的功能。心肺功能良好，身体主要机能都可健康运作，患慢性疾病如心血管病、内分泌系统疾病、呼吸系统疾病的机会较低。

有氧运动可锻炼心肺功能。一般来说，温和、达最高心跳率（即220减去自己年龄）60%~70%的运动量，消脂功能最好，在运动中的能量消耗有40%来自脂肪、60%为碳水化合物。如果要锻炼心肺功能，则需达到最高心跳70%以上的剧烈运动，而此时能量消耗90%为碳水化合物、10%为脂肪。例如太过肥胖者需要运动消脂，虽然剧烈运动消耗的热量大，但是不适合一开始便急于进行太剧烈的运动，因其心肺功能还不能应付；或需先以温和运动消脂，并提高基本心肺功能，逐渐减重瘦身后，才能增强运动量，以锻炼心肺功能，进一步提高消脂效果。一般人并不清楚本身的心肺功能到什么水平，因此必须进行心肺功能测试，评估体能和身体状况后，再开始进行适合的运动，逐步锻炼与提升心肺功能。

健身房的心肺功能训练项目主要有：

1. 跑踏步运动项目

健身房跑踏步运动可借助踏步机、跑步机、登山机等运动器械达到增强心肺功能，增强体质的目的。训练者使用相应的器械，可以原地做踏步、快速短跑、长跑，甚至可以进行马拉松式和登山式跑步运动。

跑踏步锻炼效果的好坏，与姿势有着十分密切的关系。要想得到好的效果，就必须掌握正确的姿势，正确的姿势是：头部略抬起，双眼平视前方，头、颈部肌肉放松，挺胸、收腹、双肘关节屈曲，两手握拳，两臂自然前后摆动，向前摆动时手稍向内，向后摆动时肘稍向外，做到“前摆不露肘，后摆不露手”；下肢向前摆动时，大腿尽量向前上方高抬，至少使脚离地 20 厘米以上，小腿放松自然下垂，脚尖轻轻落地提起脚跟，脚跟不着地，利用反弹力量，使动作有节奏地进行。总之，进行跑踏步时要轻松、自如，使身体各个部位的动作有效地协调起来，保持良好的平衡姿势。

若以速度和姿势分类，主要有以下 3 种：

（1）正常速度跑踏步

正常速度跑踏步速度大致为每分钟原地踏步 60~90 步，每次 10~20 分钟。此法适合有冠心病、高血压、脑血管意外后遗症或有呼吸系统疾病的老年人。

（2）快速跑踏步

快速跑踏步速度为每分钟原地踏步 100~120 步，每次 15 分钟左右。此法适合于身体健康的老年人和慢性关节炎、胃肠病、高血压病及神经衰弱引起失眠的患者。

（3）摆臂跑踏步

摆臂跑踏步是在跑踏步的同时，两臂用力向前后做大幅度的摆动，以增进胸、肩及上肢的活动。其目的是为了上肢关节和全身肌肉都能不断地得到运动，保持全身血液循环流畅，从而消除上肢、胸背部因在工作中固定姿势而造成的局部机体疲劳和心理疲劳。摆臂速度可与原地步行的速度一样，每分钟 60~90 次；时间一般为 10 分钟左右。此法适用于有肩周炎、上下肢关节炎、慢性支气管炎、肺气肿等患者。

另外，做一个坡度为3~10度的斜板，在这样的斜板上进行原地跑踏步锻炼，速度为每分钟原地跑踏步60~90步，每次10~20分钟，这不仅可以有效地锻炼腰和腿部，而且适用于有心血管系统慢性疾患和肥胖症的患者。

2. 骑车运动

健身房的骑车运动目前已被开发成动感单车项目，是一种在固定自行车上完成的高强度有氧练习。动感单车是现今健身房最热的健身项目，它让健身者在劲爆的音乐、绚丽的灯光、教练的口令、参与伙伴的鼓励与带动下进行有节奏的、循序渐进的大负荷有氧运动，使健身者的心肺功能和多部位肌肉得到充分的锻炼。

动感单车项目最大的特点是：让健身者觉得能将身体储备已久的能量马上释放出来，产生一种成就感。一节单车课程为45分钟，前5分钟热身；接下来35分钟用于训练，教练会根据受训者个人力度来调节车的阻力和转数，并模拟上下坡、原地走的动作，在锻炼耐力的同时大量消耗脂肪；最后5分钟做放松运动，令人体线条更好看。这样的一节课全程坚持下来可以消耗400~500卡路里，相当于长跑一个半小时，不仅可减脂，还可提高心肺功能。

练习动感单车膝关节和腰部着力较大，因此如果有膝关节和腰椎病痛，不能参加此项运动。

3. 划船运动

健身房划船运动是使用划船机，模仿划船动作的运动。长期进行这项运动可使心血管系统和呼吸系统疾病得以改善。同时，模拟划船的自然动作，锻炼手、腿、腰等部位肌肉组织，有效地锻炼伸展肌群，对腰背的锻炼尤为明显，能缓解背部酸痛症状，同时大大提高腰腹肌群的生理灵活性。划船运动适合平日不大活动的人群，对中老年人尤为有益，特别适合长期坐在电脑前工作的人员。

划船动作周期为入水、拉桨、出水及回桨，若初期使用划船机则可从出水动作开始练习，从分解动作慢慢练习再进阶形成连续动作。练习“划船”时，要注意动作的连贯性，每一个蹬伸的动作不要出现停顿。划行过程中的动作一定要到位，幅度过小则参与运动的肌肉无法充分伸展和收缩。

如果锻炼的目的是减轻体重，应将手柄的力度调节至中低强度，每次划船时间不低于30分钟，中间稍做休息；如将力度调节至中等强度，可得到肌肉力量的锻炼，同时明显缓解背部肌肉的紧张，并辅助治疗陈旧性或新创伤；如调至最大强度，即可得到健美背部肌肉的效果，锻炼时注意呼吸配合（前倾时呼气，后仰时吸气），中间休息不超过1分钟，每3次为一组，组间休息3分钟，共做4~5组。

4. 健身操

健身操是融体操、音乐、舞蹈于一体的追求人体健康与美的运动项目。因此，健身操具有体育、舞蹈、音乐、美育等多种社会文化功能。通过健身操的锻炼达到改善体质、增进健康、塑造体形、控制体重、愉悦精神、陶冶情操等目的。

健身操是控制中年以后体重迅速发胖较好的健身项目。国内外流行的健身操大致分为6类：按不同年龄编制的系列健身操；按不同性别编制的男女健身操；按人数多少编制的单人、双人和集体健身操；按塑造形体和改善体姿与体态编制的健身操；按锻炼身体各个部位编制的健身操；按以徒手或轻器械运动方式编制的健身操。

健身操项目适合各类人群，以青年人为主体、青年女性为多数。包括体重明显超重者、身高标准体重超标者、肥胖者、不爱运动者或运动不足者、皮下脂肪超过标准者、身体灵敏性与协调性较差者。但儿童与高龄者不宜。

健身操运动的注意事项：重视每次热身准备和整理活动；穿戴有弹性的运动服和有弹性的运动鞋；防止快速和大幅度的强直收缩，尤其是初学者和弱体质人群、中老年人，以防肌肉突然拉伤。

（二）力量训练项目

力量训练项目是标准健身房的主导项目，与心肺功能训练项目配合而具有相辅相成之功效。健美运动中，需要进行举重和各种负重训练来发展肌肉力量和增大肌肉的体积。力量训练可以有效地将体内的脂肪转化为肌肉，具有强壮骨骼、减少糖尿病危险、防治心脏病、防治腰背及关节疼痛、增强竞技能力、增添生命活力等功效。

1. 上肢力量练习

主要训练肌肉群：三角肌、肱二头肌、肱三头肌等部位。

主要使用器材：杠铃、哑铃、橡皮带、胸前拉力器、坐式推胸器械、单杠、仰卧起坐器材等。

训练内容：胸前提拉杠铃，胸前拉橡皮带，引体向上，拉橡皮带向前伸，拉橡皮带向后伸，胸前拉力器拉力。

训练效果：以上练习可以起到保护肩部以及肘关节的作用。

2. 下肢力量练习

主要训练肌肉群：股四头肌、小腿三头肌等部位。

主要使用器材：动感单车、蹬腿器、屈腿/小腿训练器。

训练内容：骑动感单车，坐立向前伸屈腿，坐立向上水平抬腿。

训练效果：可以加强膝关节以及跟腱部位的力量。

二、健身房设备

健身器材是用于提高身体素质，增加身体机能，进行形体运动锻炼、体育基础训练和一般康复锻炼的专用器材。健身房一般开设跑踏步、骑车、划船等器械与心肺功能训练，还开设有氧舞蹈等训练，帮助训练者在若干项目的组合训练中使身体大多数肌肉得到锻炼，并以播放音乐等多媒体形式增加锻炼的趣味性。

（一）心肺功能训练器械

1. 跑步机

跑步机是一种模拟跑步、散步运动的健身器材设备。

跑步机主要功能是用以锻炼腿、臀、腰、腹部肌肉及心肺功能。

跑步机是最有效的有氧运动练习器，适合各类人员，有机械式跑步机和电动跑步机。机械跑步机是较早一代的跑步机，随着跑步机的更新换代，现在已基本淡出市场。电动跑步机是代替机械式跑步机的新一代跑步机，它是一种主动和被动相结合的跑步方式。科学设定了运动强度的跑步机能够纠正室外跑步者运动随意的问题，通过保持一定的运动节奏和强度，帮助健身者在最短的时间内获得最大的有氧训练的效果，明显提高心肺功能。而且由于跑步机都是参考人体生理结构设计的，所以运动者还能通过使用机器纠正以前错误的跑步姿势。训练者可根据自身体能首先设定跑步速度，强行让自己按此速度进行跑步。需要注意的是：如果不了解自身状况，应先从较小的速度开始，在跑步过程中再进行调整。

2. 健身车

健身车包括健美车、健步车、漫步机、踏步机、椭圆机等，它在有氧练习的同时还可以使心血管系统得到锻炼。

使用健美车进行锻炼时，像骑自行车一样，主要用来增加腿部力量，增强心血管功能。

健步车主要用以锻炼腿、腰、腹部肌肉及心肺功能。

漫步机主要用以增强心肺功能及下肢、腰部肌肉力量，改善下肢柔韧性和协调能力，提高下肢各关节稳定性，对腰肌劳损、髋关节酸痛、下肢活动障碍、肌肉无力、肌肉萎缩等有康复作用。

踏步机采用了车轮转动式踏步设计，使用起来像在跑步机上跑步，健身者要保持运动频幅，通过较为剧烈的运动消耗能量。大多数踏步机采用的还是独立踏板设计，使用起来更像是在踩椭圆机。当一只脚踩下踏板时，另外一只脚下的踏板就会升起。除了具有燃烧热量、提高心率和有氧呼吸能力以外，踏步机还能够帮助健身者对小腿、腿腱、股四头肌和臀部肌肉进行塑形。

椭圆机的运动形态类似越野滑雪（cross-country skiing）的动作，主要锻炼腿、臀、腰、腹部肌肉及心肺功能。椭圆机的运转是通过拉动手柄让腿部半被动地在有脚踏承托的情况下在空中画椭圆。这个过程中，大腿小腿所成的角度基本可以一直大于 90°。相对其他健身车和跑步机而言，对膝关节的损伤较小。

（二）力量训练器械

力量训练器械是健身房内最常见的器材，品种多，包括举重架、俯卧撑架、仰卧起坐架、下拉训练器、上拉训练器、综合训练器材等，规模较大的健身房一般都配置数十种系列器材，针对性地锻炼某个部位的肌肉力量，健身者可根据自己所要练的部位选择相应的器材。

1. 自由训练器械

自由训练器械包括哑铃、杠铃和举重盘，重量型号多样，可以根据需要在不同的时候选用不同重量的器械。它为各种训练提供了最大的自由度，可以不受限制地训练各个部位的肌肉。它的训练自由度很大，必须要有专业人员现场指导，选择合适的重量，进行合适的运动，以免造成伤害和影响训练效果。在更换哑铃、杠铃的重量时，要注意安全。它的最大好处是可以利用有限的器械方便地完成许多不同的训练。比如，一架有 12 个功能的机器只能提供 12 种训练，而一张长凳、几个哑铃和杠铃，再加上一些铃片，就可以训练所有的肌肉。

2. 可选择的机器器械

可选择的机器器械指在功能上可以有不同的选择。分为三类：

①单平台机器，指某一种力量训练机器可为某一种肌肉或肌肉群提供训练。

②复合平台机器，指某一种力量训练机器可以为两块肌肉或肌肉群提供训练。

③多平台机器，指某一种力量训练机器可以为多块肌肉或肌肉群提供训练。它通常设计好了训练姿势，某些先进的器械也可以同时变换两种姿势，以创造更加自由的感觉。它一般设有最大强度调节钮，可根据实际情况选择强度，以达到理想的训练效果。它既安全又可靠，但通常是按大众化的身材设计的，所以对特殊身材，如肥胖者等，则不太适合。

3. 可调整重量块器械

可调整重量块器械在其上可以随意添加或减去重量块，既可体会自由器械训练的自由度，又能享受机器器械训练的安全和舒适。它通常为专业运动员选用，也适用于各种水平的训练者。可事先设计训练动作，并可以调节训练强度。由于它可承受很重的力量训练，对于需要超强力量的运动员非常理想。它可以进行单臂或单腿训练，使训练者感到很灵活。但它对于小个子的训练者不太适合。

4. 电脑或气动式器械

电脑或气动式器械是最现代化、运用了高科技的器械。它的训练姿势也是事先预定好的，只需按一下按钮或调整一下屏幕上的显示，便可以开始一套适合自己需要的训练。它最大的好处是可以进行一些先进的训练。研究发现，运动员在减慢运动速度又同时保持训练强度时，可以达到更好的力量训练效果。利用它在运动时更安全。

5. 拉力皮筋器械

拉力皮筋器械便宜，容易操作。在做各种动作时，可随意组合姿势，充分运动全身。在选择时，也需专家指导，以达到正确的姿势和理想的效果。它最大的缺点是强度不足，对需大运动量训练的人不太适合。

（三）体能测试设备

体能测试仪是近年来风靡健身房的一款产品，它能够有效帮助健身教练为健身者制订健身计划，使健身者达到健身的最佳效果。

体能测试仪所包括的项目有：

①身高体重测试仪，用来测定人体形态指标。

②握力测试仪，用来测定前臂及手部肌肉的力量。

③肺活量测试仪，用来测定人体肺部呼吸的最大通气能力。

④仰卧起坐测试仪，用来测定人体的腹肌功能。

⑤台阶指数仪，用来测定人体的心率功能。

⑥坐位体前屈测试仪，用来测定身体柔韧性。

⑦反应时速测试仪，用来测定人体机体神经系统动态反应速度。

⑧俯卧撑测试仪，用来测定人体上肢肌肉力量。

⑨纵跳测试仪，用来测定人体下肢爆发性力量。

⑩稳定性测试仪，用来测定人体的平衡能力，评价位置感觉、视觉和人体感觉间的协调性。

任务二　健身项目工作程序

一、岗前准备

①服务员按时上岗。

②检查物品的配备、岗位卫生是否达标，物品是否安全有效。

二、迎宾服务

①有客人来健身房，服务员主动向客人问好（微笑问候）。

②引领客人到更衣室，打开所有灯光。

三、健身服务

①询问客人是否需要饮料或茶水，如客人不需要收费饮料时，主动为客人取一杯纯净水。

②按照客人要求，帮助客人打开电视机、播放音乐。

③客人健身时，应视情况向客人介绍器械功能、注意事项，对容易受伤的运动方式应及时劝阻客人。对不经常健身或者初次健身的客人一定要加大关

注，随时巡视，主动讲解器械的使用方法并做示范。

④若发现异常现象，应视情况紧急救助，并及时汇报。

四、送客与客后整理

①感谢客人光临，礼貌送别客人。

②检查是否有遗留物品，并做好善后工作。先关电视及部分灯光，做好收尾工作。

任务三　健身项目服务规范

一、健身项目服务规范

（一）岗前准备规范

①在规定的时间内打卡签到，并在上岗前做到仪容仪表端庄、整洁，符合酒店要求。

②按时参加班前会，接受领导检查和工作任务的分派。

③清洁、整理环境卫生，检测使用服务设备、设施，准备好各种表格、单据、文具等，核对好钟表时间。具体规范要求：所有器械能正常运转，休息区椅子、茶几无灰尘、无垃圾，地面无脚印，饮水机水在1/3以上，配备纸杯若干，所有镜子无污渍，室温在18℃~22℃，打开通风装置。

（二）接听客人预订或咨询电话服务规范

①电话三声内接起，如三声以外接听电话，报听后要有致歉语（对不起，让您久等了）。

②如客人打错电话询问其他岗位或部门的问题，如能解答，则要解答，如不能解答，询问客人房号，并立即通知内部相关人员给客人回电话，提供一键式服务。

③对于客人了解情况的电话，要耐心、认真回答，注意掌握恰当的语音、语气。

④如客人咨询相关事宜，应了解客人需求主动推销，并记录客人联系电话

等信息，以便电话回访。

⑤如客人询问免费提供的项目时，应灵活回答，如可免费提供纯净水、茶水续水、热香巾、订餐等服务。

⑥如客人要预订娱乐项目，首先根据“预订本”确定相应时段无预订后，记下客人姓氏，预订的项目及房号、预约时间及预计消费的时间、联系方式（移动电话）和结账方式，共几位客人，有无其他要求。具体规范要求：

◆询问客人开始时间及消费时间，以便接受其他客人的预订，告知客人预订的房号，知道客人姓氏后要用姓氏称呼客人。语言规范：“请问先生贵姓？”“× 先生，请问您需要订哪个时间段的乒乓球室？”“您预订的房间号是 ×××，您方便留一下您的联系电话吗，以便能够及时跟您联系。”“请问您是怎样结账，大约几位？（如是挂账，问清挂账单位及签字有效人）”

◆如是常客电话预订，可根据来电显示号码对客人用姓氏 + 职位称呼，应避免过于流程化，使常客感觉太啰唆。

◆留客人联系电话时应留移动电话，不可留房间内线电话或固定电话。

◆若预订已满，主动询问客人联系电话，征询客人如若有空场地是否需要电话通知他。

⑦应重复客人的预订情况，与客人核对预订信息，并告知如有什么变故，请及时与我们联系（注意重复客人信息时要避免烦琐，通话时间不宜太长）。语言规范：“× 先生，您预订的是 × 点到 × 点的乒乓球室，您的房间号是 ×××，联系电话 ×××××××××××，请问您还有其他特殊要求吗？”“× 先生，球室已为您订好，预订时间到后我们会为您保留半小时，半小时后未到的话，预订将会自动取消，如有变动请及时通知我们。”

⑧感谢客人的预订，与客人告别。待客人挂电话后再挂电话。语言规范：“感谢您的预订，再见 × 先生。”

⑨准确填写预订本，对客人预订情况进行交接。对于常客的预订注意查看客史，参照客史情况进行准备，对于 VIP 预订应及时上报管理人员。

（三）迎客服务规范

①营业前 10 分钟按标准服务姿势站立于规定位置。

②客人到来后应主动、热情地接待，礼貌称呼健身房常客的姓名或职衔，并引领客人至服务台办理健身活动的登记手续。

（四）健身服务规范

①询问客人的具体要求，开具单据，尽快为客人办理登记姓名或健身俱乐部会员卡号事项。

②及时、准确地为客人发放更衣柜钥匙、毛巾等用品。

③引领客人到更衣室更衣。

④提醒客人着运动装，穿运动鞋方可进行锻炼。（主动讲解需着运动衣、运动鞋的原因）

⑤如客人需租鞋询问客人穿多大号鞋并告知价格，并提供一次性袜子。

⑥如客人需要收费饮料（冰镇或者是常温）、茶水，应告知客人相应价格并询问客人橱号，为客人到吧台取来饮料，告知客人离开时在服务台结账，并将此信息及手牌号告知服务台人员。

⑦如客人需要纯净水，视情况为客人取用。

⑧若客人未带毛巾，应为客人送上一条长巾。

⑨客人更衣完毕来到健身场所时，服务员应主动迎候，并向客人详细介绍各种健身项目。服务人员应主动为客人说明健身仪器的操作要领，并根据客人要求做示范。

⑩对不熟悉器械的客人，详细介绍器械的使用方法，并给予详细指导。

⑪对于做长期、系列健身运动的客人，可按照客人的要求为其制订健身计划，并为客人做好健身记录。

⑫客人健身时，细心观察场内情况，及时提醒客人应注意的事项，并采取安全措施。

◆当客人变更运动姿势或加大运动量时，健身项目服务员应先检查锁扣是否插牢，必要时为客人换挡。

◆当客人要退杠铃时，为客人提供保护服务。

⑬根据客人的需要，在客人运动时可播放符合其运动节奏的音乐。

⑭客人运动间隙，应主动递上毛巾，并为客人提供饮料服务。

⑮客人在运动过程中发生意外伤害时，服务员应积极采取有效措施进行处理：

◆客人伤势较轻，及时提供紧急药品并进行周到的照顾。

◆客人伤势较重，马上通知领班，由领班上报及通知医务人员赶赴现场，对客人进行急救。

（五）送客与客后整理服务规范

①协助客人办理结账手续。

②提醒客人不要遗失物品，并帮助客人穿戴好衣帽。

③将客人送至健身房门口并礼貌向其道别，欢迎客人下次光临。

④检查有无遗留物品，如客人有遗留物品，应及时交给吧台。

⑤一客一整理卫生。

二、更衣室管理工作规范

为加强对健身中心更衣室的管理，游泳馆、健身项目服务员应遵循以下工作规范：

①更衣室是客人专用服务设施，应做到专柜专用。

②服务员应随时补齐卫生纸、香皂、护肤品、毛巾、浴巾等各种客用供应品，以满足客人的需求。

③服务员应做好更衣间和淋浴间的卫生工作，要做到清理及时、彻底。

◆地面和墙壁无污渍，光亮、整洁。

◆更衣柜表面光洁、摆放整齐，柜内无杂物。

◆更衣坐凳须每天用消毒药液擦拭。

◆淋浴器表面光洁，无污渍，无水渍。

◆室内无卫生死角，无异味。

④更衣柜钥匙由专人负责保管，客人领用钥匙时，需严格遵守客用更衣柜钥匙领、还规定，保证客用更衣柜使用的安全性与有效性。

◆为保证客用更衣室的正常、有效使用，在客人使用后应收回钥匙。

◆如客人需长期租用，应到康乐部服务台办理租用手续。

⑤在为客人办理更衣室租用手续时，应向客人明示勿存放贵重物品。

⑥客人进入更衣室服务规范。

◆服务员要主动上前问好，热情、友好地引领客人。

◆主动为客人打开更衣柜。

◆客人更衣完毕，主动为客人锁好更衣柜，并再次提醒客人勿存放贵重物品。

◆客人淋浴后，引领客人至游泳池或健身房。

⑦客人运动后，回到更衣室服务规范。

◆客人淋浴后，服务员要及时为客人递上干净、整洁的浴巾。

◆提醒客人注意检测是否有遗留物品。

◆引领客人至收银处交还钥匙及结账。

⑧客人离开更衣室，服务员应及时清理衣柜，并进行消毒。

⑨发现客人遗留物品服务规范。

◆客人尚未离开，应将物品及时归还客人。

◆客人若已离开，应将物品上交至游泳池或健身房领班处，不得私自扣留。

三、健身器材管理工作规范

为规范健身器材的安装、使用与维护管理工作，健身房员工应遵循以下工作规范：

①健身器材应安装在合适的位置，并保留相应的安全距离。

②电动器材使用的电压须与使用场地的电压一致。如进口器材要求电压有异，需使用变压器调整电压。

③根据器材的性能指标，制订机械的单次使用最长时间，器材不能超时工作。

④严格按照健身器材的运行操作规程进行操作。

◆做好运行前的准备工作。

◆注意开、停的操作顺序和安全事项。

◆在使用时，健身器材须严格控制在主要技术指标（重量、拉力、压力、阻力、电流、电压、温度、油压、水压等）的极限值范围内操作。

⑤健身器材维护规程。

◆每天对健身器材进行清洁及上油护理。

◆定期检测健身房器材的关键部位，尤其是接合部位置是否牢固，活动部件是否润滑及正常。

◆发现问题马上通知供应商上门检测、维修及保养。

任务四　健身项目服务英语培训

◆您好，欢迎来到健身中心，请告诉我您的更衣柜号码，好吗？

Welcome to the fitness center. May I know the number of your locker?

◆ 23 号更衣室在那边。如果您需要其他服务，请通知我。

The No.23 locker is right there. If you have any problem, please tell me.

◆淋浴间在那边。

The shower room is over there.

◆谢谢光临，欢迎再来。

Thank you for your coming. Hope to see you again.

任务五　健身房员工目标考核

一、健身房领班目标考核

序号	考核内容	考核指标及目标值	考核实施	
			考核人	考核结果
1	制订健身房工作计划	工作计划完成率达到______%		
		健身房营业收入达到______万元		
2	组织开展促销活动，争取会员	入会人数达到______人		
3	定期安排、更新健身房课程	客人对课程满意度平均得分达到______分		
4	统计健身房营业收入，并编制报表	数据出错率为______%		
5	检查健身房的安全防范工作	因健身房安全防范工作不到位，而导致安全事故发生次数为______次		
6	健身房员工培训工作	健身房员工培训考核一次性通过率达到______%		

二、健身房教练员目标考核

序号	考核内容	考核指标及目标值	考核实施	
			考核人	考核结果
1	为客人提供教练服务	客人对教练服务的满意度评分平均为______分		
		客人对教练服务的有效投诉次数不超过______次		
2	编排训练课程	客人对课程编排的满意度评分平均为______分		
3	保障客人的训练安全	因教练员安全防范不到位，而造成的客人受伤的次数不超过______次		

三、健身项目服务员目标考核

序号	考核内容	考核指标及目标值	考核实施	
			考核人	考核结果
1	为客人提供健身服务	客人满意度平均得分达到______分		
2	更衣柜钥匙管理	钥匙丢失率不超过______%		
3	为客人办理登记手续	手续办理及时、无差错		
4	管理健身会员档案	档案排列有序、遗失率为______%		
5	检查、保养、报修各种健身设施、设备	健身房设备、设施完好率达到______%		

案例分析

某日，度假客人马先生入住广州郊区某度假村后，晚上来到健身房健身。不料，一群参加夏令营活动的中学生也来到了健身房娱乐。这群学生进来之后就大声喧哗，一会儿玩跑步机，一会儿抬杠铃，一会儿跳健身操。把健身房当作聚会娱乐的场所。马先生觉得他们破坏了健身房的安静气氛，于是要求健身房的服务员小许出面制止他们的吵闹行为。但服务员小许的劝说效果不佳，这群中学生照样叽叽喳喳，闹个不停，于是，小许在劝说无效的情况下，再也不管他们了。

于是，马先生拨打了经理的电话进行投诉。

问题：若你是经理，该如何处理？

思考与练习

1. 应如何针对不同的健身者设计健身训练方案？
2. 健身项目服务应注意哪些事项？
3. 客人在健身房吸烟，应如何劝阻？
4. 客人过度使用健身器材时，健身房工作人员应怎样做？
5. 客人意外受伤时，健身房工作人员应如何应对？
6. 未来健身需求有哪些趋势？健身房的经营应如何适应未来趋势？

项目四　游泳项目服务与管理

【知识目标】

◆掌握游泳项目服务知识。
◆熟练掌握游泳项目工作程序。
◆熟悉游泳项目服务规范。
◆熟悉游泳馆各岗位人员目标考核的内容。

【能力目标】

◆能够熟练提供游泳项目服务。
◆能够处理游泳项目服务中遇到的常见问题。
◆能够制订游泳项目服务规范。
◆能够对游泳馆各岗位人员进行绩效考核。

【素质目标】

◆具有规范化操作与标准化服务的意识。
◆具有良好的敬业精神。
◆具有良好的团结协作意识。
◆具有弘扬体育精神的自觉意识。
◆具有较高的体育文化素养和观赏水平。

【实训项目】

设计游泳项目对客服务情景。

【项目分析】

◆将学生分为若干组，每组独立完成项目设计。

◆每组成员用英文现场模拟演示本组设计的情景。

【学习任务】

任务一　游泳项目服务知识

游泳，是在水中靠自力漂浮，借自身肢体的动作在水中运动前进的技能。游泳在增强心肺功能、提高对疾病的抵抗力和免疫力、健美形体等方面有积极作用。

一、游泳项目的功能

（一）改善心血管系统的功能

心血管系统包括我们所熟知的心脏、肺和负责将吸入的氧运送到肌肉细胞的血管。人在游泳时，各器官都参与其中，耗能多，血液循环也随之加快，以供给运动器官更多的营养物质。血液速度的加快，会增加心脏的负荷，使心率加快，收缩强而有力。坚持长期进行游泳锻炼，可使心肌收缩有力，血管壁增厚，弹性加大，心血管系统的效率得到提高。

（二）提高呼吸系统的机能

游泳促使人呼吸肌发达，胸围增大，肺活量增加，而且吸气时肺泡开放更多，换气顺畅，对健康极为有利。人在水中受到的压力要远远大于在空气中。据测定：游泳时人的胸部要受到12~15千克的重量，加上冷水刺激肌肉紧缩，呼吸感到困难，迫使人用力呼吸，加大呼吸深度，这样吸入的氧气量才能满足机体的需求。由于胸腔和腹腔在水中受到的压力增大，这就迫使呼吸肌用更大的力量进行呼吸。所以经常游泳，可以增大呼吸肌的力量，提高呼吸系统的机能。一般人的肺活量大概为3200毫升，而游泳运动员的肺活量可高达4000~7000毫升。

（三）改善肌肉系统能力，塑造健美的体形

游泳是一项全身参与的运动，可动员很多肌肉群参与代谢功能。

虽然游泳不能塑造粗壮的、隆起的肌肉，但能够提高许多肌肉的力量和协调性，特别是躯干、肩带和上肢的肌肉。因为在水中游泳需要克服较大的阻力，游泳又是周期性的运动，长期锻炼能够使肌肉的力量、速度、耐力和关节的灵活性都得到提高。

游泳还有一个很大的好处，即柔韧性的改善。这使得人们由于年龄限制而不能从事其他体育活动时，仍然能够继续游泳。由于游泳时身体活动的范围较大，定期进行游泳活动的人都会变得更加灵活和柔软。而且，正确的游泳技术要求肌肉在收缩用力前先伸长，这种运动方式有利于不断地提高柔韧性和力量。

人在游泳时，通常会利用水的浮力俯卧或仰卧于水中，全身松弛而舒展，使身体得到全面、匀称、协调的发展，使肌肉线条流畅。

二、游泳项目的分类

（一）竞技游泳

竞技游泳是用来参加游泳比赛的泳姿。它的动作有一定的规范性，有明确的要求。国际游泳竞赛规则中的游泳姿势项目包括：自由泳、仰泳、蛙泳、蝶泳。

1. 自由泳

自由泳又称爬泳。公元前758年一个希腊陶瓶上绘有两臂轮流划水的动作。1890年英国选手特拉金（Arthur Trudgen）首先使用两臂交替划水的游泳姿势，后称为“特拉金式”。1900年澳大利亚的卡维尔（R Cavill）采用两腿上下交替打水的动作。自由式是目前世界上最快、最省力的泳姿。奥运会比赛项目男子有50米、100米、200米、400米、1500米；女子有50米、100米、200米、400米和800米。

2. 蛙泳

蛙泳是最古老的游泳姿势。公元前2000年的中国、罗马、埃及已有类似的游泳姿势。19世纪初，蛙泳是最常用的比赛泳姿。1875年英国的韦布

（Matthew Webb）成为世界上第一位用蛙泳横渡英吉利海峡的尝试者。20世纪50年代初，允许蛙泳潜水游进，50年代后期规定除出发和每次转身后允许做一次划手和蹬腿的潜水动作外，禁止潜游。奥运会比赛项目男子有100米、200米；女子有100米、200米。

3. 蝶泳

蝶泳又称海豚泳，由蛙泳动作演变而来。1933年美国人迈尔斯（Henry Myers）在布鲁克林青年总会的游泳比赛中，首次向世界展示两臂同时出水从空中移向前方，两腿并拢上下打水的游泳姿势。由于动作似蝴蝶展翅，故称“蝶泳”。1935年蝶泳获得国际游泳联合会的承认，成为独立的运动项目。奥运会比赛项目男子有100米、200米；女子有100米、200米。

4. 仰泳

仰泳起源于水上拖带、搬运等活动，其发展过程与蛙泳和自由泳有关。1794年出现有关人体仰卧水面，两臂在体侧向后划水，两腿做蛙泳的蹬夹动作的文字记载，故最初有“反蛙泳”或“蛙式仰泳”之称。1902年将自由泳技术引入仰泳，1912年美国运动员赫布纳（H Hebner）采用两臂轮流从头后经体侧划水，两腿上下交替打水的技术。后传入世界其他国家，逐渐成为独立项目。奥运会比赛项目男子有100米、200米；女子有100米、200米。

（二）实用游泳

实用游泳是指为了生产、生活和国防建设需要进行的游泳活动，包括侧泳、蛙泳、反蛙泳、潜泳、踩水、武装泅渡、水上救生等。

1. 侧泳

侧泳是身体侧卧在水中，用两臂交替划水，两腿做剪水的动作游进。侧泳的方法有很多，大致分为手出水和手不出水两种技术。一般把侧泳称作安全泳姿或者实用泳姿，以区别于竞技泳姿，并认为在着衣意外落水或者风浪较大的情况下，侧泳是比较合适的游法。救生员据说都必须演练用侧泳和反蛙泳带人。救人需要相当好的水性才行，但学会侧泳，至少自救能力能增强。

2. 蛙泳

蛙泳是模仿青蛙游泳动作的一种游泳姿势，也是最古老的一种泳姿。蛙泳时，游泳者可以方便观察前方是否有障碍物，避免撞上障碍物。18世纪中期，在欧洲，蛙泳被称为“青蛙泳”。由于蛙泳的速度比较慢，蛙泳技术受到排挤。

随后国际泳联规定了泳姿，蛙泳技术才得以发展。

3. 反蛙泳

反蛙泳是一种实用游泳，游进时，身体仰卧水面，两腿做屈收和蹬水动作，两臂同时沿体侧向后划水，一次划臂配合一次蹬腿，使身体前进，形似蛙泳。常用于水中救生拖带溺者。

4. 潜泳

潜泳是身体在水下不做呼吸游进的泳姿。潜泳有潜深和潜远。潜泳的姿势有很多，但一般业余爱好者常采用蛙式潜泳，职业选手常采用蝶腿潜泳。

5. 踩水

踩水也称“立泳”，实用游泳姿势之一。踩水借助两腿向下踩蹬，使人体浮立水中。踩蹬时，两腿可同时也可轮流进行，两手则在胸前做横向摸水动作。常用于持物渡江河、武装泅渡、救护溺水者等。

6. 武装泅渡

武装泅渡为实用游泳之一，单人或成队携带武器装备渡过江河的游泳。武装泅渡主要采用蛙泳和侧泳的方式，以利于保持身体平衡、观察水面动静，并使游动声响小。必要时可利用气袋、竹筒、木筏等漂浮物游进。泅渡前须严格整理服装与装备，做到衣裤不兜水，随身装备不松散。

（三）花样游泳

花样游泳是女子体育项目，原为游泳比赛间歇时的水中表演项目。花样游泳由游泳、技巧、舞蹈和音乐编排而成，有“水中芭蕾”之称。花样游泳是一项具有艺术性的优雅的体育运动，它也需要力量和技巧，需要许多年不断的训练来掌握。有十个裁判关注她们的每一个动作，运动中必须做出许多组推举、旋转、弯曲，所有这些动作都不能借助于池底的地面。还要在不呼吸的情况下做伸展，常规动作要持续五分钟，同时进行表演。常规技术动作的要求是严格的。虽然运动员们可以选择自己的音乐伴奏，但必须按照规定做出一套动作组合。指定动作每四年由水上芭蕾运动技术委员会重新制定。一名运动员必须在10秒钟内完成常规动作，双人组合就是在20秒内完成，一个大组要在2分50秒里完成。花样游泳不仅能增强体质，培养集体主义精神，而且以它优美的艺术造型和高难度技术、技巧动作使人赏心悦目。

任务二 游泳项目工作程序

一、游泳池服务程序

（一）岗前准备

①服务员按时上岗。

②检查物品的配备、岗位卫生是否达标，区域内设施设备是否安全有效。

③每班次测试水质水温两次，如实填写水质公告牌。

（二）迎宾服务

①有客人来游泳时，服务员主动向客人（微笑问候）问好。

②为客人拿好浴巾、长巾，客人游泳结束后为客人主动提供毛巾。

（三）游泳场内服务

①有客人来游泳时及时询问是否有泳帽，应注意观察客人是否为需特殊注意人群，如是，给予特殊关注。

②如客人在池边躺椅上休息，应询问客人是否需要饮料、茶水，是否需要做按摩，告知价格及益处。

③对客人加以关注，及时给予各种提醒、劝阻，对于客人放在茶几、桌上的物品、手机给予特殊的看护并提醒客人将钥匙挂在手上进行保管。

④若发现各种异常现象，应视情况紧急救助，并及时汇报。

⑤多与客人交流，积极推销游泳卡及各种商品，对于想要学习游泳的客人，告知价格，如客人接受价格，告知吧台有客人学习游泳并告知钥匙号，以避免吧台人员再向客人推销。如有客人需要学习游泳，告知客人需根据游泳预约程序进行预约。

⑥如客人有收费项目消费，则陪同（引领）客人到服务台办理结账手续。

（四）送客与整理

①礼貌地与客人道别。

②检查是否有遗留物品，并做好善后工作。

③将地面池底下水口处清理干净。

二、游泳馆售卡程序

①如有客人提出购买意向，拿出价目表，详细为客人介绍各种游泳卡、会员卡。

②详细为客人推销适合客人的游泳卡，并告知有效期。

③客人提出办卡，请客人填写《宾客登记表》上相关信息。

④将已确认无误的游泳卡交给客人，并在包装袋面上填写有效期，告知客人卡不记名、不挂失。

⑤询问客人如何结账，顺利为客人进行结账，视情况为客人开具发票，在发票上填写相关单位或个人名称。

⑥礼貌送别客人。

⑦在游泳卡售卖本上填写相关信息，以便忘记卡号的客人查询。收银交班本上填写售卖游泳卡的号码、次数，以便交接。

三、更衣室服务程序

（一）岗前准备

①服务员按时上岗。

②检查物品的配备、岗位卫生是否达标，区域内设施设备是否安全有效。

（二）迎宾服务

①有客人来更衣室时，服务员主动向客人（微笑问候）问好。

②为客人拿好浴巾、长巾，客人娱乐结束或者淋浴完毕后为客人主动提供毛巾。

③引领客人到更衣柜前。

（三）更衣与淋浴服务

①帮助客人更衣（如客人不需要帮助，及时回避，给客人尊重其隐私的感觉）。

②提醒客人保管好贵重物品、小心地滑，待客人换好衣服后提醒客人锁好柜门，拿好钥匙。

③引领客人到相应的消费场所，并将客人交接给下一个服务人员。客人蒸桑拿时，按照客人要求打开相应桑拿浴室的门，并讲解注意事项。

④如客人淋浴，帮助客人调试水温（如客人在坐浴区与搓背区帮助客人调试水温，如客人在淋浴间淋浴告知客人调节水温的方式），并检查水流大小是否合适。

⑤客人消费完毕，帮助客人更衣，及时提醒客人携带好随身物品并收回钥匙。

⑥如客人有收费项目消费，则陪同（引领）客人到服务台办理结账手续。

（四）送客与整理

①礼貌地与客人道别。

②检查是否有遗留物品，并做好善后工作。

任务三　游泳项目服务规范

一、游泳池服务规范

（一）岗前准备规范

①上岗时应注意仪容仪表规范，按酒店规定佩戴员工工牌。制服要干净整洁，熨烫平整，无破损。

②检查地面墙面干净、无杂物、无积水、无脚印，躺椅、茶几干净、无污渍、无灰尘，绿植水量充足、无枯叶，饮水机水在 1/3 以上（不出现干烧现象即可），垃圾桶的垃圾不允许超过桶 2/3，救生杆、救生圈放在原位置（易于取用的固定位置）。

③测试水质水温。具体规范要求：

◆标准：余氯值为 0.3~0.5，pH 值为 7.2~7.8，室温为 29℃左右，水温 28℃左右。

◆每班次测试水质两次，上午 6：30 一次，中午 12：00 一次；下午 4：00

与晚上9：00各一次，如水质不达标，应适量加药，如温度不合格，通知工程部调整。

◆视天气情况，开、关窗户和灯。

◆对浸脚池每4小时更换一次水。

◆将每天消毒、测试情况写在记录本上。

（二）预订服务规范

①接待客人预订时，服务态度应主动、热情，并使用规范服务用语。

②准确记录预订客人的相关信息，包括客人的姓名、住房号、使用时间。

③复述预订客人的信息，并进行确认。

（三）迎客服务规范

①游泳馆项目服务员要站在入口处，准确运用迎接用语，礼貌地迎接客人。

②向客人详细介绍游泳馆的各项服务设施和服务项目。

③根据客人要求为客人办理登记、记账手续，准确记录客人的姓名、房号、到达时间、更衣柜号码等信息。

④配合收银员收取押金，为客人发放更衣柜钥匙后，引领客人到更衣室。

（四）客人游泳时服务规范

①客人更衣后，及时递上毛巾，并提醒客人怎样用冷水淋浴，以增强身体的抵抗力。

②引导客人进入游泳池。

③客人下水前，提醒客人做一些简单的运动以及如何预防抽筋等事项。

④客人游泳期间，服务员帮助客人照顾好物品。需特殊注意人群包括老人、儿童、不会游泳者、初学者。对不会游泳者、初学者、泳姿需要改进者，应主动给予指导。

⑤客人游泳休息时，应及时为客人提供服务和更换毛巾。如客人需要收费饮料、茶水，询问客人橱号，为客人到大厅取来饮料，告知客人离开时在服务台结账，并将此信息及手牌号告知服务台人员。如客人需要桶装水，视情况为客人取用，提供杯托。

⑥客人游泳时，服务员主动询问客人是否需要饮料或小吃。若客人需要，

应问清客人的需要，开好酒水单，写清种类、名称、数量，用托盘送给客人，并将酒水单在服务台入账。

⑦做好安全卫生的防护措施。

◆服务员应及时擦干台面和地面的水迹，防止客人滑倒受伤。把客人的拖鞋码放整齐、客人使用过的浴巾纸杯及时收起，保持泳池里的干净、整洁。

◆提醒带小孩的客人看管好自己的小孩，并明确告知 1.4 米以下的儿童禁止进入深水区。

◆服务员在服务过程中发现客人饮酒过量或身体不适时，应主动劝其离开游泳池。若客人执意要游泳，应在客人游泳期间给予充分关注，以防止客人发生意外。

◆客人耳朵进水时，服务员应教给客人采用吸引法、跳空法或水引法进行处理。

◆客人游泳时，服务员要适时巡视设备的运行情况，发现故障立即报修，以免威胁客人的安全。

⑧客人结束游泳时，引导客人至淋浴室。

⑨客人更衣完毕，准备离店时，服务员应主动征求客人的意见，并将客人提出的意见和建议及时汇报游泳馆领班。

⑩如发现有客人打闹、追逐、跳水、横游，应及时制止。

⑪如客人将手机放在茶几上，应提醒客人保管好贵重物品，并适度留意，有来电及时告知客人。

⑫服务员协助客人办理结账手续。

（五）送客与客后整理服务规范

①客人离店时，应主动提醒客人勿遗忘随身物品，并将客人送至门口，礼貌道别。

②客人离开后，服务员应注意检查更衣柜，查看有无客人遗留物品。

③客人离开后的十分钟内，必须及时清理游泳池工作场所及更衣室，整理好毛巾和椅子，补齐各种客人客用消耗品，以备下位客人使用。

二、游泳馆售卡工作规范

①如客人想办游泳卡，应先介绍游泳卡的种类为次卡，次卡可以和朋友一

起使用，以实际消费次数为准，在卡上划掉。

②在推销时，不要不顾及客人的情况，推销次数多的卡。

③告知客人填写信息的原因是为了以后的登记和确认工作。

④如客人办卡送人，既可留客人的信息，也可留其朋友的信息，最好留其朋友的信息，如其不知道相关信息，也可在客人来消费时再填写消费人的信息。

⑤询问客人有无其他要求，如授权其朋友一起使用应询问授权是否需要密码；一卡几人合办的需要分开登记。

⑥服务员将客人办卡的号码、有效期、价格填好后，请客人确认签名，然后服务员为客人将剩下信息填写完整。

⑦将游泳卡交与客人前，应在电脑核对有效期、卡的次数是否与客人购买的相符。

⑧如客人将卡寄存在吧台，应在登记表上注明卡已寄存，将卡放入指定位置。

三、更衣室服务规范

（一）岗前准备规范

岗前应仔细检查物品设施设备。

具体规范：梳妆台物品齐全，包括 2 把梳子、1 瓶护肤霜、1 瓶啫喱水、1 瓶爽身粉，棉签余量要 1/3 以上，面巾纸余量要 1/3 以上，化妆台垃圾不许超过桶 2/3（出现视觉不好的垃圾及时清理更换垃圾袋），吹风机安全有效，镜面干净，地面洁净无垃圾、无水渍，墙面无灰尘。

更衣室垃圾不超过桶 2/3，布草筐布草不超过 2/3，长条凳无毛刺、断裂，更衣柜锁有效，更衣柜上方无堆放物，地面洁净无垃圾、无水迹，墙面无灰尘。

VIP 房间台面备有（洗发膏、沐浴露、护发素各 1 瓶）2 把梳子、1 瓶护肤霜、1 瓶啫喱水，棉签盒余量 2/3 以上，面巾纸余量 2/3 以上，吹风机安全有效，更衣柜锁有效，更衣柜上方无杂物，地面洁净无垃圾、无水渍、无毛发，墙面无灰尘，所有物品离墙 5 厘米。备好专用的布草，根据客史记录提前准备。

（二）对客服务规范

①有客人来更衣室时，服务员主动询问客人的更衣柜是几号，以便引领。帮客人打开更衣柜后，将拖鞋取下，摆放至客人方便更换鞋子的地方。如客人更衣后直接去按摩，应推销酒店康乐部的浴衣。要求能够准确领会客人的需求，向客人推荐适合客人的商品。留意客人的特征，尽量记住客人的橱号，以便巡视时核对。

②对常客与重要客人的喜好做好记录，及时告知吧台做好客史档案，根据客史档案提供个性化服务。对老年人、儿童、单次消费客人要给予特殊关注、提醒。要主动向客人全面介绍区域内的设施设备和使用方法，以及其他的消费项目。

③锁好门锁，客人走后要帮客人检查门锁是否锁好，并及时告知客人更衣柜已经锁好了。

④提醒游泳的客人先淋浴再游泳。

⑤提醒客人穿好拖鞋，以防滑倒。

⑥如客人丢失钥匙，劝说客人不要着急，尽力在客人曾经逗留过的地方帮助客人找回，如确定钥匙为客人丢失，用万能钥匙帮助客人打开门锁，但要告知客人赔偿钥匙更换费用。

⑦对于更衣室逗留时间较长的客人要保持警惕，以防出现偷盗事件。

⑧如发现客人有撬锁行为，一定要与客人核实是否为他的更衣柜，并予以制止，以防弄坏更衣柜。如客人不能证实所撬更衣柜是他的更衣柜，不要让客人离开，立即上报领导处理。

（三）客人离开后的服务规范

①检查有无遗留物品，如客人有遗留物品，捡拾者需做登记，及时交给吧台签收或由当值管理人员进行处理。

②更换客人用过的拖鞋，将用过的拖鞋放入 84 消毒桶内消毒。消毒时间至少为 30 分钟。

③一客一整理化妆台和更衣室、更衣柜、淋浴间卫生。

④整理好更衣柜后将钥匙送回吧台。

四、池水净化与卫生规范

①晚上停止开放后，向泳池中投放净化及消毒药物，进行池水净化和消毒。

②每天早晨，对宾客开放前要进行池水净化，即吸尘、去掉水面杂物和池边污渍，搞好泳池周围环境卫生。

③净化池水要先投放次氯酸钠，过两小时后再投放碱式氯化铝。

④注意若投放次氯酸钠消毒就不能投放硫酸铜，避免因化学作用而引起游泳池水面变色。

⑤药物控制：根据泳池的大小，次氯酸钠在0.5~1千克，pH值控制在7~7.8，水清澈透明，呈浅蓝色。

⑥泳池环境卫生必须在每天开放前和停止开放后，用自来水冲洗地面。在开放过程中如发现有客人遗弃的纸巾、烟盒、火柴盒、食物包装纸或其他杂物要随时捡放在垃圾桶里集中处理，以保持泳池的环境卫生，使其整洁美观。

⑦将泳池四周的咖啡台、座椅、躺椅、茶几等擦干净，整理整齐。若是露天泳池，有遮阳伞的，要收起来集中存放在器具室。

五、游泳教练服务规范

①耐心指导客人学习各种游泳技术动作。

②根据客人实际情况，指导客人进行游泳训练。

③协助救护员进行救护工作、疏导工作。

④合理安排课时计划，合理组织教学。

⑤保证学生的人身安全，严格要求，严格管理。

六、救生员服务规范

①勤巡视池内游泳者的动态，发现溺水者要迅速冷静处理，做好抢救工作并及时向有关领导报告。

②认真做好每天的清场工作。

③负责游泳池水质的测验和保养及游泳场地的环境卫生。

④不得与无关人员闲谈，救生员不得空岗。

⑤注意游泳者的动向，防止发生意外，保证客人的安全。

⑥如遇雷雨天气，要迅速安排客人上岸，确保客人安全。

任务四 游泳项目服务英语培训

◆您好，先生。欢迎您。请告诉我您的更衣柜钥匙牌号。

Welcome sir. May I know your locker number?

◆ 1 号。

No.1.

◆那就是 1 号柜。

The No.1 locker is right over there.

◆对不起，请问您带游泳衣了吗?

Excuse me, did you bring your swimming suit?

◆没有，没带。

No, I didn't.

◆对不起先生，不着泳装不可入内。我们有游泳用品专卖柜，有很多种游泳用品。

Sorry sir, I'm afraid you are not allowed to come in without swimming suit on. We have a swimming shop just over there. There are many kinds of goods, specially for swimming.

◆我想租个救生圈。

I want to rent a life buoy.

◆当然可以，5 元租金，5 元押金，一共 10 元。

Certainly sir. That's 5 yuan for rental and 5 yuan for the deposit. That's 10 yuan altogether.

◆这边是浅水区，那边是深水区。请您注意安全。

This is the shallow area and that is the deep area. Please take care of yourself.

◆请不要跳水，以免发生危险。

Please don't dive. It's dangerous.

◆一小时后就清场了，如果您觉得时间不够，请等下一场，我们一小时后开下一场。

We'll be closing in an hour. If you think you don't have enough time, would you wait until the next session.We'll open again in one hour.

◆您离开时，请检查一下您的衣柜，以免丢失个人物品。

Please check your locker before you leave. Make sure you haven't left anything behind.

任务五　游泳馆员工目标考核

一、游泳馆领班目标考核

序号	考核内容	考核指标及目标值	考核实施	
			考核人	考核结果
1	制订每月具体工作计划	工作计划完成率达到 ______% 以上		
2	巡视游泳馆，组织做好各项服务工作	客人有效投诉率为 ______%		
		客人满意度平均达到 ______分		
3	加强游泳馆安全防范	重大事故发生率为______%		
4	检查游泳馆卫生清洁情况	卫生清洁达标率达到 ______% 以上		
		游泳池消毒合格率达到 ______% 以上		
5	对下属员工进行培训	员工培训考核达标率达到 ______% 以上		

二、游泳馆教练员目标考核

序号	考核内容	考核指标及目标值	考核实施	
			考核人	考核结果
1	为客人提供教练服务	客人对教练服务的满意度评分平均为 ______分		
		客人对教练服务的有效投诉次数不超过 ______次		
2	编排训练课程	客人对课程编排的满意度评分平均为 ______分		
3	保障客人的训练安全	因教练员安全防范不到位，而造成的客人受伤的次数不超过 ______次		

三、救生员目标考核

序号	考核内容	考核指标及目标值	考核实施	
			考核人	考核结果
1	游泳馆安全管理	安全事故发生次数控制在 ______ 次		
		安全事故处理及时率达到 ______ %		
2	为客人提供安全服务	客人满意度评分达到 ______ 分		
3	检测游泳池的水质	测验水质达标工作完成率达到 100 %		
4	游泳池安全设施的报修	报修及时率达到 ______ %		
		游泳池安全设施完好率达到 ______ %		

四、游泳馆服务员目标考核

序号	考核内容	考核指标及目标值	考核实施	
			考核人	考核结果
1	水质净化工作	水质净化工作完成率达到 100%		
2	泳池边及游泳馆内设备的卫生清洁工作	卫生检查合格率达到 ______ %		
3	为客人提供游泳服务	客人的满意度得分平均达到 ______ 分		
4	记录客人消费情况	记录客人消费的出错次数为 ______		

案例分析

张军是某酒店游泳馆主管，这天突然听到游泳池处传来一阵喧哗，他赶紧过去，发现水池边几位客人正围着服务员叫嚷，原来是客人到水里闻到很重的氯气的味道，水碰到眼睛很痛，有几位小朋友眼睛已经被刺激得红肿流泪了。

问题：若你是张军，此时该如何应对？

【知识拓展】

游泳文化元素包括指向生活和关怀生命。第一，指向生活。现代社会生活与工作节奏加快，亚健康状态人群比例越来越多，通过体育锻炼和运动健身的方式来增强体质与健康，寻求情绪和心理宽慰，获得一种更为积极的生活态度和理念，已经被越来越多的人所认可、接受。众多周知，游泳健身益处众多，可健体、可强身、可增趣、可怡情，可舒缓身心、可按摩刺激、可康复治疗、可增强人际交往，是一项可以终身坚持、老少皆宜的运动健身项目。指向生活意在说明，学会游泳，将游泳作为日常健身和运动的选择方式，从而养成健康锻炼、积极向上的生活方式。第二，关怀生命。在人与自然的辩证关系中，人类并非可以随心所欲地驾驭自然、征服自然。个体生命在自然环境面前，虽显主体性和能动性，但又渺小，甚至微不足道。古人有云:“水能载舟，亦能覆舟”，学会游泳，越是“戏水”和“驾水”，能征服江海湖泊，越是应该常怀敬畏之心、感恩之心、虔诚之心。懂得其中的道理，不狂妄自大，方能各取所长、相处和谐，正所谓珍惜生命、热爱生命、尊重生命、敬畏生命、感恩生命。生命乃万物之本，更是体育之本，挖掘蕴含在体育中的生命教育特质，是对生命的一种尊重与启发。

思考与练习

1. 客人发生溺水时该怎样做?
2. 游泳馆工作人员应提醒客人注意哪些安全事项?
3. 简述游泳服务程序和服务标准。

项目五　高尔夫练习项目服务与管理

【知识目标】

◆掌握高尔夫练习项目服务知识。
◆熟练掌握高尔夫练习项目的工作程序。
◆熟悉高尔夫练习项目服务规范。
◆熟悉高尔夫练习场各岗位人员目标考核的内容。

【能力目标】

◆能够熟练提供高尔夫练习项目服务。
◆能够处理高尔夫练习项目服务中遇到的常见问题。
◆能够制订高尔夫练习项目服务规范。
◆能够对高尔夫练习场各岗位人员进行绩效考核。

【素质目标】

◆具有规范化操作与标准化服务的意识。
◆具有良好的敬业精神。
◆具有良好的团结协作意识。
◆具有弘扬高尔夫文化精神的自觉意识。

【实训项目】

设计高尔夫练习项目对客服务情景。

【项目分析】

◆将学生分为若干组，每组独立完成项目设计。
◆每组成员用英文现场模拟演示本组设计的情景。

【学习任务】

任务一 高尔夫练习项目服务知识

一、高尔夫基础知识

（一）高尔夫运动定义及特点

1. 高尔夫运动定义

“高尔夫”是荷兰文 kolf 的音译，意思是“在绿地和新鲜氧气中的美好生活”。由此可以知道，高尔夫球是一种在优美环境中进行的高尚娱乐活动。因为玩这种游戏设备昂贵，所以在一些国家又叫它“贵族球”。《韦氏词典》（*Webster's Dictionary*）对高尔夫的释义是：“高尔夫是使用若干支球杆，用尽量少的杆数在通常为十八洞的球场打球，在各个球洞连续击球进洞的运动。”德国《杜登大辞典》（*Duden*）这样来解释高尔夫：“（源于苏格兰的一项运动）用硬橡胶球和球杆在草地上玩的一种游戏，目的在于用尽可能少的杆数将球击入各个球洞中去。”《中国大百科全书》（1982 年版）体育卷用一句话为高尔夫球下了定义：“以棒击球入穴的一种球类运动。”

2. 高尔夫运动的特点

（1）高尔夫是运动创伤最少的项目

由于选手之间没有身体接触，更不会出现类似足球比赛中故意拉人、绊人、伤人和扯衫等粗野动作，因而打高尔夫球除了场地表面原因可能引起脚部扭伤外，几乎没有造成运动创伤的外界因素。高尔夫球员由于热身不充分，打球前生活缺乏规律（例如睡眠不足、饮酒过量、心理压力过重因而神情恍惚等），临场挥杆技术不得要领等都会造成主要是类似网球肘的高尔夫肘以及肩部和背部的拉伤。

（2）高尔夫是一项根植于大自然又最亲近与爱护大自然的运动

高尔夫是一种户外运动，但它与众多户外运动不同，它的场地最大。高尔夫不像足球、网球等项目那样，在室外任何地点（包括在大都会林立的楼宇之间）均可划定场地。高尔夫的场地本身就是大自然，或者说是经过了修整的大自然。

高尔夫球场一般来说最好远离现代城市喧嚣闹区和可能有不同程度废气废水废料以及噪声排放的工业区。高尔夫球场几乎就是大自然的本来面貌，它不仅为球手提供了一个广阔的活动空间，也使球手获得了宁静，获得日光浴与空气浴之利，从而可以舒缓心理压力，松弛精神，获得身体疲劳的恢复。

从这个意义上说，高尔夫球场是回归自然的最佳去处，是最大的氧吧，最大的太阳康复中心。除了高尔夫之外，现代体育运动项目中也只有铁人三项、现代五项等项目较多地接触大自然。马拉松赛跑虽然在时空方面达到很高的程度，但其场地主要是较为单调的公路。打高尔夫，则犹如置身在鸟语花香之中，你可以嗅到树林、草地和泥土的气息，有时会有动物出现在你眼前。

（3）打高尔夫还培养球手的环保意识

当你挥杆损害了球场的一草一木，你的责任心驱使你去做一些修复工作，以回报自然环境给予你的一切。高尔夫球运动是当代国际体坛职业化发展程度最高的少数几项运动项目之一。职业化发展不仅表现在金钱上，也表现在高度专业化方面。

（4）高尔夫运动具有很强的可参与性

高尔夫从运动方式到运动强度都不受年龄、性别以及身体素质的限制和约束。从 3 岁孩童到古稀老人都可以参加，可结伴对抗也可单人休闲。由于高尔夫运动本身是亦动亦静的运动，因而并非激烈运动，球手可以根据自己的体力情况来调整打球的节奏与强度，只要遵从高尔夫运动的规律，完全可以最大限度地防止类似的运动创伤。因此，高尔夫运动是一项安全系数较高的体育项目。

（5）高尔夫运动注重礼仪，讲究自律

《高尔夫规则》中的第一章，就是谈高尔夫运动的礼仪。高尔夫运动所推崇的礼仪规范有着深层的文化内涵和广泛的社会意义。如规则中所提到的“为其他球员着想”“球场优先权”以及“对球场草坪的保护”等，都体现出一种“先人后己”“礼贤下士”的绅士风度。因此，世人也称高尔夫运动为“绅士运动”。在其规则的影响和人们主观意识的约束下，球员对自己成绩的确认和评判都应体现良好的自律品质，这是高尔夫运动所推崇的礼仪和球员行为规范的又一重要体现。这些特点充分体现了高尔夫运动丰富的文化内涵和文明、高雅的运动特征。

（6）高尔夫是一项培养人际关系的运动

在高尔夫球场有来自各个不同国家与各行各业的人，因而在绿草如茵的休闲环境中打球，你都有机会广交朋友，加强国际交流。在球场上可以边打球边谈生意、拉家常或者叙旧，打高尔夫实际是一种派对、一种球叙。高尔夫的打球方式与无尽空间、良好的环境，使之成为比任何运动项目更易于以球会友的项目。

相比其他球类运动，从运动心理的角度来看，高尔夫运动是最特殊的一类。其特殊性体现在关注的对象不在比赛的对手，而在于自己。一项运动需要运动员具备什么样的心理特征，由运动本身的特点决定。比如篮球、足球、橄榄球等团队运动，比赛前教练会和队员一起分析对手的特点并据此布置战术和比赛策略，这类运动强调团队精神和队友之间的密切配合。

在心理学上，这类运动需要培养运动员所谓的广阔外部的注意，需要随时根据场上和对手的情形调整己方的战术。比如网球、羽毛球和乒乓球等运动，运动员需要分析对手的特点和心理变化，有时取胜不是自己打得有多好，而是对手失误，即这类运动有可以战胜的参照物，运动体现狭窄外部的特征，即注意的对象大部分在单一的对手。

高尔夫运动没有对手作为参照物，比赛全程高度集中的关注在于自我心理的调节和控制，以狭窄内部的关注为主要特征。所以有人说高尔夫运动也是战胜自我的游戏。再深入一些，可以说高尔夫运动是一个人挑战自我心理、心智、耐心、意志和体能的游戏。

（二）高尔夫起源及发展

1. 高尔夫的起源

由于高尔夫运动的起源没有准确的时间和大致的年代，围绕高尔夫的起源产生了许多古老而神秘的传说。为了证明自己是高尔夫的发源国家，各国高尔夫学者纷纷拿出各自的历史证据。有关高尔夫的起源众说纷纭。根据历史记载，概括起来有四种说法，起源于四个国家。

荷兰人认为，高尔夫运动起源于荷兰，后来由荷兰人将此项运动传到苏格兰，在苏格兰得到进一步的完善和发展，才演变成现代高尔夫运动。荷兰的学者和历史学家称，大约14世纪中叶到16世纪，荷兰流行一种叫作“考尔文”（Kolven）的冰面上打球游戏，球杆和球的形状、击球方法以及用语等都和高尔夫非常相似。据说，有一幅 14 世纪的荷兰古画，画面上有三人都手执小球，另一个人持棒击球。有人认为这就是最早的荷兰高尔夫运动。

据历史记载，中国最早的唐朝就出现了一种叫作“捶丸”的游戏。顾名思义，捶者击也，丸者球也，并且还是击球入窝。“捶丸”是唐代的“步打球”演变而来，北宋时又称“步击”。宋元之际，“捶丸”游戏流行于我国北方民间，据说宋徽宗特别喜欢这项游戏。另外元朝有人著有《丸经》一书，书中对“捶丸”的游戏规则、比赛场地、技术、战术、用具等均有详细记录。中国的历史学家根据以上史料推断现代高尔夫起源于中国，由元代蒙古人入侵欧洲时带入欧洲而流行开来。

有人认为高尔夫起源于古罗马的一种叫作“帕哥尼卡”的游戏，这种游戏以弯曲的球杆击打小球，与高尔夫运动有一些相似之处。有些学者认为此游戏是高尔夫的祖师爷。日本人根据挖掘出的飞鸟时代壁画中飞鸟人手执球杆的画面以及宫廷中进行的游戏，声称日本是高尔夫运动的发源地。

目前大多数人一致认为苏格兰是高尔夫运动的发源地。其中流传最多的是这样的故事。相传高尔夫运动起源于 13 世纪英国苏格兰的海滨地区，起初是草原上的牧羊人在闲暇时不经意地利用牧羊杖将碎石块击入野兔的洞穴，后慢慢形成和发展成一种游戏。逐渐地这种以大自然天地为竞赛场的运动发展成为一项完备的休闲活动，并受上流贵族的喜爱。此外，最早的高尔夫运动规则也是由世界最早成立的俱乐部——苏格兰“绅士高尔夫球社”制定的。

由此可见，虽然有关高尔夫运动的起源说法各异，但综合来看，基本上可认为高尔夫运动起源于苏格兰。

2. 高尔夫运动的发展

1890—1910 年间，随着新大陆的移民热潮，其中包括许多位高尔夫的好手及球场管理人员，高尔夫球运动渡洋到美国，首座球场就诞生于美国东岸的纽约市郊。其后美国高尔夫球协会和高尔夫球场设计师协会等组织相继成立，许许多多的球场便在美国各地如雨后春笋般成立。西风东渐，亚洲地区的第一座球场于 1901 年由英国人士克鲁姆建在日本神户地区。也因此高尔夫运动从苏格兰地区的一个地方性活动，在跨入 20 世纪后迅速风靡了全球各地，在世界五大洲任何角落都可看到它的踪影，而英伦三岛也有 1300 座左右，其受欢迎程度可见一斑。随着中国经济的发展，高尔夫球场在中国各地如雨后春笋般涌现。高尔夫是由英国传入中国的，在十里洋场的上海滩，英国殖民者在 1916

年决定将养马场改建为高尔夫球场。1917 年“虹桥高尔夫球会”开幕；球场为 9 洞，占地约 0.13 平方千米。上海这个高尔夫球场一直使用到 1949 年，原址于 1953 年改建为上海动物园。随着 80 年代国内的改革开放，新中国高尔夫运动始自 1984 年，到目前有球场 168 余座，筹建的球场有 100 多座。200 多座球场主要分布在经济比较发达的三大地区——以广东省为中心的珠江三角洲、以上海为中心的长江三角洲和以北京为中心的京津地区，在经济比较发达或气候温和的度假地区也分布一些球场，如山东的青岛、威海、烟台；江浙的苏杭；辽宁的大连、沈阳；福建的福州、厦门和昆明、贵阳、成都、海口、武汉、西安等发达城市。1984 年，霍英东先生在家乡投资兴建了中国第一家球场——中山温泉高尔夫球俱乐部。1985 年 5 月中国高尔夫球协会（CGA）成立，是中国高尔夫球运动的最高组织，前中国体育高级领导人荣高棠出任第一任主席；协会于 1996 年 9 月在北京换届，前任主席荣高棠任顾问，伍少祖为新一届主席。高尔夫运动在中国必然会有巨大的发展，目前虽然有 168 多座球场，但是相对于中国的实际情况、中国的经济实力和高尔夫运动自身的发展规律，中国的高尔夫只能说是刚刚起步。目前世界高尔夫球产业界，包括设计、建造、管理、竞赛、草种提供、高尔夫用品、球具、服饰等都非常看好中国市场。英国和美国业界人士多次对中国高尔夫进行预测，按中国经济发展速度和加入 WTO 并入世界级一体化实际需求，并参照世界高尔夫发展经验，在未来 20 年内中国需要 25 000 个高尔夫球场，也就是每年平均再建造 1250 个球场的速度才可满足市场需求。

（三）高尔夫球具

1. 高尔夫球杆的分类和规格

（1）木杆

木杆主要用于开球，它的杆身长，杆头相对而言较轻。现代的发球杆尽管一直被称为木杆，实际上 70% 以上的发球杆已由金属制造。通常所见的木杆分为 4 种，即 1 号木杆、3 号木杆、4 号木杆、5 号木杆。

（2）铁杆

铁杆实际是由不锈钢杆或碳杆杆身锻造而成或铸造而成。铁杆的特性是易保持击球的方向性。铁杆一般有 9 支，包括从 3 号到 9 号的 7 支铁杆以及劈起杆（piching wedge）和沙坑杆（sand wedge）。其中，3#、4#、5# 为长铁杆；

6#、7#、8# 为中铁杆；9#、Pw 和 Sw 为短铁杆。

（3）推杆

推杆是用于在果岭上朝球洞方向推击球的专门球杆，推杆与铁杆在规格上有所不同，一般来说，推杆杆身较短，杆面角度大小不超过 5 度。

木杆和铁杆有一个共性就是：号码越小，杆身越长，重量越轻，击出的距离越远；反之，号码越大，杆身越短，重量越重，击出的距离越近。

2. 高尔夫球杆和球的小常识

①高尔夫球的规格：直径为 42.67 毫米，重量为 45.93 克。

②标准木杆和铁杆都是角度增加一号，球杆就短半英寸约 1.27 厘米，杆头击球面角度就增加 3 度；随着杆头的击球面角度档次的增加，球就相应地逐渐向高飞，而距离则依次缩短 10 码（约 9 米）。

③球杆击球面角度：为把球往高里打的球杆击球面的角度。

④球杆和地面角度：把杆头平放地面时，杆身与地面的角度。

二、高尔夫练习场的定义

1. 高尔夫练习场的构成

高尔夫练习场由挥杆练习场、推杆果岭、练习沙坑、切击果岭和停车场构成。

围网的设置：

★一般四周紧靠道路及建筑的练习场设置围网。

★四周宽阔，有足够的安全距离，周边可用树木来分隔，不用设置围网。

2. 高尔夫练习场的规模

由于高尔夫练习场的收益随打席位增多而加大，规模主要由打席位的多少来定。为了有效利用土地，打席房可设计成两层以上。

3. 高尔夫练习场的占地面积

占地面积与练习场的长度和宽度相关，长度一般不短于 50 米，不长于 350 米，长度 350 米以上的练习场可以双向对打，宽度随打位的多少来定，都市练习场的推荐长度不短于 180 米。一般来说，一个 30 打席位单层练习场（60 打席位两层练习场）占地在 30 000 平方米左右。

换句话讲，高尔夫练习场的占地面积随意性很大，任何场地都可以建造练习场。

4. 高尔夫练习场的草坪选择

（1）天然草坪。大多数练习场都采用种植或铺设草坪，自然天成，赏心悦目。但是管理成本较大，且在北方有枯黄期。

北方练习场草坪一般选用冷季性草。

南方练习场草坪一般选用暖季性草。

（2）人工草坪。由于该草坪色泽鲜艳，四季常绿，基本上无管理成本，受到部分投资商青睐。

三、高尔夫练习场的分类

1. 按室内外分

（1）室内练习场

★挥杆练习器：在室内设置多个挥杆练习器、打席垫，推杆果岭采用人造草坪。多适用于北方冬季。

★电脑挥杆练习器：由电脑、打席垫、大屏幕及相应软件构成，足不出户，可以享受 18 洞球场的挥杆乐趣。

（2）室外练习场

挥杆练习场、推杆果岭、练习沙坑和切击果岭均在室外，使用天然草坪。

2. 按使用功能分

（1）高尔夫球场热身练习场

此类练习场一般作为球场下场打球前的热身场地，同时也作为能举办比赛的必需硬件。一般打席位在 20 个左右，一般都对外经营，但由于距离市区较远，客源较少。如果球场建在市区内，可加多打席位。

（2）纯经营型练习场

一般建在城区内交通方便之处，尽量靠近居民小区，保证有稳定的打球客源。

任务二　高尔夫练习项目工作程序

一、准备工作

①上岗前做自我检查，做到仪容仪表端庄、整洁，且精神饱满。

②检查卫生清洁情况是否达标。

③检查高尔夫的辅助用品等是否齐全，并将球杆放在球房规定的位置。

二、迎接客人

①面带微笑，主动招呼客人，并询问客人是否有预订。

②引领客人办理相关手续并收取押金。

三、高尔夫练习场服务

①按照客人的要求，码好高尔夫球。

②请客人换好专用鞋，并引领客人至场地。

③为客人准备好球杆和记分板。

④按客人要求为客人提供裁判、示范等服务。

⑤询问客人需要的饮料，同时递上毛巾，客人需要时，应记录场地、消费的饮料名称及数量，毛巾要冬温夏凉。

⑥在客人打球休息期间递上毛巾及时添加饮料、茶水。

⑦客人活动结束，迅速递上账单（放在收银夹），请客人确认后交至收银台结账。

四、送客与整理

①礼貌向宾客道别，欢迎再次光临。

②迅速清点高尔夫球，并收好球杆。

任务三　高尔夫练习项目服务规范

一、高尔夫练习项目服务规范

为了提高高尔夫练习项目的服务水平，高尔夫练习项目服务员要做到以下几点：

（一）准备工作规范要求

（1）一般要求

①了解自己的身体情况：要能身心健康地去承担工作，否则将影响打球者

的情绪。

②调整自己的心态：有充足的精力，做好思想准备，不要把工作之余的坏心情，坏情绪带到工作中去。

③检查自己的仪容、仪表：自己的工牌、帽子等是否佩戴整齐，衣服、鞋子是否干净整齐，每天都以崭新的精神面貌去迎接每一位客人。

④检查下场用品：消费单、记单夹、笔、毛巾等。

（2）消费单的填写方式及要求

①服务生在填写消费单时应将客人的姓名、日期、开单时间、消费形式等完整地填写清楚，并签名确认。

②服务生将填写的消费单拿到练习场大厅里进行电脑登记，记单人员在消费单签名确认并注明记单时间。

③当客人所要求的时间快到时，负责该区域打位的服务生应主动提前五分钟提醒客人，看客人是否需要加时间；如客人需要加时间，待客人的第一轮要求时间到后，再将客人所要求加的时间记录到服务客人的消费单上，最后进行电脑登记。

④在进行电脑账单登记时，服务生应认真按照电脑操作方法去登记，尽量避免错单现象的发生；如在电脑录单时发生错误，应马上进行账单纠正，避免因错单而给公司和客人造成不必要的麻烦。

⑤练习场服务生每对一组客人登记完电脑账后，再根据消费单记录核对一遍。

⑥当客人打球中途用餐时，服务人员应根据实际情况将用餐时间不计入消费单，并在客人用餐前后告知客人。

⑦在每天交接班中，本班服务生应跟接班的服务生认真填写《交接班日志》，详细填写并说明服务打位的情况，包括客人的到场时间、消费时间、已登记客人、未登记客人、哪些客人中途加时间等一些情况进行消费单确认后，并在《交接班日志》上注明交接班人员和被交接班人员的名字和交接时间。在交接班过程中出现客人结账或者需要提供服务的现象，交接班人员应立即停止交接，前去服务客人，待服务完客人后再进行工作交接。

⑧服务生在填写完《交接班日志》后，交接人应将本人值班登记的消费单记录按顺序编码交由领班，由领班进行审核；交接班完后的服务生在送走最后一组客人的时候，也应将登记的消费单记录和《交接班日志》交给领班（领

位）审核。

⑨领班（领位）每天应对当天的全部消费账单进行审核，根据服务生记录的账单与电脑系统登记的账单一一进行对照、审核、确认，当时发现有错单现象，应立即将错单中的客人姓名、消费卡号、服务生姓名、服务时间等记录登记在交接本上，于第一时间内交给练习场负责人。

⑩当天领班对各区域服务生交上来的消费单审核内容包括：消费单的顺序编号排列是否整齐、消费单的项目填写是否完整、内容是否正确、跟电脑系统登记的账单是否相同。

⑪练习场负责人在接到领班（领位）递交上来的错单记录，应立即通知相关人员进行核实并做相应调整。

⑫练习场对每天的消费账单要进行整理、存档，每三个月一次交给财务部去进行销毁。

⑬练习场服务生在记单过程中应从公司和客人的利益出发，本着高度认真、负责的态度进行账单录入。

（二）迎宾服务规范

当客人到达球场门口，迎宾球童应主动问好，帮助客人拿球包，并将一张球包卡挂在球包上，同时将另外一张交于客人，提醒客人拿卡到前台换取消费卡，并将球包拿到练习场等候客人。

具体情况及礼貌用语：

情况1：客人车开至停车场时

用语：欢迎光临！

动作：精神饱满，面带微笑

情况2：为客人取包

用语：您好，这是您的球包卡，请您先到前台换取消费卡，我帮您把包送到练习场

动作：将球包卡交与客人，并提醒客人到前台换消费卡，同时为客人指引前台方向

情况3：开车将客人送至练习场

用语：先生/小姐，这边请，我送您到练习场，我们可以开车了吗？

动作：由于练习场与前台相差一段距离，接包人员应开车将客人送至练习

场，过程中注意适当地与客人交谈，同时注意行车安全。

情况4：客人问有无打位时

用语：请稍等，我帮您询问一下

动作：用对讲机询问练习场，迅速将结果告知客人

情况5：客人存包

用语：请稍等，我通知存包室帮您取包

动作：通知服务人员取包

（三）球场服务规范

1. 安排打位、清点球杆、记单、审单

当迎宾球童将球包送到练习场后，将球包交给负责看管打位的球童。当客人来到练习场，领班或打位负责人应主动上前询问客人有无预约，及预约的几号打位，并及时为客人安排到相应的打位上。如客人没有预约，根据练习场现有的情况，询问客人需要几个打位，需要哪几号打位，并给客人安排相应打位，清点球杆。如果客人所预约的打位被占用或由于客流太大没有打位时，领班（打位负责人）应为客人解释说明，看客人是否更换打位或是等待（在客人等待时可以请客人去大厅稍做休息或是去练习果岭练习）。

同时服务生应根据客人的需要，将打球时间详细地记录到消费单的项目里，并注明记单人姓名、登记时间，字迹要清晰工整，不可出现涂改现象。

主动询问客人其他需要，包括更换TEE（在发球台开球时用来把球架高的专用工具）、拿饮料、点餐等服务。服务人员应熟知练习场内销售的饮料、快餐的价钱，以便客人需要时提供给客人。

服务中注意细节，在天气炎热的时候，及时为客人打开风扇（但注意，在打位无客人时及时关掉风扇）。

打位上的负责人在打位已满的情况下，应及时安抚客人，合理为等待打位的客人按顺序安排打位。

（1）具体语言及用语

情况1：迎宾球童开车到达练习场

用语：先生/小姐，您这边请

动作：引导客人到练习场前台，将球包交与练习场服务人员

情况2：客人到达练习场前台，前台小姐请客人出示消费卡（前台收银员）

用语：欢迎光临！麻烦看一下您的消费卡，谢谢

动作：服务生接下球包，引导客人到练习场前台，同时领取消费单（前台将消费卡号登记在消费单上）

情况3：前台询问客人的消费形式（前台收银员）

用语：先生 / 小姐，请问您是用套票还是用卡？

动作：礼貌地询问，同时根据情况在消费单中填写客人的消费形式

情况4：根据公司的规定，客人使用的卡需要客人出示（前台收银员）

用语：先生 / 小姐，麻烦看一下您的 × 卡，谢谢

动作：礼貌地请客人出示

情况5：前台询问客人需要几个打位（前台收银员）

用语：请问您需要几个打位？

动作：询问客人，并根据客人要求及时安排

情况6：客人登记完毕

用语：先生 / 小姐，您打位 × 号，请您跟我来

动作：引导客人至打位

情况7：将客人球包放到打位后清点球杆

用语：先生 / 小姐，先为您清点一下球杆吧，您包里有 × 支木杆，× 支铁杆，× 支推杆，共计 × 支杆，另外还有 × 个杆套，您看对吗？

动作：清点球杆要迅速、准确

情况8：询问客人打多长时间

用语：先生 / 小姐，请问您需要打多长时间？

动作：面带微笑询问客人

情况9：开始为客人记单

用语：先生 / 小姐，现在是 × 点 × 分，开始帮您计时了

动作：计时开始的时候一定要通知客人，并准确清楚将打席号、消费卡号、服务员署名、日期、时间填写在消费单上

情况10：询问客人还有没有其他需要

用语：请问您还有其他需要吗？

动作：尽量满足客人的其他要求，例如，为客人换 TEE、点餐等工作

（2）特殊情况

情况1：客人确认完球包后

用语：请问您预约打位了吗？

动作：如客人预约，应及时将客人安排到相应的打位

情况2：如预约打位被占用

用语：实在很抱歉，您预约的打位暂时被占用了，您看可不可以到 × 打位去打？

动作：真心道歉，并询问客人，及时根据客人要求安排打位

情况3：在没有打位的情况下

用语：很抱歉，暂时没有打位了，您看您先到大厅休息一会儿/您先到练习果岭练习一会儿推杆吧，如果有打位我马上通知您

动作：将客人来场顺序理清楚，并清楚每位客人的去向，以便有打位后及时通知客人

情况4：客人排了很久，现已有打位时

用语：对不起，让您久等了，现在已经空出一个打位，我已经将球包给您放好了，您这边请

动作：与客人道歉，同时引导客人至打位处

情况5：客人需要租杆

用语：请问您租几支杆？都需要几号杆？请您稍等

动作：询问的同时必须告知客人租杆的收费标准

情况6：出租杆交给客人时

用语：先生/小姐，您看这支杆可以吗？

动作：主要请客人看清球杆无损伤，避免客人使用不当损坏球杆而拒付赔偿金

情况7：询问初学打球的客人是否请教练

用语：先生/小姐，请问您需要请教练吗？

动作：询问客人，并且告知客人教练的收费标准

前台在为客人安排打位时，要按照公司规定，按顺序依次为客人安排打位。如客人有特殊要求，可请客服人员、练习场领班出面解决。

2. 客人打球中

由于练习场以计时消费为主，所以，练习场的服务生在每天服务过程中应

做到不管服务打位是否有客人，都要确保每个打位球盒里的练习球都是满的、充足的；如发现客人球盒里的练习球不满一半时应及时前去补充，坚决杜绝客人因练习球不够而影响正常打球。负责练习场的领班应每半小时去检查一次球盒里的练习球是否充足；发现球盒的练习球不足时，应立即督促负责该打位区域的服务生进行加球。

当客人装球盘中的球即将打完时（大概剩余 30 个球时），打位上的负责人员应及时加球。在加球的过程中要特别注意：

在客人准备打球时绝不能加球，因为客人在挥杆时很危险会打到加球人员，同时也会影响客人打球。

加球时应注意不要过快，避免将球散落在打位周边，如有散落的球要及时捡回。

打位负责人应随时了解自己负责打位上客人的一切情况，为自己的客人提供最周到的服务和维护球场利益。

如有客人在黄金时段预约打位，应提前通知客人，如未按时间到场，在打位比较紧张的情况下，客人迟到 10 分钟以上，练习场将有权重新安排打位；如该打位仍保留给该客人使用，则按照预约时间记单；如需取消打位，需提前 2 小时电话通知前台。如客人未遵守此规定将取消该客人预约的权利。

（1）具体语言及用语

情况 1：客人要求练习的时间快到时（大概相差 5 分钟）

用语：先生 / 小姐，请问您需要加时间吗？

动作：询问客人

情况 2：客人需要加打时

用语：您需要加多长时间？ / 再加半小时吗？

动作：询问客人，并为客人加时

情况 3：为客人加球

用语：对不起，打扰一下，帮您加球

动作：加球时动作要迅速、稳健，球不能散落得到处都有

（2）特殊情况

情况 1：客人打球中遇到熟人，需要调换打位时

用语：请稍等，我去帮您协调一下

动作：根据情况尽量满足客人要求，并在消费单上详细记录

情况 2：客人使用的是记名卡，但练习中经常是他的朋友在打

用语：对不起，先生 / 小姐由于您使用的是记名卡，根据规定只限您一人使用，如果您朋友要练习我们再为您朋友开张卡好吗？

动作：根据公司规定向客人解释清楚，如遇不听劝阻的客人应及时找领班及客服人员解决

情况 3：客人练习已到时间，提醒了几次之后，客人没有续时，但依旧在练习

用语：对不起，先生 / 小姐，您的时间已经到了，您如果不续时就不能再打了，很抱歉

动作：语气委婉，向客人解释清楚，如遇不听劝阻的客人应及时找领班及客服人员解决

3. 打球结束清点球杆

客人打球结束后不再加打，打位负责人应迅速为客人清理球杆，告知客人打球所用时间，并提醒客人拿好自己的物品。

具体情况及用语：

情况 1：客人打球结束时

用语：先生 / 小姐，您共打了 × 小时，这是您的消费单，请过目

动作：告知客人打球时间，并请客人核对消费单，核对无误后将消费单封单收回

情况 2：为客人核对球杆

用语：再次核对一下您的球杆，您包里还是来时的 × 支木杆，× 支铁杆，× 支推杆，共计 × 支杆，另外还有 × 个杆套，您看对吗？

动作：为客人仔细清点，认真擦拭球杆

情况 3：提醒客人拿好放在打位上的贵重物品

用语：您的手机、手表……请您拿好

动作：避免客人将物品遗留在打位上

情况 4：引导客人到前台结账（前台收银小姐）

用语：先生 / 小姐，您打了 × 小时，需要套票 / 现金（等）×，谢谢

动作：准确、迅速为客人结账

情况 5：联系送包人员，将客人球包装到电瓶车上，与客人告别

用语：欢迎下次光临，谢谢

动作：礼貌与客人道别

情况 6：将客人送至停车场

用语：我送您到停车场 / 康体中心（等）

动作：打位负责人将球包交与送包人员

情况 7：客人存包

用语：请您填写一下存包卡，谢谢

动作：请客人填写存包卡

重点内容：服务前后在清点球杆时一定要注意同客人当面核实球杆的情况，熟知自己管辖的每个打位上球杆的数量、品牌等情况，避免出现将相邻打位上客人的球杆装错，带来不必要的麻烦。

在前台结账时，通常会遇到卡票超过使用期限而客人坚持要使用的情况，前台收银员、服务生没有权利为客人的卡票延期，需请客人按正常打球结账。如遇到问题无法调节时，应及时找到客服人员或经理出面协调。

（四）送客与整理

当客人从大厅出来取包时，迎宾处的人员要积极主动地上前问候客人，同时接过客人的球包卡，按球包卡上的号码仔细、认真地核对，找到球包后，给客人球包，以免拿错包。

在客人没有球包卡取包的情况下，必须同前台核实后再将球包送走，避免出现跑单现象，如出现此现象，迎宾人员承担全部责任。

具体情况及用语：

情况 1：客人从会所出来后

用语：× 先生 / × 小姐，您的球包卡我来吧

动作：上前接客人的球包卡，并根据卡号去找相应的球包

情况 2：球包找到后

用语：× 先生 / × 小姐，您看这是您的球包吗

动作：将球包拿到客人面前请客人确认，尤其在有相同球包的情况下，最好是将球包打开与客人确认球包里面的物品

情况 3：客人确认后装包，与客人道别

用语：欢迎下次光临，再见

动作：将球包装好后，站在车旁，礼貌地同客人道别，并目送客人离开

情况 4：客人出来取包，但没有拿球包卡

用语：× 先生 / × 小姐，对不起，请您先到前台将消费卡换回球包卡，没有球包卡我们是不能送包的，谢谢

动作：礼貌耐心地向客人解释，并请客人回前台换卡

情况 5：客人不去前台拿球包卡

用语：请您稍等，我到前台去帮您取卡

动作：根据客人所指出的球包，找到卡号，马上跑到前台，问该客人是否结账，如结账将球包卡取出，再将球包送走

情况 6：到前台询问后，客人没有结账

用语：对不起，麻烦您先到前台结下账，谢谢

动作：在客人确实没有结账之前绝对不可以将球包送走，以免跑单

情况 7：客人说自己的账由一起来的朋友来结，但我们又不知道是不是真的

用语：对不起，请您稍等

动作：迅速拿对讲机与前台核实，必要时请领班出来处理，之后记下客人的车号

情况 8：打练习场的客人在停车场久候球包

用语：对不起，我马上帮您催一下，请稍等

动作：马上拿对讲机同练习场或出发站联系，将球包送到停车场

二、高尔夫练习场管理规程

1. 营业前

①检查场地，确保码数牌等场外物品摆放就位，迅速清除场地内的垃圾、杂物。

②清除练习场内垃圾及杂物，保持服务台、收银台及其他区域地面、柜台、楼道、洗手间的卫生清洁，清理垃圾桶内垃圾。

③检查打席垫、隔道器、球盒摆放整齐有序，做好清洁工作，检查球座是否完好，确保座椅干净清洁、无尘无污渍。

④以 50 个球为单位分装到球篮，并点数记录。

⑤按《练习场工作检查表》清点水吧用品数、毛巾、烟灰盅、小瓶、托盘等，并将相关物品摆放就位。

⑥做好洗球房清洁卫生工作，确保物品摆放整齐，地面台面无尘。

⑦通知练习场值班教练做好服务准备。

2. 营业中

①客人光临练习场，服务员应迅速上前，使用“欢迎光临”“您好”等敬语向客人问好，并帮助客人拿球包等行李物品。

②注意球场礼仪，客人高声叫喊，穿拖鞋、背心或者赤身来场，服务人员应礼貌地加以劝止。

③如客人有随行人员，特别是小孩，服务人员应时刻提醒客人并严加防范，确保非打球人员在安全线以外，避免发生意外。

④现场服务人员应提醒客人保管好重要物品，不要随意摆放。

⑤服务人员在为客人加球前，应注意客人及自身的安全。

⑥客人在场，需确保现场时刻有服务人员跟进服务，离开工作岗位应注意与其他服务人员做好交接，严禁出现客人无人服务的情况。

⑦服务人员不得坐下与客人交谈，必须有礼貌地站立应对，为确保给每一位客人提供服务，练习场服务人员不得与个别客人长时间交谈，其他客人有需要必须积极响应，主动服务。

⑧练习场工作人员不得擅自动用客人的球具用品。

⑨严禁客人在打位前的草地上练球或捡球，如有发现，服务人员应礼貌劝止并做好解释工作。

⑩严禁外来人员进入练习场行走或捡球，如有发现应及时制止。

3. 营业后

①整理当天单据，每日统计《练习场营业日报表》，每月汇总统计《练习场营业月报表》上报相关领导。

②清理球道物品如球、筐、烟灰缸、毛巾、清理垃圾等。

③毛巾、瓷碟等进行消毒处理，消毒完毕后，将消毒柜清理干净。

④客人离场后将球道上的练习球全部捡回，清洗练习球，并注意自身安全，避免夹伤、碰伤、触电等，清洗完毕后放入仓库。

⑤检查所有电器是否关闭，物品、门窗是否锁好，确保安全无隐患，确认无误后方可离开。

任务四　高尔夫练习项目服务英语培训

一、预订服务情景

R：Reception（前台服务人员）　M：Member（会员）

◆早上好，这里是前台，我能为您做什么？

R: Good morning, Front Desk. May I help you?

◆我是大卫，我想预约星期六上午 8 点的场。

M: This is David. I want to book one flight at 8:00 on Saturday morning.

◆非常抱歉，您要的这个时间已经预约满了。

R: I'm sorry, it has been reserved already.

◆那周六上午还有什么时间可以订场呢？

M: What other time is available on Saturday morning then?

◆ 12 点 36 分，您看怎么样？

R: How about 12:36?

◆好的，我就定这个时间。

M: Ok, I'll take that!

◆请将您的会员号告诉我好吗？

R: May I have your membership number, please, sir?

◆我的会员号是 66666666。

M: The number is 66666666.

◆您有随同嘉宾吗？

R: Will you have any guests?

◆还有三个朋友一起来，共四个人。

M: Four in all.

◆已经订好了，您开球的时间是星期六上午 12 点 36 分。

R: It's ok now. Your tee time is 12: 36 on Saturday.

◆谢谢。

M: Thank you.

二、迎宾服务情景

◆大卫先生，您有预约吗？

R: Have you made any booking, Mr. David?

◆有的。

M: Yes.

◆请问您共来了几位？

R: For how many people?

◆四位。

M: Four in all.

◆请您的嘉宾每位交押金 2000 元人民币。

R: That'll be 2000 yuan deposit for each guest.

◆刷卡行吗？

M: Can I pay it by credit card?

◆可以。请在这里登记姓名。

R: Sure. Please sign your name here.

◆好的。所有的客人都要登记吗？

M: Ok, do all the guests need to check in?

◆是的，我们会给他们每人发一张消费卡。

R: Yes, we will give an IC card to each of them.

三、行李寄存服务情景

◆您需要更衣柜吗？

R: Do you need a locker?

◆是的，请给我一个。

M: Yes, I need one.

◆这是您的消费卡和更衣柜的钥匙，请拿好。

R: Here are your IC card and locker key.

◆请问我的大件行李能寄存在这里吗？

M: Can I leave my large luggage here?

◆这件事，我需要请示经理……久等了，我们非常乐意帮您保管您的行李。

R: I'll check with the manager… Sorry to keep you waiting. We'll take care of it for you, sir.

◆谢谢。顺便问一下，更衣室怎么走？

M: Thank you. By the way, could you please tell me how to get to the changing room?

◆更衣室请直走，前面向左转。

R: Walk straight ahead and it is on your left.

◆谢谢。

M: Thank you.

四、办理副卡咨询服务情景

◆我太太能跟我下场走走吗？

R: Could my wife come along with me on the course?

◆对不起，不打球是不能下场的。

M: I am sorry, sir, but people who don't play are not allowed to walk down to the course.

◆我想给她申请办理附属卡，怎么办理呢？

R: I'd like to apply a spouse card for her. How should I do?

◆申办副卡要填申请表，并交近期两张照片，及结婚证书复印件。

M: For the spouse card, you need to fill in an application form, provide 2 passport photos and a copy of your marriage certificate.

五、缴纳球费服务情景

◆现在可以缴纳全年的月费吗？

M: Can I pay the full fee for the year now?

◆可以的。

R: Yes, you can.

◆一共多少钱？

M: How much is it?

◆一共是 13 800 元人民币。

R: That'll be 13 800 RMB in total.

◆我刷信用卡，请开发票。

M: I'll pay by credit card. Please give me a receipt.

◆好的，给您。

R: All right, here you are.

六、非会员咨询服务情景

◆请问非会员怎么收费？

M: Could you please tell me how non-members are charged?

◆非会员分嘉宾和访客，打球收费标准请看这里的价目表。

R: The non-member means member's guest or visitor. Here's our tariff.

◆我需要球杆和球鞋，怎么办理？

M: I need clubs and a pair of plimsolls. Where can I get them?

◆球鞋在更衣室可以租到，80 元一双；租球杆请到出发台，200 元一套。

R: Shoes can be hired in changing room for 80 yuan per pair, and clubs can be hired in caddy master for 200 yuan per set.

七、付款服务情景

◆您打算怎么付款呢？

R: How would you like to pay?

◆由我统一付打球的费用，吃饭的费用我们各自来付。

M: I'll take the bill for the expenses of playing. We go Dutch for the meal.

◆请把您的消费卡给我好吗？

R: Could I have your IC card?

◆好的，给你，请问我们每位要付多少？

M: Ok, here you are. Could you tell me the payment for each person?

◆总费用是 5300RMB 元，按 4 人均分，每位应付 1325 元。

R: Sure, 5300 RMB in total. For four people, that is 1325 yuan each.

◆我能用美元结账吗？

M: Can I pay by US Dollar?

◆对不起，只能用人民币和港币结账。

R: I'm sorry, sir, but we only accept RMB and Hong Kong dollars.

◆好吧，我能在这兑换些钱吗？

M: Ok, so can I exchange some money here?

◆可以，先生，你要兑换多少呢？

R: Certainly, sir. How much would you like to change?

◆我想用一千美元兑换人民币。顺便问一下，人民币的汇率是多少？

M: I want to exchange 1000 US Dollars for RMB. By the way, what's the exchange rate for RMB?

◆美元兑人民币是 6.9 比 1。

R: It's RMB 6.9 for 1 US Dollar.

◆好的，兑换后直接付款吧。

M: Ok, then I'll pay it directly.

◆请问您需要打印消费明细和出具发票吗？

R: Would you like a copy of your expense in detail and invoice?

◆是的。

M: Yes, please.

◆这是您的消费单，请确认各项消费明细……这是您的发票。

R: This is your expense details, please check…And here's your invoice.

◆谢谢。

M: Thank you.

八、更衣服务情景

R：Reception Person（更衣室接待人员） M：Member（会员）

◆您好，欢迎光临。

R: Hello, sir, welcome.

◆你好，请问 158 号柜在哪儿？

M: Hello, where's the wardrobe 158?

◆在左边第一排。

R: It's on the first row on the left.

◆请问洗手间在哪里？

M: Excuse me, where is the restroom?

◆往里走，向右转就是。

R: Go straight there, and then turn right.

◆冲凉间呢？

M: Where is the shower?

◆直走就到了。

R: Just go straight ahead.

◆出发台怎么走呢？

M: How can I get to the caddy master?

◆出这个门，向右手边走就能找到。

M: Just walk out the door, turn right and you'll see it.

◆我想租 40 码的球鞋。

R: Do you have size 40 shoes?

◆您看这双鞋合适吗？

M: Would you please try this one, sir?

◆还不错。

M: That's fine.

◆请将您的衣物放进衣柜里面。

R: Please lock your personal belongings up in your locker.

◆好的，请给我条浴巾。

M: All right. Give me a bath towel, please.

◆给您。

M: Here you are.

◆有拖鞋吗？

R: Can I have a pair of slippers?

◆有，请等一下，马上就拿给您。

M: Sure, sir. Just a moment, please.

◆你们提供洗衣服务吗？

M: Do you have the laundry service?

◆提供。

R: Yes.

◆我打完球可以取吗？

M: Would it be ready after my game?

◆很抱歉，要两天时间，您下次来时可以取。

R: Sorry, sir, but it'll cost two days. You could get it next time when you come.

◆我可以长期租衣柜吗？

M: Can I rent the locker for a longer period?

◆是会员就可以。

M: Certainly, all members are entitled to that.

任务五　高尔夫练习场员工目标考核

一、高尔夫练习场领班目标考核

序号	考核内容	考核指标及目标值	考核实施	
			考核人	考核结果
1	制订工作计划	工作计划完成率达到_____%以上		
		营业指标完成率达到_____%以上		
2	组织高尔夫球比赛	活动举办成功率达到_____%以上		
		活动举办期间营业收入提高_____%以上		
3	亲自接待特殊客人	客人满意度平均得分达到_____分以上		
4	督导服务员及球童的服务	客人年度投诉次数不超过_____次		
5	负责练习场设备、设施及球杆的管理工作	练习场各项设备、设施及球杆的完好率达到_____%以上		
		营业用品丢失次数为0		
6	保管营业用品	营业用品超额使用率不超过_____%		
7	协助保安员维持秩序	练习场意外事件发生次数为0		
8	对员工开展培训工作	员工考核达标率达到_____%以上		

二、高尔夫练习场服务员目标考核

序号	考核内容	考核指标及目标值	考核实施	
			考核人	考核结果
1	为客人提供预订服务	预订信息准确率达到 100%		
		预订客人对预订安排的满意率达到____%		
2	劝阻无关人员勿参观，保证客人安全	全年发生安全事件的次数为 0		
3	记录客人消费	客人消费记录出错率为 0		
4	运动后引导客人交回租用物品	租用物品丢失率为 0		
5	练习场设备、设施的报修	练习场设备、设施报修及时率达到____% 以上		

三、高尔夫练习场球童目标考核

序号	考核内容	考核指标及目标值	考核实施	
			考核人	考核结果
1	为客人打球提供选杆、示范及陪练服务	客人的满意度评价平均得分达到____%以上		
2	为客人提供看包、捡球等服务	因服务不周引起客人投诉的次数为 0		
3	向客人推销练习场商品	练习场商品月销售额达到____元以上		

案例分析

某日北京某高尔夫俱乐部发生在一起事故：一名 34 岁的女球童小茹被打球客人驾驶的电瓶车带倒后身亡。事情经过是：当时一名打球的客人在第 14 洞附近将球击出后，因高尔夫球落下的地点较远，试图驾驶电瓶车前去击球，作为球童的小茹也欲随客人前往。但在她试图上车时，客人已将车开动，小茹被电瓶车带倒，重重地摔在地上。随即，驾车的客人打电话叫来急救车，在送往医院途中就已经失去生命体征。

问题 1：你能想到在高尔夫球场还有可能发生哪些安全事故？

问题 2：你认为该采取哪些措施避免这些事故的发生？

【知识拓展】

高尔夫礼仪文化

一、高尔夫礼仪文化的缘起

500 多年的高尔夫运动所积淀的高尔夫文化主要通过独特的高尔夫礼节来体现。换句话说，高尔夫的精髓就在于其礼仪文化。很多人以为高尔夫运动早期起源于贵族运动，其实最早的高尔夫运动只是游牧民族信手拈来的“把戏”。真正的高尔夫礼仪文化则是在高尔夫正式成为贵族运动后才逐渐培育而成的。

早期的高尔夫运动流行于宫廷皇室之间，热衷者都为皇家贵族和上流社会的佼佼者。1457 年 3 月苏格兰议会通过了由国王詹姆斯一世所签署的一项“全面取缔高尔夫球”的法令。高尔夫这种消遣性极强的乡间游戏，在当时的苏格兰的风行程度可见一斑。

贵族们因长期受到“绅士文化”教育的影响，无论是出席上院议会、普通的社交活动，还是骑马狩猎，其行为都处处彬彬有礼，自律谦恭。他们衣冠楚楚，西装革履，在任何情况下都时刻铭记自己与众不同的身份和绅士风度。即使在所钟爱的高尔夫户外运动中也显示出“贵族精神”和“绅士文化”所特有的文化品质。这种文化对高尔夫的强力渗透，使得高尔夫逐步发展成带有“贵族文化”标签的运动。当“绅士文化”作为社会文化的参照体系，这种强势文化对社会的发展起文化指导作用的时候，反映社会不同阶级的文化现象都会沾染“绅士文化”的基本色彩。这是游牧民族游戏发展成具有高尔夫独特文化礼仪的原因。

二、约定俗成：将文化写入规则

高尔夫礼仪文化的倡导规则是指导和规范参与者行为的理论基础。翻开《高尔夫规则》，第一章讲的就是“礼貌规范”。

引用高尔夫《高尔夫规则》礼节部分：“Golf is played，for the most part, without the supervision of a referee or umpire. The game relies on the integrity of the individual to show consideration for other players and to abide by the Rules. All players should conduct themselves in a disciplined manner，demonstrating courtesy and sportsmanship at all times，irrespective of how competitive they may be. This is the spirit of the game of golf.”即：没有裁判，需要依靠个人的诚信、自律来完成比赛，为其他球员着想，遵守规则，在任何时候都要在礼貌和运动风范方面起示范作用。

三、高尔夫礼仪文化的特点

（一）追求完美

高尔夫是一项不断追求完美的运动。也就是说，一个高尔夫球手可能在好几轮比赛中都表现得非常出色，但无可避免地，他们可能会错失一个推杆或可以挥出更好的一杆。一杆球永远都可以更直或更远一点。高尔夫球以选手完成的“杆数”来记分。但这只是一个参考分数，一个相对标准而已。一个 18 洞球场的标准杆通常是 72 杆，对大多数高尔夫爱好者这是一个极好的得分，但还是有空间打得更好。现代最伟大的高尔夫球员之一杰克·尼克劳斯在解释他的成功时曾经说过:“我想我只是比其他人失败得少一点罢了。”高尔夫是一项挑战球员达到完美境地的运动，人们始终能做得更好。

我们不应该为了和谐世界之不可及性而感到沮丧或气馁，同样也不能为了打不出一轮完美的高尔夫而失望。相反，我们应从高尔夫和其他如和谐世界的理想中汲取智慧，因为我们必须努力一点一滴地实现我们的目标。正如在高尔夫运动中，只有在每次击球时都集中精力才能发挥到最好水平。你必须做好挥杆准备，然后继续向前。我们也许永远不会打出一局完美的高尔夫球。但是，我认为重要的是认识到这一局限。在高尔夫球场，我们越是想达到一定分数我们就越有可能打出坏球，最好是把重点放在下一个挥杆动作。

（二）静态运动和公平原则

高尔夫运动不需要大汗淋漓，不激烈，可以说是无声的。静是高尔夫追求的境界，也是这项运动与众不同的独特魅力，即其他运动所不具有的深刻的礼仪文化的魅力。它能提高一个人的修养、气质。高尔夫运动没有裁判。高尔夫运动能够被不同文化背景和不同地域的人们接受，其核心是高尔夫所蕴含的公平、公正等意识。不设裁判更需要球员懂得自律、公平的精神，也是其文化价值的体现。因为高尔夫球在任何地方都是用同样的装备遵守同样的规则，它就像是一种通用语言。互相不了解对方的人们可以毫无障碍地在一起打高尔夫球。他们有可能选择相互竞争，因为差点的存在就是为了允许不同能力球员之间的公平竞争。不同的发球点使不同能力的球员可以公平竞争，这是世界少有的运动项目。为了和谐地开展高尔夫运动，非常重要的是要公平竞争，这意味着所有玩家必须了解和遵守规则。这和商业世界与国际外交领域的情况是相同的。因此，高尔夫的一个好处就是教导人们确保公平竞争，在大企业和国际关系中它的贡献就是让人们懂得公平竞争的重要性。

（三）礼仪文化传承的意义和必要性

“旧时王谢堂前燕，飞入寻常百姓家”正是形容由贵族发起的高尔夫运动当前的真实写照。尽管在中国还不是很普及，更有甚者将高尔夫看作彰显个人财富、个人魅力的标志性运动。

在高尔夫运动发展的社会进程中，高尔夫礼仪群体行为意识的约定俗成，很大程度上是由于“绅士文化”已经深深地刻下了社会的烙印。当人们从事其他社会实践时，也会不自觉地产生遵循高尔夫运动的社会意识价值取向。同时人们在高尔夫运动中的行为过程和意识，也是与社会文化的时代性相适应的社会群体意识。因此高尔夫文化不能局限于球场，而应该延伸到社会生活的各方面，促进国内民众道德素质的不断提高。

高尔夫作为一种高雅、文明、健康的体育运动，其实践中的礼仪规范既是一定社会范围群体意识的集中表现，也是每一个参与者自我行为约束及自律意识不断锤炼的结果。

思考与练习

1. 如何规范地提供高尔夫练习项目服务？
2. 高尔夫练习项目服务需注意哪些关键问题？
3. 总结高尔夫练习项目服务程序。
4. 该如何管理高尔夫练习场？
5. 如何对高尔夫练习场工作人员进行目标考核？

项目六　台球项目服务与管理

【知识目标】

◆掌握台球项目服务知识。

◆熟练掌握台球项目工作程序。

◆熟悉台球项目服务规范。

◆熟悉台球室各岗位人员目标考核的内容。

【能力目标】

◆能够熟练提供台球项目服务。

◆能够处理台球项目服务中遇到的常见问题。

◆能够制订台球项目服务规范。

◆能够对台球室各岗位人员进行绩效考核。

【素质目标】

◆具有规范化操作与标准化服务的意识。

◆具有良好的敬业精神。

◆具有良好的团结协作意识。

【实训项目】

台球室投诉处理与情景模拟。

情景：某康乐城的台球室主管接到一位顾客打来的投诉电话："你们台球室的服务员怎么回事，乱扣顾客的钱。如果你们不给我好好解决这个问题，我要上法庭告你们去！"

"您好！我是台球室主管。请您息怒，有什么问题我一定帮您解决。请问先生贵姓?”台球室主管平心静气地答道。

“我姓王。我今天在你们台球室打球，结账时服务员说缺了一个红色的球，扣了我20元钱。可是我根本没拿你们的球，凭什么要我赔偿，这不是讹人吗!”

请对该投诉做出恰当的处理，并现场模拟处理情景。

【项目分析】

◆将学生分为若干组，每组独立完成投诉处理方案，并设计处理情景对白。

◆每组成员模拟演示本组设计的投诉处理情景。

【学习任务】

任务一　台球项目服务知识

台球（Billiard）也叫桌球（港澳的叫法）、撞球（台湾的叫法），是一种用球杆在台上击球、依靠计算得分确定比赛胜负的室内娱乐体育项目。

一、台球项目分类

台球流行于世界各国，从不同的角度有不同的分类方法，按国度分为：英式台球、美式台球、法式台球；按有无袋口分为：落袋台球、开伦台球（carom billiard）；按规则及打法分：斯诺克台球、8球、9球、14-1台球、15球积分、3球开伦、4球开伦等。

（一）英式台球

英式台球又包括英式比例台球和斯诺克台球两大类，主要流行于英国和欧洲大陆。

1. 英式比例台球

英式比例台球又称为三球落袋式台球，英式比例台球出现较早，要求具有较全面的技术打法，具有相当扎实的基本功，属基础类型的台球。18世纪末，比例台球在世界许多地方相当流行，后来因为比例台球的规则较为复杂且多次被改动，逐渐被斯诺克台球代替，因此世界级大赛越来越少。

英式比例台球比赛规则：使用的球是一只红球，两只白球。为了区别两只白球，其中一只白球带有点或纹形。球台有 6 个网袋，台面上平行于底边有条击球线，将台面分为内区和外区，在内区的半圆线内为开球区。在外区的中轴线上标有三个点——红球基点、白球基点和白球备点。比例台球比赛一般先由双方在赛前规定好一定分值，谁先达到，即为胜利。每个参赛者都力争为己方送球入袋创造机会，同时应给对手造成无好球可打的局面，以便达到使对方被罚分的目的。先开球一方应以带有点的白球作为自己的主球，对方则以全白球为主球。开球时，台面上只有一个红球放在红球基点上，开球一方可以随便把自己的主球置于开球区内任意一点开球。主球落袋后，则需放回开球区开球。

英式比例台球记分方法为：碰红自落得 3 分，碰白自落得 2 分，送红落袋得 2 分，送白落袋得 2 分，连碰双球得 2 分。如果一方打出一杆有分可算的球，即可获得下一杆击球权，直到脱杆为止，由另一方击球。脱杆指主球击出后，未造成得分情况。当白球送入袋后，要立刻将其从网袋中取出，放在红球基点上，以备再打。当送红球入袋后，也可在取出后拿在手里等待获得击球权时再用。按规定连续命中 25 杆单球（包括自落、送红、送白）后，必须击出一杆双球，如果没有双球可击时，便失去击球权。另外，如果在红球基点上连续三次将球送入网袋中，则应将红球移到红球备点上，若红球备点已被白球占据，应将红球移到白球备点上。规则规定，比赛中凡出现击球不中、球被击出台外、击球直接落袋等，要分别扣罚 1 分、2 分、3 分。但是，扣罚分数并不加给对方。

2. 斯诺克台球

斯诺克台球是世界流行的主流台球项目之一。英文“斯诺克”的含义为障碍之意，是从英文“snooker”音译而得名。斯诺克台球不仅自己可以击球入袋得分，也可以有意识地打出让对方无法施展技术的障碍球，从而使对方受阻挨罚。因此，斯诺克台球竞争激烈，趣味无穷，也是世界台球大赛的项目。

此项运动使用的球桌长约 3569 毫米、宽 1778 毫米，台面四角以及两长边中心位置各有一个球洞，使用的 22 个彩球共分 8 种颜色，红色球 15 个（1 分），黄色球 1 个（2 分），绿色球 1 个（3 分），棕色球 1 个（4 分），蓝色球 1 个（5 分），粉色球 1 个（6 分），黑色球一个（7 分），白色球 1 个（主球）。

开球前主球可在开球区（D 形区）内任选一点位置。开球必须首先直接或间接击中红球。按照击落一个红球再击落一个彩球的顺序直至红球全部落袋。其中彩球落袋后放回原置球点。然后按照彩色球的分值从低到高依次为黄、绿、棕、蓝、粉、黑色球击落袋中。当台面上只剩下黑球时，击球入袋或犯规都会使比赛结束。这时如果双方比分相等则重新放置黑球，进行决胜期比赛，此时无论谁击球入袋或犯规都使比赛结束。

遇有下列犯规行为应判罚分（分值小于 4 分按 4 分罚分，大于 4 分按自身的分值罚分）：球未停稳就击球；击球时杆头触击主球一次以上；击成空杆；主球击目标球后自落；击球时双脚离地，开球时主球未放入开球区（D 形区）；击成跳球；击球出界；主球首先撞击非活球；击球时，球员的衣服、身体、球杆及佩戴物等触动台面上的球。下列犯规判罚 7 分：击红球入袋后，尚未指定球就开始击球；击进红球后，为击落彩球又击打红球；不使用白球而使用其他任何一个球做主球。

斯诺克盛行于英国、爱尔兰、加拿大、澳大利亚和印度等英联邦国家以及中国香港特别行政区。

（二）美式台球

美式台球又称美式普尔（POOL），是台式台球的一个重要流派，是在法式台球和英式台球之后又形成的一种新风格。美式台球包括 8 球制台球、9 球制台球、芝加哥台球、普尔台球和保龄台球等种类。

8 球制台球是一种初级的，利于初学者起步的台球游戏，一般不作为正式比赛项目。这种游戏台球的双方共使用一个白色主球和 15 个目标彩球，目标球画有 1~15 的号码。比赛开始时，将 15 个目标球聚拢成三角形，其中 1 号球应位于台桌脚点，作为三角形的顶点，8 号球应在第三排球的中间位置。按照 8 球制台球规则，把标有 1~7 号的球称为低号码球，把标有 9~15 号的球称为高号码球。谁最先打入袋内的球的数字就归自己拥有。当决定各方拥有的目标球后，不需要按照目标球的号码大小顺序击球，可以任意将自己的任何一个球击入网袋内。当把自己的目标球全部打进网袋后，才可以将 8 号黑色的目标球打入网袋，谁先将 8 号目标球击入网袋，谁将获得比赛的胜利。但是，在最后击打 8 号目标球之前，应声明要把 8 号目标球打入哪一个网袋，击球时，必须将 8 号目标球击入指定的网袋内才算有效。按照规则，如果对方第一杆就将 8 号目标球击入网袋，那么这一方就算获胜，比赛要重新开始。但是，在第一杆未能将 8 号球击入网袋内，那么这一方在将自己的目标球全部击入网袋之前，误将 8 号球送入袋内，这一方就算失败，比赛重新开始。比赛中，在将自己的球击入网袋后，可以连续击打下去，但未能击入自己的球时，或者有犯规行为时，击球权就要交给对方。美式台球还规定，如果一方发生犯规行为，对方可以将主球放在自己选定的位置重开球。犯规时入网袋的球，如果是属于自己的，要将球从袋中取出放在台盘脚点或者中点。如果是对方的球，则球入袋有效，不必取出。

（三）法式台球

法式台球起源于法国，也称为开伦台球（又称卡罗姆台球，carom），其含义是连续撞击两个球，即用主球连续触及两个球，这是法式台球最基本的要求。法式台球与英式台球、美式台球球台的最主要区别是没有网袋。开伦台球打法分为颗星开伦、三星开伦、四球开伦、直线开伦、台线开伦等，最流行的是四球开伦打法。

四球开伦有四个球，两个红球和两个白球，两个白球为比赛双方各自的主球。旧规则记分方法是：主球撞到两个或两个以上的球后，可以拥有击球权。主球击中一个红球、一个白球得 2 分；主球击中“双红”得 3 分；主球击中“双红”加一个白球得 5 分。这种 2 分制、3 分制、5 分制过去较为常用。但是，新规则全部采用 1 分制，只要碰到三个目标球中的两个，就可以得 1 分，消除了因球的配置所产生的得分差距，计算也比较简单。比赛的胜负是以谁先获得约定的分值为准。所以，当本方获得击球权时，应尽量争取多得分。四球开伦开局的摆球方法为：两个白球之间有两个红球，且四个球在同一条直线上。当球在台面上放好后，双方各向底边击打一空杆，决定击球顺序。球离底边近者获选择权；也可以抽签决定选择权。开球方以带黑点的白球为主球，另一方以全白色的球为主球。规则规定，对方的主球可为本方的目标球。按照规则，开球第一杆必须先撞击对方白球方为有效，否则，将判作失机，交换击球权。因开局的摆球是主球与白球之间有两个红球，且四个球在同一条直线上。因此开球方一般是撞击台边，打两边球（即撞击两个台边），使主球撞台边后再击中双球。

开伦式台球起源于法国，后来在日本非常盛行，有“日本撞击式台球”之称，是国际大赛项目之一。

二、台球设施、设备介绍

（一）球

台球是用高能聚酯制成，色泽纯正，表面光滑，弹性和韧性好，一般直径为 5.25~6.7 厘米。

（二）球杆

台球球杆一般用坚实的硬木制成，长约 140 厘米，最佳长度是等于自己的肩高。

（三）杆架

台球杆架主要有短杆架、长杆架、高杆架和探头杆架。

（四）巧克粉和扑手粉

打球时为防止球杆的撞头（皮头）和球之间产生滑脱（即打滑）现象，需要在撞头上涂抹一层像粉笔一样的涩粉，增加撞头和球之间的摩擦力，防止打滑。

（五）记分牌

记分牌是比赛时用来记录、计算运动员比赛成绩的工具。常用横向指针式记分牌。

（六）插杆架

插杆架是为防止球杆弯曲变形或局部摔坏，打完球后用来存放球杆的插架或柜子。

（七）定位器

为防止沾上巧克粉的球无法正常滚动，需要把球表面擦拭干净，此时需要用有机玻璃加工而成的定位器。

（八）球桌

因制作原料的等级不同可分为许多种，但要求台面十分平整，台面底部应铺上厚厚的大理石，使其既平整又有相应的重量，使台面平稳、不易移动。石上应蒙上一层绷得很紧的绿色细呢绒，使球在台面上运动轨迹不会随意改变。球台的高度一般为 80~85 厘米，便于打球者伏于台面击球。

（九）灯光

台球室灯光要求明亮而不刺眼。灯罩应置于球台上方 75 厘米的地方，需要 300 瓦照明。

三、台球设备的维护保养

（一）球杆的维护

高档球杆由天然木材制作而成，尽管材料经过多道工序处理筛选，但因表面无防护漆层，使用过程中如不精心保养，其外部及内部结构仍可能会产生变化，并且球杆体形细长，经常性撞击，也易造成损伤。因此要想保持球杆性能稳定、延长使用寿命必须精心维护。

①在使用过程中应保持干净，经常用干布擦拭，防止汗渍及其他脏物渗进木质中侵蚀杆体。带有接扣的球杆，丝扣接触面应保持干净，不要用湿布擦拭球杆。定期涂杆油以防止空气干湿变化影响球杆性能。

②球杆不使用时尽量保持垂直放置，或者选用结构好的杆盒存放，不要将杆长期放在温度过高、过低及干湿变化大的地方（如暖气附近、汽车后备厢等）。

③木质表面发生轻微变化时不可用粗砂纸打磨，必要情况下用抛光砂纸轻轻擦拭，之后立刻涂上杆油。如变化大则必须进行专业维护。

④不要经常敲击震动球杆（尤其是带有接扣的球杆）。不要用未粘皮头的杆击球。铜环、丝扣等部位一旦出现松动，应尽快维修以免损伤木质而无法补救。

（二）球台的维护

对于球台经营管理者来说，对球台可能出现的问题要有一定的了解。针对球台可能出现的问题，为了提高球台的性能和使用寿命，在使用过程中应注意以下情况：

1. 保持球台水平

①不要自行拆装或者移动球台，避免影响到球台的水平度。

②石板接缝的地方要平整，否则会致使球变线。

③不要坐在石板上或者有重物压在石板上，否则会引起石板变形。

④避免在打球过程中，使用跳杆时力量过大，否则石板撞击石板导致出现小坑，也可以使球变线。

⑤保持地面平整，避免球台水平出现偏差。

2. 胶边弹性的维护

①不要熨烫胶边，避免胶边遇高温老化、变硬。

②避免扶手布破损或磨损，会影响球碰撞胶边后的角度。

③用硬物撞击库边或是下压、坐靠扶手，会使扶手与台面垂直角度改变。

④球台使用一段时间后，扶手和石板的螺丝松动也会影响胶边的反弹力。

3. 球台袋口的维护

①要定期检查袋口滑道螺丝。

②避免爆杆击球，否则会缩短袋口皮角的使用寿命。

③皮角损坏后要及时更换，否则球直接撞击到铜角，球会受到损坏。

④使用爆杆，在反弹中撞击石板，还会使台呢出现刀割状裂口，损坏袋口台呢。

⑤在过度使用爆杆时，球撞击滑道前端，还会出现溜球和漏球现象。

4. 球台台布的维护

①台布要沿顺毛方向刷，不可横向刷拭，更不可反向擦拭，并且要轻轻地刷。库边与台的夹角区域，用软毛刷的前端顺方向拉直线。

②熨台呢前一定要保证台面干净，绒毛及纤维是顺毛的方向。否则，将会影响熨烫的效果和损坏台呢。

（三）台球的维护

①如果使用洗球液，摇均匀后滴适量于球面上，直接用干布擦拭，或用专业洗球机。

②没有洗球液，可以在 30℃左右的温水盆中加入适量的液体洗涤剂，将球置入水中浸泡 5~10 分钟，如果球面有污染物需用软毛刷清除掉。

③将球取出置于另一盆 30℃左右的清水盆中清洗。

④清洗完毕后，用质地柔软的厚毛巾将球擦干。

⑤在球的表面均匀地喷撒少量碧丽珠，用干毛巾反复擦拭即可。

任务二　台球项目工作程序

一、岗前准备

①服务员按时上岗。

②做好服务准备工作。

二、迎宾服务

①客人到来时，主动向客人问好。

②询问客人所需台球种类，引领客人进入场地。

三、台球室服务

①向客人确认收费标准，并告知娱乐开始时间，根据客人要求提供服务。

②为客人送香巾，礼貌询问客人需要何种饮料。

③在客人娱乐过程中观察客人的情况，根据客人需求提供相应的服务，按规定进行服务巡视并填写巡视记录表。

④客人娱乐结束时，告知客人娱乐结束时间，与客人确认总娱乐时间，提醒客人带好随身物品并检查有无遗留物品。如有，第一时间与预订人或与客人直接联系告知客人遗留物品，核实后交与客人，并提醒以后注意对个人物品的保管。未联系到客人的按遗留物品处理程序处理。

⑤按结账程序快速准确地为客人结账。

⑥客人离开时，询问客人对服务的意见，及时填写宾客意见本，对于客人提出的意见尽快回复，当场无法回复的上报管理人员。

四、送客与客后整理

①有礼貌地与客人道别。
②清理卫生，做好接待新顾客的准备。

任务三　台球项目服务规范

一、台球项目服务规范

为提高台球室的服务水平，台球项目服务员应做到以下几点：

（一）岗前准备服务规范

按客人预订时间及要求做好卫生及相关物品准备工作，香巾加热进行保温，码好球。

（二）迎宾领位服务规范

①站立于吧台迎接客人，面带微笑并问候，对于常来客人要称呼其姓名或职务。语言规范：××先生/女士，早上好/中午好/晚上好。
②如客人参观，迅速打开全部灯光，并向客人做介绍及解答客人提出的问题。
③如客人娱乐，在该项目有预订的情况下询问客人有无预订，与客人礼貌核实预订信息（注意采用引导性提问语言），确认预订后迅速打开房间灯光，根据客人要求将空调调至适宜温度。语言规范：先生，请问您有预订吗？请问您贵姓？预订的哪个房间？

（三）客人准备娱乐前的服务规范

挂衣规范：记住衣服的主人；挂衣服时，先双手接过客人的帽子，挂在衣架的上衣钩处；左手轻轻捏住大衣衣领，右手捏住右侧袖口，慢慢帮客人脱下，用衣撑撑好大衣挂在衣架的下钩处，撑好的大衣要平整无皱；双手接过客人的围巾挂在大衣衣撑的横撑处，也要平整无皱。

①询问客人是否需要手套，告知收费标准。

②主动为客人指示巧克粉所放位置。

③询问客人是否需要帮助记分，并向客人介绍记分器的使用方法。

④帮客人选球杆（为客人选择对应球种类所规定的球杆），确认设施设备完好。

⑤告知客人娱乐开始时间，并询问是否需要其他服务。“您现在使用的是××房间，您的娱乐开始的时间为××，如需要服务，加水、点餐或结账请按服务器上的相应按钮，我们会随时为您提供服务。”（将服务器放到客人使用的茶几上）。

⑥对初次参与此项娱乐的客人，服务员要主动向客人讲解简单的打法及记分规则。

⑦主动询问客人是否需要饮料或茶水。语言规范：“请问您需要什么饮料或茶水，请问饮料您要冰的还是常温的？”如客人需要，重复一遍客人要求并告知价格以确认。上饮料时，主动询问客人是否打开，若不打开，应将玻璃杯倒置在杯垫上。语言规范：“先生，您的香巾和饮料，请慢用。”如客人不需要，主动为客人送上一杯纯净水及香巾，要用托盘、杯垫，不要手持杯口或瓶口，如需茶水，送茶水时提醒客人“小心烫手”，并送一暖瓶白开水。如客人自带饮料或水果，主动提供杯子或帮其清洗切开，装盘后再请客人食用。如客人自带茶叶，告知客人加收30%服务费的标准，并提供冲泡服务。

（四）客人娱乐过程中的规范

①吧台人员根据服务器显示的服务内容为客人提供快速准确的服务，服务器在客人按铃响两声后，服务内容会显示30秒钟，如员工离开吧台，不得超过30秒，回岗后第一时间看服务器显示屏。

②客人按响“加水”服务按钮时，员工应立即根据客人所点饮料情况准备好开水或纯净水，为客人提供加水服务。

③客人按响“点餐”服务按钮时，员工应立即准备好点餐菜单与纸和笔，为客人进行点餐，如遇客人所点餐品菜单上没有时，应先请客人稍等，待询问餐厅后答复客人。

④客人按响“服务”按钮时，员工应在30秒内提供客人所需服务项目，

如当时无法满足客人需求，也一定要先给其答复。

⑤客人按响“结账”服务按钮时，员工应立即填写好账单，带好账单夹与签字笔请客人结账。

⑥如有客人不小心按错服务按钮时，服务人员应礼貌退出，并告知客人如需服务随时按响服务器。

⑦如有小朋友或客人不按规定使用时，应婉言相劝。

⑧服务中站位要合理，不影响客人打球。

⑨及时为客人提供架杆，并及时收回，不要让客人自己放杆以免影响客人打球。如遇客人将彩球打进，需先取出彩球放回原位，再为客人提供架杆，然后再为客人记分。

⑩要熟悉规则及球的分值，根据客人的要求提供相应的服务。

⑪一局结束后，及时为客人摆球，并视情况提供擦球服务。

⑫客人要求示范及陪打时，应礼貌认真地服务，示范动作符合规范，掌握输赢尺度。

⑬及时清理客人用过的纸巾、烟灰缸（不得超过三个烟头），并及时为客人添加水或饮料，注意为客人倒水时要避开客人以免碰到客人。

⑭客人娱乐过程中要多巡视，如遇客人将烟头塞进绿植花盆里时，要婉言制止，主动送上烟灰缸，立即清理烟头。

⑮如客人娱乐时将鞋子脱掉，主动为客人送上一次性拖鞋，并询问客人是否需要擦鞋服务，告知收费标准。如需要，将鞋拿至服务室，根据客人皮鞋颜色选择鞋油和鞋刷，先用擦鞋布将鞋面灰尘擦净，将鞋油挤到鞋面上，用鞋刷均匀地刷开，最后用擦鞋布将鞋擦亮。

（五）送客与客后整理服务规范

①引领客人至门口，向客人指示电梯位置或将要去的地方，目送客人至少五米远处。语言规范：请慢走，欢迎下次光临！（声音要柔和，声调适中）

②关闭空调及灯光，只留工作灯清理卫生。

③将球杆、球及巧克粉放回原处。检查巧克粉的大小，小于三分之一时要及时更换。

④清理客人用过的烟灰缸、纸巾和杯具，烟灰缸内的烟头要确认已熄灭再倒掉。

⑤杯具一客一消毒。

⑦关闭所有灯光。

二、台球室卫生管理工作规范

①台面：每天对台面进行吸尘。如有条件，可用背负式吸尘器，吸尘后用呢刷将台面的绒毛刷顺。

②台边及台脚：每天用抹布擦拭干净。

③球杆、架杆、记分牌：每天用干布擦拭、记分牌的铜字和架杆的铜头如有锈迹，可用擦铜油擦拭。

④台球：每天用干净的软布擦拭。

⑤高椅、沙发、茶几：木质部分和玻璃部分用抹布擦干净。布质椅面或沙发面用吸尘器吸尘。

⑥台球照明灯及灯罩：每周用干抹布擦拭一次。

⑦服务台及吧台：服务台须每天擦拭、整理，吧台须每天擦拭并消毒。酒具和饮料杯每使用一次都要消毒。

⑧大厅地面及墙壁：地面每天吸尘，墙壁应视质地不同而采用相应的清洁方法。

任务四　台球项目服务英语培训

◆您好，欢迎来到台球馆，请问是打台球吗？

Welcome to billiard. Would you like to play snooker?

◆是。

Yes.

◆请问您喜欢贵宾间还是大厅？

Would you like VIP room or regular table?

◆大厅就行了。

Regular.

◆好的，您看 ×× 号球桌行吗？

OK, sir. Is it OK to serve No. × for you?

◆可以。

All right.

◆请您预付 × × 元押金。谢谢您，这边请坐。

Would you please pay ×× yuan as a deposit in advance, sir? Thank you, sir. This way please and take you seat.

◆谢谢！

Thank you!

◆不客气，请问您是打英式的还是美式的？

You're welcome. Do you like the British style or the American style, sir?

◆美式。

American.

◆好的，请稍等。先生，可以开始了。希望您玩得开心。

OK, wait a moment, please. Excuse me, sir, it's ready now. Wish you a good time.

◆服务员，过来一下。

Waiter please.

◆好的，先生，有什么需要帮忙的。

Yes, sir. What's the matter?/Is there anything that matters, sir?

◆我要结账。

I would like to pay my bill.

◆好的，请把押金收据给我。

OK, please give me the receipt of your deposit.

◆给。

Here you are/Here you go.

◆谢谢您。先生，您一共打了 2 小时，共计 × × 元。这是找您的 × × 元。

Thank you, sir. You have played for 2 hours, the total amount is ×× yuan. Here is your change, ×× yuan.

任务五　台球室员工目标考核

一、台球室领班目标考核

序号	考核内容	考核指标及目标值	考核实施	
			考核人	考核结果
1	制订台球室的工作计划	工作计划完成率达 ______% 以上		
		月营业收入达到 ______万元以上		
2	制订台球室活动方案	活动期间营业收入提高 ______% 以上		
3	检查台球室用具的准备情况	营业开始后，还没准备就绪的情况出现的次数为 ______次		
		因准备不到位造成客人投诉的次数为 ______次		
4	督导设备、设施的使用及保养情况	台球室内设备、设施的平均使用率达到 ______% 以上		
5	检查安全防范工作	因防范工作不到位，导致发生意外事件的次数为 ______次		
6	定期对员工进行培训	员工考核达标率达到 ______% 以上		

二、台球室服务员目标考核

序号	考核内容	考核指标及目标值	考核实施	
			考核人	考核结果
1	预订服务	预订信息准确率达到 ______%		
		预订客人对预订安排的满意率达到 ______%		
2	检查球杆、球等设备用品是否完好、齐全	设备用品可用率达到 ______%		
3	帮助客人摆台、选杆、保管物品	客人满意度平均得分达到 ______分以上		
4	推销酒水、食品，并及时送上	酒水、食品月销售额达到 ______元以上		
5	做好台球室各类设施、设备的清洁保养工作	卫生检查合格率达到 ______% 以上		

案例分析

林先生是上海一家企业的中国总裁，住在香港某五星级酒店商务楼层的长包房里。每天晚上，他总喜欢来到康乐中心的台球室，与服务员或教练打上2个小时台球。在这里，他不仅能像老朋友那样，和服务员、教练愉快地聊天，还能不断提高自己的台球水平。为此，每局下来，与对手的分数差距不大，大多时间都是赢了对方。在他看来，到这里打台球，不但放松了身心，还体验了斯诺克的绅士风度，展现了自己的竞技魅力。

但是，有一天晚上，一名刚来台球室实习的大学生小李，很热情地接待了他，并答应陪他打台球。在短短的一个小时之内，小李竟然一连赢了林先生三局，让林先生很尴尬，竞技魅力也荡然无存，就沮丧地提前埋了单，索然无味地离开了台球室。

从此，在台球室里，再也看不到林先生的身影。后来，林先生退了商务楼层的长包房，入住到对面一家五星级酒店了，每天晚上到那家酒店的台球室里展现自己的绅士风度与竞技魅力了。

问题1：小李错在哪里？

问题2：如果是你，会怎样做？

思考与练习

1. 如何规范地提供台球服务？
2. 台球服务需注意哪些关键问题？
3. 总结台球服务程序。
4. 台球室的卫生要求有哪些？该如何管理？
5. 如何对台球室服务员进行目标考核？

项目七 保龄球项目服务与管理

【知识目标】

◆掌握保龄球项目服务知识。
◆熟练掌握保龄球项目的工作程序。
◆熟悉保龄球项目服务规范。
◆熟悉保龄球馆各岗位人员目标考核的内容。

【能力目标】

◆能够熟练提供保龄球项目服务。
◆能够处理保龄球项目服务中遇到的常见问题。
◆能够制订保龄球项目服务规范。
◆能够对保龄球馆各岗位人员进行绩效考核。

【素质目标】

◆具有规范化操作与标准化服务的意识。
◆具有良好的敬业精神。
◆具有良好的团结协作意识。

【实训项目】

设计保龄球项目对客服务情景。

【项目分析】

◆将学生分为若干组，每组独立完成项目设计。
◆每组成员用英文现场模拟演示本组设计的情景。

【学习任务】

任务一　保龄球项目服务知识

保龄球是一种持球者把球朝着球道上排成正三角形的十个球瓶用滚动的方式击倒的运动。现在的保龄球无论在球道、球瓶及记分方式上都有国际标准和规格作为规定和规范。

一、保龄球馆的设施设备

（一）球道

球道由助走用的走道、让球滚动的滚球道和放置球瓶的球瓶区所构成，材质一般为可耐保龄球撞击的漆木或松木。球道主要由 39 块细长板条（宽约 3 厘米，厚约 15 厘米）合并而成。球道长 19.15 米，宽 1.024~1.066 米，犯规线到 1 号球瓶的距离为 18.26 米。为了保护球道表面，会在上面涂上一层特殊的防护漆。除了球道保护漆之外，球道在使用时还会用落油机均匀地落上一层油，便于保龄球在球道上更加顺畅地滚动而不划伤球道或保龄球表面。因此球员在打保龄球的时候千万不可超过犯规线，越过可能会导致跌倒。

（二）球瓶

球瓶的材质使用漆木，外层涂上一层塑胶保护漆。基本颜色为白色。高为 38 厘米，最粗的部位为 12 厘米，底部直径 5.02 厘米。重量约 1.4 千克到 1.6 千克不等。一组 10 个球瓶中，最重的和最轻的重量差不能超过 113 克。

（三）保龄球

保龄球材质限定为非金属材质。现今均是中心以软木塞和合成强化橡胶混合组成，外层用硬质橡胶、塑胶或玻璃纤维包围而成。直径 21.5 厘米，圆周 68.5 厘米。重量依照国际规定最重到 16 磅（每磅为 0.454 千克）。一个人可凭喜好选择所用的保龄球的重量，通常为 8~16 磅。

二、保龄球运动规则

（一）全中

当每一个格的第一次投球击倒全部竖立的10个瓶子时，称为全中。用（×）符号记录在记分表上该格上方右边的小方格中。全中的记分是10分加该运动员下两次投球击倒的瓶数。一局的最高分300分，运动员必须投出12个全中。

（二）补中

当第二次投球击倒该格第一个球余下的全部瓶子，称为补中，用（/）表示，记录在该格右上角的小方格内。补中的记分是10分加运动员下一个球击倒的瓶数。

（三）失误

除第一次投球后形成分瓶外，当运动员在某格两次投球后，未能将10个瓶子全部击倒，即为失误。

（四）分瓶

分瓶是指在第一球投出后，把1号瓶及其他几个瓶子击倒，剩下的瓶子呈下列状态：

①2个或2个以上的瓶子，它们之间至少有1个瓶子被击倒时，如7号瓶和9号瓶、3号瓶和10号瓶。

②2个或2个以上的瓶子，紧挨在它们前面的瓶子至少有1个被击倒时，如5号瓶和6号瓶。

注：分瓶在记分表上用（○）表示。

（五）犯规

在投球时或投球后，运动员的部分身体触及或超越了犯规线，以及接触了球道的任何部分和其设备建筑时，即为犯规。该次犯规的时效直到该名运动员或下一名运动员投球为止。犯规在记分表上用（F）表示。

（六）合法击倒球瓶

运动员合法投球后球瓶的下列情况，将被认为是合法击倒球瓶：

①被球和其他瓶直接击倒或击出放瓶台之瓶。

②被从两侧边墙隔板或球道后部缓冲板反弹回来的瓶所击倒或击出放瓶台之瓶，均作为击倒之瓶计算。

③在清扫球瓶之前被扫瓶器横杆反弹回来的瓶所击倒或击出放瓶台之瓶。

④斜靠在边墙隔板上之瓶。

在下一次投球前，这些瓶都应清除掉。

（七）不合法击倒球瓶

凡属下列情况者，投球的球有效，但被击倒之瓶不予记分：

①当球在到达球瓶前先脱离球道，然后才击倒的球瓶。

②投出之球从后部缓冲板反弹回来击倒球瓶。

③当瓶接触摆瓶员身体的任何部位反弹回来击倒的球瓶。

④被自动摆瓶器碰倒的瓶。

⑤在清除倒瓶时被碰倒的瓶。

⑥被摆瓶员碰倒的瓶。

⑦运动员犯规后击倒的瓶。

⑧投球后在球道和边沟里出现倒瓶，球在离开球道表面前碰倒这些倒瓶。

不合法击倒球瓶一经出现，应恢复原位。运动员有权在该格投另一个球。

三、保龄球运动基本姿势

（一）持球

持球时姿势要对，手臂要夹紧胳肢窝，确定身体、肩膀摆正，原本半蹲的姿势也要改过来变成直立，因为腿的姿势如果半蹲，也会消耗掉能量。注意，任何弯曲的动作都会消耗能量。持球最好不要将球摆胸前，因为很多人会惯性地将球摆往后右方，球应该持在与右肩平行的位置，再用左手托住。如果球摆在胸前，摆球时也应该先将球往右肩平行的位置移动，然后再做摆球的动作。

（二）摆球

摆球时将原本弯曲的手臂放下伸直并往正后方摆动，这个姿势很重要，持球的位置越高、向后摆的幅度越高，球速就会越快。但是，很多人向后摆的姿势会偏掉，要特别注意胳肢窝仍要夹紧，手仍然要伸直。

（三）出手

出手时手还是一样伸直，不可弯曲，不可用力，因为姿势对的话，球速会自然增加。

（四）走步

可将走步速度变快，只是变快不要变乱，因为助走也可以加快球速。

（五）左手

很多人会忽略左手，所以球速都没完全发挥。左手的作用是在平衡右手的重量，唯有在平衡时速度才能发挥。走步时左手应像老鹰展翅一样，左手抬得越高，能量就聚集越多。注意，出手时不仅右手出力，左手也应出相等的力气，不然姿势会因不平衡而垮掉，出手时左手应向后方撞。

（六）落点

放球时尽量不要将球腾空，不然很多能量会因和球道碰撞而抵消，放球时没有声音是最能打出速球的。

以上基本姿势适用右手出手者，如果是左手出手者需做相应修正。

（七）打法

初学者想要打好保龄球，最重要的就是要学好如何助走以及正确的出球方式。助走实际上就是由站在球道上到出球的时候所需要走的路线。通常分为三步助走、四步助走及五步助走，步伐较大的可采用比较少的步数，但是也要配合自己身体的协调性以及灵活性。右手出球的人，最后把球送出时，应该是右脚交在左脚的后面，左手反之。

助跑道上通常都会标示前、中、后三个点，这三个点各离球道犯规线的远近不同，站在后点（靠近座位）用四步助走，这样能够有足够的时间调整球的角度再出手。另外需要注意一点，不要超过球道上的犯规线。

任务二　保龄球项目工作程序

一、准备工作

①上岗前做自我检查，做到仪容仪表端庄整洁，符合要求。

②清洁设施设备及工作场所的卫生，保证符合酒店的卫生标准和要求。

③配齐各球场各种营业用品和客用出租用品。

④查阅交接班簿，了解宾客预订情况及工作情况，并将所需送洗的布草送洗衣房。

⑤上岗时，站姿端正，精神饱满，符合《员工手册》要求。

二、迎接客人

①面带微笑，主动招呼客人，并询问客人是否有预订。

②征询客人意见，并引领客人至活动场所，指示可换衣的更衣室和协助办理有关物品、更衣柜的租借手续。

三、保龄球场服务

①为客人办好活动手续，提醒客人换上保龄球专用球鞋及袜子。

②客人换好鞋后，引领客人至指定球道，打开电脑显示器，向宾客介绍活动规则和活动须知。

③客人选球时，要耐心向客人介绍球的重量，并向客人推荐。

④客人活动期间，服务员要主动征询客人意见，根据客人要求及时提供饮料、茶水服务。

⑤应客人要求陪打时，应注意发扬风格，礼让在先，对客人理想的得分，应鼓掌致意。

⑥客人休息间隙，及时为客人提供所需饮料和毛巾。

⑦客人活动结束，应准确为客人结账。

四、送客与整理

①礼貌向宾客道别并送客至门口，欢迎再次光临。

②迅速清洁、整理客人使用过的场地及设施设备，做好再次迎客的准备。

任务三 保龄球项目服务规范

一、保龄球项目服务规范

为了提高保龄球项目的服务水平，保龄球项目服务员要做到以下几点：

（一）准备工作规范要求

①检查灯光、卫生间设备（包括洗手池、抽水马桶、小便池），如有损坏，立即报修。

②按“清理卫生标准”清理保龄球球场和球道卫生。

③准备物品包括：直筒杯、茶杯、茶壶、圆托盘及口布、长方托盘及口布、饮料、矿泉水等。

④打开球场、更衣室及走廊灯光和空调，提前半小时准备好一切物品。

（二）迎宾服务规范

客人到来时，主动向客人点头、微笑致意，并问候：“先生（小姐）您好，欢迎光临。”客人走到门口时，应伸出手臂，做出请的姿势。

（三）球场服务规范

①客人进门后，应询问具体需求并介绍球馆的情况。

②主动为客人办好活动手续，帮助客人换上保龄球专用球鞋及袜子。

③客人换好鞋后，引领客人至指定球道，打开电脑显示器，向客人详细介绍规定规则和活动须知。

④客人选球时，要耐心向客人介绍球的重量，并根据客人自身的条件及兴趣向客人推荐。

⑤根据客人要求随时提供陪练服务。陪练员服务时，应把运动知识、运动

规则、记分方法等给客人讲解清楚，示范动作要标准、规范，同时还应掌握客人的心理活动、注意陪练分寸，激发客人打球的兴趣。

⑥客人活动期间，服务员要主动征询客人意见，适当推销，并根据客人要求及时提供饮料、茶水服务。

⑦客人打球期间，要经常巡视，保证设备能够自动回球、记分显示、球路显示等。

⑧客人在打球时，应在客人后面两米处以正确的姿势站立，观察客人，随时为客人提供服务，当客人打出好球时，应轻轻地鼓掌表示庆贺。

⑨对客人在活动中出现的违反球馆规定的行为应该善意劝阻，维持球馆的正常营业秩序。

⑩应客人要求陪打时，应注意发扬风格，礼让在先，激发客人打球的兴趣。

⑪客人休息间隙，及时为客人提供饮料和毛巾，并适当与客人沟通。

（四）送客与整理

①礼貌向宾客道别并送客至门口，欢迎再次光临。

②迅速清洁、整理客人使用过的场地及设施设备，做好再次迎客的准备。

二、保龄球馆卫生管理规范与卫生标准

（一）保龄球馆卫生管理与规范

①发球区：用尘拖除尘，然后用地面抛光机打磨，每天一次。使用频率不高时可只用尘拖除尘，不必每天抛光打磨。

②球道：用专用除油拖推除球道油，然后用打磨机打磨，再用涂油机涂油，无涂油机的球馆可用油拖人工上油。不同品牌或型号的球道，其清洁要求会有所不同。

③置瓶区：每天用油拖除油后，还需用除尘拖擦净。

④球沟及回球道盖板：每天用半干拖把除尘，每周一做彻底清洁。

⑤回球机：每天用抹布擦拭，每周二做彻底清洁。

⑥球员座椅：每天擦拭椅面和靠背。每周三做彻底清洁，包括擦拭椅腿及清理座椅附近的角落。

⑦记分台及电脑显示屏：每天擦拭。

⑧公用球及球架：每天擦拭，由晚班员工下班前做。

⑨服务台：每天吸尘、擦拭，每周四做彻底清洁。

⑩公用鞋：每用一次喷一次消毒除臭剂，每晚下班前再统一擦拭、消毒一次。

⑪大厅地面：每天开业前用半干拖把擦拭，营业期间发现污迹随时清理，每周彻底清洗一次。

⑫布景板：每周五用尘推除尘，用抹布擦拭。

⑬保龄球机房：每天用拖布擦拭一次，每周做一次彻底清洁。

⑭维修工作间：每天打扫卫生一次。

⑮置瓶机：每天擦拭机台总数的1/15，即每台机器每半个月擦拭保养一次。

⑯保龄球：每月用清洁剂擦洗一次。

（二）保龄球馆卫生质量标准

①发球区：平整光亮，无粉尘，无油迹（主要指球道涂油时不要把球道油遗落在发球区）。

②球道：平整光亮，无粉尘，球道油的油膜厚度符合要求。

③球沟及回球道盖板：整洁无尘，无杂物。

④回球机：干净无尘，无污渍，无油泥。

⑤球员座椅：整洁干净，无污渍。座椅及其附近无杂物、无烟头、无饮料渍。

⑥记分台及电脑显示屏：保持干净，无静电吸附的尘灰，无手迹。

⑦公用球及球架：光洁整齐，无尘，无汗渍、无污渍。

⑧服务台：台面干净整洁，台下无杂物和垃圾。

⑨公用鞋：鞋面无污迹，皮面颜色鲜艳。鞋内无杂物，无脚臭味。

⑩大厅地面：整洁无尘，无污渍，无杂物及垃圾。

⑪布景板：整洁干净，用手拂拭不应有明显灰尘，色彩鲜明。

⑫保龄球机房：整洁干净，无污渍。

⑬维修工作间：整洁干净，井然有序，地面无垃圾。

⑭置瓶机：无明显油污和灰尘，无杂物。

任务四　保龄球项目服务英语培训

一、预订服务情景

◆早上好，这里是接待处，我可以帮您什么忙吗？

Good morning, it's reception. May I help you?

◆是的，我想预订保龄球（道）。

Yes, I want to book a reservation for bowling center.

◆好的，请告诉我您什么时间来？

Yes, sir, please tell me when you like to play?

◆明天下午三点半左右。

Tomorrow, about 3:30 pm.

◆您一共几位？打算预订几条球道？

How many people in your party? And how many lanes would you like, sir?

◆五位，两条道。

Five persons, two lanes please.

◆我可以知道您的姓名吗？

Yes, sir, may I have your name please?

◆约翰 · 史密斯。

John Smith.

◆您的电话？先生。

And your telephone number please, sir?

◆ 64376688 转 540。

64376688, the extension is 540.

◆好的，先生，请让我重复一下，明天下午三点半在保龄球场为约翰 · 史密斯先生预订两条球道，电话是 64376688 转 540。史密斯先生，是这样吗？

Yes, let me repeat it. It's tomorrow at 3:30 pm for bowling center, two lanes for Mr John Smith. The telephone number is 64376688-540. Is it all right, Mr Smith?

◆是的，很准确，谢谢你。

Yes, exactly, thank you.

◆谢谢您打来电话，再见。

Thank you for calling us, Goodbye.

二、接待服务情景

◆欢迎来到保龄球中心，请问是打保龄球吗？

Good evening, sir. Welcome to bowling center. Would you like to play bowling?

◆是的。

Yes.

◆请问您喜欢贵宾球道还是普通球道？

Which alley would you like to choose, the VIP alley or the regular one?

◆普通球道。

Regular.

◆好的。给您开 6 号球道，可以吗？……请预付 100 元押金，谢谢！给您押金收据。

OK. Is OK to use No. 6 alley all right?

Would you please pay 100 yuan as a deposit in advance, sir? Thank you. Here is the receipt of your deposit.

◆嗯。

OK.

◆请问您鞋子的尺码是多少？

May I know your shoes size, sir?

◆ 10 号。

Size 10.

◆我来给您拿专用鞋，您这边换鞋。

Would you please let me take the bowling shoes for you? This way, please. Please change them on, sir.

◆请问哪几位在 6 号球道上打球？

Excuse me, sir. Who will play bowling at this alley, sir?

◆先生，请告诉我您的姓名好吗？（将客人姓名输入记分器）

May I have your name, sir?

◆请问您用几磅保龄球?

How many pounds of bowling balls would you like to use, sir?

◆ 10 磅，12 磅。

10 pounds, 12 pounds.

◆先生，红色球是 10 磅球，蓝色球是 12 磅球。

Excuse me, sir. The 10-pound balls are red color, and the 12-pound balls are blue color.

◆先生，您的茶。

Your tea, please.

◆您的奖品是现在领取还是等一会一起领取?

Excuse me, sir. Would you like to take your prize now or later?

◆一会儿领取。

Later.

◆您的 ×× 分已经登记，请您在奖品领取单上签字。

I have registered the scores for you. Would you please sign your name here, sir?

◆转道需要几分钟，请暂时停止击球。

We need a few minutes to change the alley. Wait a moment please, sir.

◆改正分数需要一点时间，请停止击球。

We need a few minutes to change the scores. Wait a moment please, sir.

◆我去为您退专用鞋，请您到收银台结账。

Excuse me, sir. I will return your bowling shoes. Would you please pay the bill at the cashier's, sir?

◆请给我您的押金收据。

Would you please show me your deposit receipt, sir?

◆给。

Here you are.

◆先生，您一共打了 10 局，共 280 元，请您再付 30 元。

Excuse me, sir. You played 10 games, 280 yuan together. You need to pay 30 yuan more, sir.

◆谢谢您。这是找您的 20 元。欢迎再次光临。

Thank you, sir. Here is you change, 20 yuan.Hope to see you again.

任务五　保龄球馆员工目标考核

一、保龄球馆领班目标考核

序号	考核内容	考核指标及目标值	考核实施	
			考核人	考核结果
1	制订保龄球馆的工作计划	工作计划完成率达到______% 以上		
		月营业收入达到______万元以上		
2	制订保龄球馆活动方案	活动期间营业收入提高______% 以上		
3	组织所属员工做好保龄球馆的接待与服务工作	客人满意度评价平均得分达到______分以上		
4	定期检查保龄球馆设施、设备的使用保养情况	设施、设备平均使用寿命不低于计划使用寿命的______%		
5	对保龄球馆员工进行培训	员工考核达标率达到______% 设施、设备平均使用寿命不低于计划使用寿命的______% 以上		

二、保龄球馆服务员目标考核

序号	考核内容	考核指标及目标值	考核实施	
			考核人	考核结果
1	为客人提供预订服务	预订信息准确率达到 100%		
		预订客人对预订安排的满意率达到______%		
2	营业前检查球道，有问题及时报修	球道平均可用率达到______% 以上		
3	为客人看管物品	客人物品丢失率为______%		
4	根据客人需要对客人进行技术指导	客人因运动不当造成受伤的次数，一年不得超过______次		

案例分析

某年农历正月初一，79 岁的金老太来到 S 市某酒店吃团圆饭。餐毕，她兴致勃勃地到三楼保龄球馆娱乐。晚上 9 时 40 分，当金老太高兴地离开时，意外发生了——金老太走到平台台阶处，一个趔趄摔倒在地，顿时不能动弹。经医院诊断为“左股骨粗隆间骨折，旋转畸形”。之后，金老太在医院做了钢钉接骨手术和取钉手术。

金老太认为，她之所以会摔伤，关键在于酒店保龄球馆的建筑设施不规范：一是致其踏空的台阶垂直高度达 22 厘米，超过了《民用建筑设计通则》规定的 15 厘米的标准。二是平台地板与休息厅地板用同一色漆，无色差，难以辨认台阶落差。三是事发位置灯光照明较暗，亮度不够，更不易发现此台阶的存在。四是超高的台阶长度达 3.4 米，周围却没有设置任何提示性、警示性标志和安全护防设施。为此，她请求法院判令被告赔偿医疗费、护理费、营养费和精神损失费等各类费用共计 2 万元。

法院受理后，委托有关法医鉴定中心对金老太的伤残等级等情况进行法医技术鉴定，结论为左髋关节功能轻度障碍，已构成九级伤残。法院最终判定酒店承担相关法律责任。

问题：保龄球馆如何提供安全的服务？

思考与练习

1. 如何规范地提供保龄球服务？
2. 保龄球服务需注意哪些关键问题？
3. 总结保龄球服务程序。
4. 保龄球馆的卫生要求有哪些？该如何管理？
5. 如何对保龄球项目服务员进行目标考核？

项目八 网球项目服务与管理

【知识目标】

◆掌握网球项目服务知识。
◆熟练掌握网球项目工作程序。
◆熟悉网球项目服务规范。
◆熟悉网球室各岗位人员进行目标考核的内容。

【能力目标】

◆能够熟练提供网球项目服务。
◆能够处理网球项目服务中遇到的常见问题。
◆能够制订网球项目服务规范。
◆能够对网球室各岗位人员进行绩效考核。

【素质目标】

◆具有规范化操作与标准化服务的意识。
◆具有良好的敬业精神。
◆具有良好的团结协作意识。
◆具有良好的人文关怀精神。
◆具有公平竞争、顽强拼搏的体育精神。

【实训项目】

有一家单位拟租用你所负责的网球场进行一场网球比赛，请给出你的接待方案。

【项目分析】

◆将学生分为若干组，每组独立完成方案设计。

◆每组成员用PPT（幻灯片）展示接待方案，进行交流讨论，对方案进行完善。

【学习任务】

任务一　网球项目服务知识

网球是一项隔着球网用球拍击打橡胶制空心球的运动。现代网球起源于英国。网球分为单打和双打。网球的比赛规则自20世纪20年代起就几乎没有更改。网球四大满贯赛事备受世人关注。

一、网球球场种类

网球场可分为室外和室内，且有各种不同的球场地面。草地网球是最基本的户外场地，但是其建立和保养费用太昂贵，所以现在已由人造球场取代，它较便宜容易保养。另外有一种在欧洲盛行的红土球场，法国公开赛即为此种球场。

（一）草地球场

草地球场是历史最悠久、最具传统意味的一种场地。其特点是球落地时与地面的摩擦小，球的反弹速度快，对球员的反应、灵敏、奔跑的速度和技巧等要求非常高。因此，草地往往被看成是“攻势网球”的天下，发球上网、随球上网等各种上网强攻战术几乎被视为在草地网球场上制胜的法宝，底线型选手则在草地网球场上难有成就。但是，由于草地球场对草的特质、规格要求极高，加之气候的限制以及保养与维护费用昂贵，很难被推广到世界各地。目前每年的寥寥几个草地职业网球赛事几乎都是在英伦三岛上举行，且时间集中在每年六七月，温布尔登锦标赛是其中最古老也最负盛名的一项。

（二）红土球场

红土球场更确切的说法是“软性球场”，其最典型的代表就是法国网球公开赛。另外，常见的各种沙地、泥地等都可称为软性场地。此种场地特点是球落地时与地面有较大的摩擦，球速较慢，球员在跑动中特别是在急停急回时会有很大的滑动余地，这就决定了球员必须具备比在其他场地上更出色的体能、奔跑和移动能力以及更顽强的意志品质。在这种场地上比赛对球员的底线相持功夫是一个极大的考验，球员一般要付出数倍的汗水及耐心在底线与对手周旋，获胜的往往不是打法凶悍的发球上网型选手，而是在底线艰苦奋斗的一方。

（三）硬地球场

现代大部分的比赛都是在硬地网球球场上进行的，也是最普通、最常见的一种场地。硬地网球场一般由水泥和沥青铺垫而成，其上涂有红、绿色塑胶面层，其表面平整、硬度高，球的弹跳非常有规律，但球的反弹速度很快。许多优秀的网球选手认为，硬地网球更具“爆发力”，而且网球比赛中硬地球场占主导地位，必须格外重视。需注意的是硬地不如其他质地的场地弹性好，地表的反作用强而僵硬，所以容易对球员造成伤害，而且这种损害已使许多优秀的网球选手付出了很大代价。

（四）地毯球场

地毯球场，顾名思义，是一种便携式可卷起的网球场，其表面是塑胶面层、尼龙编织面层等，一般用专门的胶水粘接于具有一定强度和硬度的沥青、水泥、混凝土底基的地面上即可，有的甚至可以直接铺展或粘接于任何有支持力的地面上。其铺卷方便、适于运输且有非常强的适应性，室内室外甚至屋顶都可采用。球的速度需视场地表面的平整度及地毯表面的粗糙程度而定。在保养上此种场地也是非常简单的，只要保持地面清洁，不破损、不积水（与相应的排水设施配套）就可以了。

二、网球项目的设施设备

（一）球场

球场应为长 23.77 米、宽 8.23 米的矩形。中间由一条挂在最大直径为 0.8 厘米粗的绳索或钢丝绳上的球网分开。

（二）球网

球网粗绳索或钢丝绳最大直径为 0.8 厘米，网的两端应附着或挂在两个网柱顶端，网柱应为边长不超过 15 厘米的正方形方柱或直径为 15 厘米的圆柱。网柱不能超过网绳顶端 2.5 厘米。每侧网柱的中点应距场地 0.914 米，网柱的高度应使网绳或钢丝绳顶端距地面的垂直距离为 1.07 米。在单双打两用场地上悬挂双打球网进行单打比赛时，球网应该由两根高度为 1.07 米的“单打支杆”支撑，该支杆截面应是边长小于 7.5 厘米的正方形方柱或直径小于 7.5 厘米的圆柱。每侧单打支杆的中点应距单打边线 0.914 米。球网需要充分拉开，以便能够有效填补两根支柱之间的空间，并有效打开所有网孔，网孔大小要能防止球从球网中间穿过。球网中点的高度应该是 0.914 米，并且用不超过 5 厘米宽的完全是白色的网带向下绷紧固定。球网上端的网绳或钢丝绳要用一条白色的网带包裹住，每一面的宽度介于 5 厘米到 6.35 厘米。

（三）球场线

球场两端的界线叫底线，两边的界线叫边线。在距离球网两侧 6.4 米的地方各画一条与球网平行的线，为发球线。球网与每一边的发球线和边线组成的场地再被发球中线分为两个相等的区域，为发球区，发球中线是一条连接两条发球线中点并与边线平行的线，线宽须为 5 厘米。每一条底线都被一条长 10 厘米、宽 5 厘米的发球中线的假定延长线分为相等的两个部分，由一条短线分隔，该短线为中点，它与所处的底线呈直角相连，自底线向场内画。除了底线的最大宽度可以不超过 10 厘米以外，所有其他线的宽度均应在 2.5 厘米到 5 厘米之间。所有的测量都应以线的外沿为准。

（四）永久固定物

网球场地上的永久固定物不只包括球网、网柱、单打支杆、网绳、钢丝绳、中心带及网带，以下情况也算永久固定物，如球场四侧的挡板、看台、环绕球场固定或可移动的椅子和观众，以及所有场地周围和上方的配套设施，还有出于各自预定位置的裁判、司网裁判、脚误裁判、司线员和球童。

如果广告位于球场后侧司线的椅子后面，则广告中不能包括白色或黄色。浅色只有在不干扰球员视线的情况下才允许使用。在戴维斯杯、联合会杯和国际网联主办的巡回赛中，对于底线后侧和边线两侧区域大小的具体要求分别包括在各项赛事的相关条款中。对于俱乐部和业余选手，底线后侧场地距离至少为 5.5 米，边线侧面距离至少 3.05 米。

（五）球

场上用球外部需要由纺织材料统一包裹，颜色为白色或黄色，接缝处需无缝线痕迹。用球的直径介于 6.35 厘米到 6.67 厘米之间，重量要介于 56.7 克和 58.5 克之间。在从 254 厘米的高度向混凝土地面做自由落体运动时，反弹的高度应该介于 134.62 厘米和 147.32 厘米之间。当在球上施加 8.165 千克的压力时，向内发生弹性形变应该介于 0.559 厘米和 0.737 厘米之间，压缩后反弹形变的范围应该介于 0.8 厘米和 1.08 厘米之间。这两种形变数据应该是以球的三个轴测试后得到的平均值。在每一种情况下任何两个数据之间的差异不能大于 0.076 厘米。

如果在海拔 1219 米的高度进行比赛，需要采用另外两种特殊用球。第一种是除弹跳高度要介于 121.92 厘米和 134.62 厘米以外，还要使球的内压大于外部气压，其他方面则与上面的描述完全相同，这种球通常被称为增压球；第二种球除弹跳高度要在 134.62 厘米和 147.32 厘米之间外，还要使球的内压大约等于外部的气压，并且能在指定的比赛场地的海拔高度保持 60 天以上，其他方面则与上面的描述完全相同，这种球通常被称为零压球或无压球。

国际网球联合会将对任何关于某种球或样品是否符合上述标准，或是否可以被批准用于比赛的问题进行裁决。这种裁决有可能是国际网联本身主动进行的行为，也可以依据所有真正感兴趣的人或包括任何选手、器材生产厂商或国家网球协会，以及他们的会员的申请来进行。这类申请与裁决应该按照国际网联的审查与听证程序来进行。

（六）球拍

从1997年1月1日起，在职业比赛中使用的球拍拍框的总长度（包括拍柄）不能超过73.66厘米。从2000年1月1日起，在非职业比赛中使用的球拍拍框的总长度（包括拍柄）不能超过73.66厘米。在此之前，非职业比赛中使用的球拍的最大长度为81.28厘米。拍框的总宽度不能超过31.75厘米。穿弦平面的总长度不能超过39.37厘米，总宽度不能超过29.21厘米。

（七）网球服装

①标准的网球穿戴应该是男球手穿带领子的半袖运动T恤衫和网球短裤；女球手穿中袖或无袖上衣及短裙或连衣短裙；特殊情况除外。网球服饰通常以白色为主。男球手请记住：即使你拥有魔鬼般的身材，也不要赤膊上阵，如果你认为无伤风雅也不怕晒伤皮肤，那尽可随心所欲，但正式比赛中绝对不允许这样。

②进入网球场一般穿专用的网球鞋，不允许穿皮鞋、钉鞋等有损球场表面平整的鞋，特别是女士的高跟鞋，绝对禁止进入场地；赤脚和赤脚穿鞋入场打球是会被认为有失雅观的。

三、网球比赛规则

（一）发球规则

1. 发球前的规定

发球员在发球前应先站在端线后、中点和边线的假定延长线之间的区域里，用手将球向空中任何方向抛起，在球接触地面以前，用球拍击球（仅能用一只手的运动员，可用球拍将球抛起）。球拍与球接触时，就算完成球的发送。

2. 发球时的规定

发球员在整个发球动作中，不得通过行走或跑动改变原站的位置，两脚只准站在规定位置，不得触及其他区域。

3. 发球员的位置

①每局开始，先从右区端线后发球，得或失一分后，应换到左区发球。

②发出的球应从网上越过，落到对角的对方前场方块区域内，或其周围的线上。

4. 发球失误

未击中球；发出的球，在落地前触及固定物（球网、中心带和网边白布除外）；违反发球站位规定都属于发球失误。发球员第一次发球失误后，应在原发位置上进行第二次发球。

5. 发球无效

发球触网后，仍然落到对方发球区内，接球员未做好接球准备，均应重发球。

6. 交换发球

第一局比赛终了，接球员成为发球员，发球员成为接球员。以后每局终了，均依次互相交换，直至比赛结束。

（二）通则

1. 交换场地

双方应在每盘的第 1、3、5 等单数局结束后，以及每盘结束双方局数之和为单数时，交换场地。

2. 失分

发生下列任何一种情况，均判失分：

①在球第二次着地前，未能还击过网。

②还击的球触及对方场区界线以外的地面、固定物或其他物品。

③还击空中球失败。

④故意用球拍触球超过一次。

⑤运动员的身体、球拍在还击期间触及球网。

⑥过网击球。

⑦抛拍击球。

3. 压线球

落在线上的球都算界内球。

（三）双打规则

1. 双打发球次序

每盘第一局开始时，由发球方决定由何人首先发球，对方则同样地在第 2 局开始时决定由何人首先发球。第 3 局由第 1 局发球方的另一球员发球。第 4 局由第 2 局发球方的另一球员发球。以下各局均按此次序发球。

2. 双打接球次序

先接球的一方，应在第 1 局开始时决定何人先接发球，并在这盘单数局，继续先接发球。双方同样应在第 2 局开始时决定何人接发球，并在这盘双数局继续先接发球。他们的同伴应在每局中轮流接发球。

3. 双打还击

接发球后，双方应轮流由其中任何一名队员还击。如运动员在其同队队员击球后，再以球拍触球，则判对方得分。

（四）记分规则

1. 一局

①每胜 1 球得 1 分，先胜 4 分者胜 1 局。

②双方各得 3 分时为“平分”，平分后，净胜两分为胜 1 局（现一般巡回赛双打比赛、澳网、法网、美网混双比赛无须净胜两分）。

2. 一盘

①一方先胜 6 局为胜 1 盘。

②双方各胜 5 局时，一方净胜两局为胜 1 盘。

3. 决胜局记分制

在每盘的局数为 6 平时，有以下三种记分制。

（1）长盘制

长盘制一般在决胜盘使用，一方净胜两局为胜 1 盘。决胜盘使用长盘制的比赛：澳网、法网、温网单打比赛，温网双打、混双比赛，戴维斯杯、奥运会所有比赛，联合会杯单打比赛。

（2）短盘制（抢七）

短盘制在他盘与决胜盘均适用，决胜盘使用抢七制的比赛有一般巡回赛单打比赛，美网单打比赛，澳网、法网、美网双打比赛，联合会杯双打比赛。一般应按以下办法执行：

①先得 7 分者为胜该局及该盘（若分数为 6 平时，一方须净胜两分）。

②首先发球员发第 1 分球，对方发第 2、3 分球，然后轮流发两分球，直到比赛结束。

③第 1 分球在右区发，第 2 分球在左区发，第 3 分球在右区发。

④每 6 分球和决胜局结束都要交换场地。

（3）双打抢十制

双打抢十制同抢七制，先得 10 分者为胜，若分数为 9 平时，一方须净胜两分。决胜盘使用抢十制的比赛有一般巡回赛双打比赛，澳网、法网、美网混双比赛。

4. 双打规则改变

当双发盘分战至 1∶1 的情况下，双方将会进行抢十局决胜负（被称为“抢十”或“超级抢七”），和抢七一样需要净胜两分。

5. 短盘制的记分

①第 1 个球（0∶0），发球员 A 发 1 分球，1 分球之后换发球。

②第 2、3 个球（报 1∶0 或 0∶1，不报 15∶0 或 0∶15），由 B 发球，B 连发两分球后换发球，先从左区发球。

③第 4、5 个球（报 3∶0 或 1∶2、2∶1，不报 40∶0 或 15∶30、30∶15），由 A 发球，A 连发两球后换发球，先从左区发球。

④第 6、7 个球（报 3∶3 或 2∶4、4∶2 或 1∶5、5∶1 或 6∶0、0∶6），由 B 发 1 分球之后交换场地，若比赛未结束，B 继续发第 7 个球。

⑤比分打到 5∶5、6∶6、7∶7、8∶8……时，需连胜两分才能决定谁为胜方。但在记分表上则统一写为 7∶6。

⑥决胜局打完之后，双方队员交换场地。

（五）赛制

男子：戴维斯杯所有比赛、奥运会单双打决赛、四大满贯单打比赛、温网双打比赛是五盘三胜制，其余比赛均为三盘两胜制。2011 年温网男双首轮改为三盘两胜制，其他轮次依然为五盘三胜制。

女子：均为三盘两胜制。

四、运动赛事

1. 澳大利亚网球公开赛

澳大利亚网球公开赛（Australian Open）是网球四大满贯赛事之一，也是四大满贯赛事中每年最先登场的，通常于每年1月的最后两个星期在澳大利亚墨尔本举行。澳大利亚公开赛自1905年创办以来，至今已经走过了一百多年的历史。不过与另外三项四大满贯赛事相比，澳网还是最年轻的。赛事目前由澳大利亚网球协会（Tennis Australia）主办。

2. 法国网球公开赛

法国网球公开赛（Roland Garros）通常在每年的5月至6月举行，是每年继澳大利亚网球公开赛之后，排在第二个进行的大满贯赛事。法国网球公开赛规定每场比赛采用五盘三胜淘汰制，而且球场属于慢速红土场地，利于底线对抗，所以，一场比赛打上4个小时是司空见惯的。在这样的球场上，花这么长的时间去打一场比赛，球员要有超群的技术和惊人的毅力才行，很有挑战性。

3. 温布尔登网球锦标赛

温布尔登网球锦标赛（Wimbledon The Championship）是现代网球史上最早的比赛，由全英俱乐部和英国草地网球协会于1877年创办。首次正式比赛在该俱乐部位于伦敦西南角的温布尔登总部进行，名为“全英草地网球锦标赛”。1922年进行了两项改革，一是修建可容纳1.5万观众的中央球场，二是废除了“挑战赛”。1968年国际网联同意职业选手参加该项比赛，同时组织者还募集巨额奖金，吸引全世界一流球员参加，故竞技水平逐年提高。因此，比赛期间精英荟萃，高手云集，争夺十分激烈，它体现了网球技术的最高水平和发展趋势。温网由于两次世界大战停赛10次，其历史若从1877年开赛算起，至今已有百余年了。

4. 美国网球公开赛

美国网球公开赛（US OPEN），其历史仅次于温布尔登网球锦标赛，它始创于1881年。美国网球公开赛的首届比赛是于1881年在纽波特的一个赌场里进行的，现在那里是国际网球名人堂所在地。当时只是国内赛事，而且只有男子单打。女子比赛始于1887年。每年的8月底至9月初，在美国纽约举行比赛。1968年被列为四大公开赛之一，设有5个单项的比赛，是每年四大公开赛中最后举行的大赛。由于美国网球公开赛的地位和高额奖金，以及中速硬地场地，吸引众多高手参加。美国网球公开赛的影响虽比不上温布尔登网球锦标赛，却高于澳大利亚网球公开赛甚至法国网球公开赛。

任务二　网球项目工作程序

一、准备工作

①上岗前做自我检查，做到仪容仪表端庄整洁，符合要求。

②清洁设施设备及工作场所的卫生，保证符合酒店的卫生标准和要求。

③配齐各球场各种营业用品和客用出租用品。

④查阅交接班簿，了解宾客预订情况及工作情况，并将所需送洗的布草送洗衣房。

⑤上岗时，站姿端正，精神饱满，符合《员工手册》要求。

二、迎接客人

①面带微笑，主动招呼客人，并询问客人是否有预订。

②征询客人意见，并引领客人至活动场所，指示可换衣的更衣室和协助办理有关物品、更衣柜的租借手续。

三、球场服务

①客人挥拍打网球时，应端正站立于一旁，并提供捡球服务。

②客人要求陪打时，要认真发挥自己的球艺，视客人的球艺控制输赢，以提高客人兴趣。

③客人休息时，应及时递上毛巾，随时听候客人吩咐，做好小服务。

④客人打球结束，主动征求客人意见，如需淋浴应引领至淋浴室，并备好浴巾和拖鞋。

⑤客人更衣完毕，准确为客人结账，并收回更衣箱钥匙和租借物品。

四、送客与整理

①礼貌向宾客道别并送客至门口，欢迎再次光临。

②迅速清洁、整理客人使用过的场地及设施设备，做好再次迎客的准备。

任务三 网球项目服务规范

为提高网球项目的服务水平，网球场服务员应做到以下几点：

一、准备工作规范

①检查灯光、卫生间设备（包括洗手池、抽水马桶、小便池），如有损坏，立即报修。

②按“清理卫生标准”清理网球场，地面要用刷子刷一遍，检查面盆及淋浴的水温和水质，卫生提前一小时清理完毕。

③准备物品包括：球拍、新网球、捡球工装、香巾（加热）、香巾夹、长巾、浴巾 10 条、直筒杯、茶杯、茶壶、圆托盘及口布、长方托盘及口布、饮料、矿泉水等。

④打开球场、更衣室及走廊灯光和空调，提前半小时准备好一切物品。

二、迎宾工作规范

①雨、雪天气，准备好雨伞，注意搀扶老人。规范要求：面带笑容，提醒客人注意台阶。

②如客人需要换衣服，一名员工引领至更衣室，一名员工引领其他人员进入网球场或休息区。

三、网球服务规范

①捡球人员开新球，准备服务。

②捡球人员分别站立于网球场对角上，将球准确抛到发球人手中，发球方旁的捡球人员保证手里有两个球。

③场内有球原则上不要去捡，以防影响客人打球，也可视场内情况迅速跑过去将球拾起回位。

④服务过程中保持注意力高度集中，在出现死球时捡球，不捡球时不乱走动，以免干扰客人注意力。

⑤听到裁判说换发球时，将手中球交于对方发球客人捡球员手里，为客人服务的员工手里保持有 1 个球。

四、送客服务规范

服务人员站立于车门外两侧，及时为客人开车门，待客人上车后，退至台阶处，挥手致意。

任务四 网球项目服务英语培训

◆您好，欢迎来到网球中心，请问是打网球吗？

Welcome to tennis center, sir. Would you like to play tennis?

◆是。

Yes.

◆好的，请问您喜欢哪一块场地？

All right. Which court would you like, sir?

◆那一块就可以了。

That one is fine.

◆请问您需要网球拍吗？

Do you need any racket?

◆好的。请稍等。

OK. Just a moment, please.

◆这边请，请坐，我为您放好鞋子。

This way, please. Please take the seat. I will take care of your shoes, sir.

◆我们开始计时的时间是 × 点 × 分，可以吗？

Excuse me, sir. The beginning time is ××, is that all right?

◆有什么需要请告诉我。

If you have any problem, don't hesitate to contact me.

◆您结束的时间是 × 点 × 分，一共 × × 小时，总共是 × × 元。

Excuse me, sir. The ending time is ××, ×× hours totally, it is totally ×× yuan, sir.

◆谢谢您。欢迎再次光临。

Thank you, sir. Hope to see you again.

任务五　网球场员工目标考核

一、网球场领班目标考核

序号	考核内容	考核指标及目标值	考核实施	
			考核人	考核结果
1	制订网球场的工作计划	工作计划完成率达到______% 以上		
		月营业收入达到______万元以上		
2	制订网球场活动方案	活动期间营业收入提高______% 以上		
3	组织所属员工做好网球场的接待与服务工作	客人满意度评价平均得分达到______分以上		
4	定期检查网球场设施、设备的使用保养情况	设施、设备平均使用寿命不低于计划使用寿命的______%		
5	对网球场员工进行培训	员工考核达标率达到______% 设施、设备平均使用寿命不低于计划使用寿命的______% 以上		

二、网球场服务员目标考核

序号	考核内容	考核指标及目标值	考核实施	
			考核人	考核结果
1	为客人提供预订服务	预订信息记录的准确率达到 100%		
		客人对预订服务的满意率达到______%		
2	记录客人使用球场的开始和结束时间	记录时间准确率达到 100%		
3	提醒客人做好运动前的准备工作	因未向客人交代清楚，而造成客人在运动中受伤的次数为 0		
4	提供陪打服务	客人对陪打服务的满意度平均分在______分以上		
5	记录客人消费	考核期内，消费记录出错率为 0		
6	修补破损的网篷	网球场网篷的修补及时率达到 100%		
7	做好网球场的卫生工作	卫生检查合格率达到______% 以上		

案例分析

某年十一黄金周期间，某外资企业的周先生带着太太和儿子，为了度过一个休闲愉快的假期入住到承德郊区某三星级旅游度假村。

下午4点，周先生带着太太和儿子来到了网球场。服务员小于为他们提供了规范服务，使他们很满意。周先生在进行半个小时的网球运动之后，满身大汗，就把上衣脱掉，放在了网球场旁边的椅子上。半个小时之后，他与太太和儿子离开网球场时，习惯地抖了抖衣服上的浮尘，然后穿在身上。当带着太太和儿子回到房间时，发现手机不见了，就立即到楼层值班室给网球场打了一个电话，希望服务员小于帮助寻找手机，他马上过去取。

10分钟之后，周先生快步来到网球场，服务员小于告诉他，在网球场上没有找到手机。周先生就打电话给主管小王，小王立即赶到网球场，带着服务员小于与周先生一起到网球场旁边的一排椅子前仔细寻找了几分钟，终于在椅子的夹缝里找到了周先生的手机。

问题1：小于哪些方面做得不够好?

问题2：小王的做法有何不当之处?

问题3：如果你是小王，会怎样做?

【知识拓展】

网球运动的价值

一、网球具有独特的健身价值

有人曾经做过统计，在一场有相当水平的网球比赛中，运动员所跑的路程约在5000米，有的甚至达到1万米，不下于一场激烈的足球比赛。运动员在比赛过程中，还要做出及时的判断，不时前进或后退，左移或右转跃起，急停或猛扣等。一个网球运动员无论在力量、速度、耐力、柔韧性和灵敏性方面，都必须具备良好的素质。特别是随着现代网球技术的不断发展，上网打法已相当普遍，运动员在发球或接发球之后都积极争取时机跑到近网处做空中拦网、高压动作，这时要照顾到前后左右四个方位的来球，如果没有精确的预测能力、快速的灵敏反应，以及熟练的拦网、高压技术，就不能适应这种打法。

此外，网球运动常被人形容为“挥拍上阵”。曾有人统计过网球比赛中运动员的挥拍情况，一场比赛总的挥拍次数不少于千次，如果没有强壮有力的手臂是不能胜任的。可见，只有具备了良好的全面的身体素质，才能保证网球技术、战术的正常发挥。也就是说，网球运动对发展人的全面的身体素质具有积极的促进作用。比如，打网球需要长时间连续不断地速跑移动和击球，这能够促进人的反应灵敏，起动快，移动迅速，并能在较长一段时间内保持这种快速活动能力。又如网球运动中有力地抽击球和凶猛的高压球，都需要较好的力量素质，因此，经常打网球能有效地发展人的绝对力量和速度力量。

二、网球具有独特的欣赏价值

与其他体育项目相比较，网球独特的欣赏价值首先表现在它是一种技巧性很强的对抗。例如发球，就有发上旋球、下旋球、侧旋、前冲，以及大力重球等。许多运动员的超水平发挥常常使发球技术达到炉火纯青的地步，令人叫绝。

二三十年代，网球普遍的打法是底线对攻，而到了四五十年代，又演进为上网型的打法，把防守等球改进为截击进攻。现代先进的网球打法，则具有快、狠、准、变的特点，要求运动员既能“满场飞”，又能凌空跳跃击球、飞身鱼跃救球等。当然，网球战术无论怎样多变，不外是缩前吊后，抽打两边。然而，正是在网球高手拍下的这前后左右、真真假假的变化中，导演出了多少令人眼花缭乱的精彩场面，使人乐而忘返。

当然，网球之所以有其独特的欣赏价值，还因为它有特有的“网球精神”。网球比赛跑动场面大，对抗激烈，且又在露天进行，运动员的体力消耗很大。规则规定要平分后连胜两分才算取胜一局，平局后要连胜二局才算取胜一盘（现在有抢七制），否则便要无休止地战斗下去。可见，网球比赛中不但要勇敢拼搏，而且还要坚韧不拔。因此，网球比赛不仅是力的较量，是技术和战术的较量，也是心理素质的较量。总之，人们在欣赏网球运动时，会有一种力的感受、雅的体验、美的熏陶，而这些正是网球运动所特有的魅力。

思考与练习

1. 总结网球项目工作流程。
2. 简述网球项目的服务标准。
3. 网球服务应注意哪些关键问题？
4. 网球场服务员的目标考核包括哪些内容？

模块三

保健类项目服务与管理

项目九　桑拿浴项目服务与管理

【知识目标】

◆掌握桑拿浴项目服务知识。
◆熟练掌握桑拿浴项目工作程序。
◆熟悉桑拿浴项目服务规范。
◆熟悉桑拿浴室各岗位人员目标考核的内容。

【能力目标】

◆能够熟练提供桑拿浴项目服务。
◆能够处理桑拿浴项目服务中遇到的常见问题。
◆能够制订桑拿浴项目服务规范。
◆能够对桑拿浴室各岗位人员进行绩效考核。

【素质目标】

◆树立遵纪守法的意识。
◆具有规范化操作与标准化服务的意识。
◆具有良好的敬业精神。
◆具有良好的团结协作意识。
◆具有良好的人文关怀精神。
◆具有弘扬中华民族保健文化精神的自觉意识。

【实训项目】

问题应对与情景模拟：一天晚上，某酒店桑拿房的服务员小王为一女宾提供更衣服务时，突然发现该女宾腰间有一圈色泽鲜红的小疹子。小王怀疑该女宾患有传染性皮肤病——带状疱疹，因此担心其他客人有意见。虽然桑拿浴室有规定谢绝接待患有皮肤病和传染病的客人，但如果生硬地阻止客人进入，容易引起客人的反感。

任务 1：假设你是小王，请给出应对方案。

任务 2：制订桑拿浴室卫生管理标准。

【项目分析】

◆将学生分为若干组，每组独立完成应对方案与卫生管理标准。

◆各组对应对方案进行现场模拟。

◆各组分别介绍本组所拟定的卫生管理标准，进行交流与讨论。

【学习任务】

任务一 桑拿浴项目服务知识

桑拿浴是一种特殊的洗澡方法，是指在封闭房间内用蒸汽对人体进行理疗的过程，兼有清洁皮肤和治疗疾病两种作用。它通过接连几次的冷热交替可缓解疼痛、松弛关节。对皮肤来说，由于蒸汽浴过程中皮肤血管明显扩张，大量出汗，血液循环得到改善，汗液排泄有助于体内废物的排出，使皮肤里各种组织获得更多的营养。利用对全身反复干蒸冲洗的冷热刺激，使血管反复扩张及收缩，能增强血管弹性、预防血管硬化，对关节炎、腰背肌肉疼痛、支气管炎、神经衰弱等都有一定保健功效。

一、桑拿浴分类

桑拿浴根据是否用水分为干蒸桑拿、湿蒸桑拿；根据国别不同分为芬兰桑拿、泰式桑拿、中式桑拿、韩式桑拿等；根据加热原理不同分为：蒸汽桑拿、远红外桑拿、电气石汗蒸。目前，酒店康乐部主要有以下几种桑拿形式：

（一）芬兰浴

干桑拿浴从芬兰传入中国，因而称为芬兰浴。桑拿室完全用木材建造，其中包括蒸汽房、洗澡间和更衣室。蒸汽房，其中有铁造或砖砌放置加热石头装置。室温通常调节在 50℃ ~80℃，湿度规定 1 立方米空气含水汽 50~60 克。为了调节湿度及通风，蒸汽房顶必须装有可开关的小窗。芬兰浴第一步先淋浴清洁，随即赤身进入蒸汽浴室。享受热气蒸浴时，浴者都以浸软的白桦树枝叶拍打身体，让血液运行加快，皮肤毛孔尽量张开，汗水更畅顺流出体外。当出汗一段时间，浴者便要淋浴清洁并冷却身体（如桑拿位于湖畔或适值冰冷冬天，人们索性直接跳入湖水或雪地掘出的冰水池中），待热气散去后再回蒸汽房拍打、出汗，跟着又回水中冷却。这样来回数遍，体内污垢排出，人也充分松弛。最后再彻底清洁，芬兰浴才告完成。浴后一定要吃一些高盐分食物，以补充身体所失的盐分。

（二）土耳其浴

湿桑拿浴从土耳其传入中国，因而亦称为土耳其浴。土耳其浴是利用浴室内的高温，使人大汗淋漓，再用温水或冷水淋浴全身，达到清除污垢、舒活筋骨、消除疲劳的目的。在洗澡时，顾客先用水槽里的热水把身子打湿，然后躺在热乎乎的大理石平台上。负责搓身子的服务员会手戴一个毛巾制的薄手套，一边按摩，一边慢慢擦顾客的身子，直到把顾客身上所有的污垢都给搓出来为止。这时，另一位服务员手持一个扫帚似的刷子，蘸上许多用薄荷、樟脑等制成的泡沫，轻轻地往顾客身上涂。据说这些泡沫有消炎止痛、提神醒脑的功效。待泡沫浸透皮肤之后，服务员再舀水把顾客身上冲得干干净净的。服务员退下以后，顾客若还没过足瘾，可以裹上浴巾往浴室中央的大理石平台上一躺，再让蒸汽好好地蒸一蒸。经过上述程序，顾客浑身的疲倦消失得无影无踪。土耳其浴的室内温度不烤人，不会有不舒适感，故男女老幼皆宜。人体在大理石板上热烤，益气活血，舒筋通脉，并能将内脏的浊气排出体外，尤其对患有风湿病的人最有好处。

（三）韩式汗蒸

韩式汗蒸起源于韩国，从古老的黄泥演变成今天的高科技、高效能、多用途新一代细胞浴。韩式汗蒸通过加温和保温，电气石的能量可以快速、强烈地以远红外、负离子、微电流及微量元素的形式释放出来，它们共同构成的能量场可间接地通过空气向人体提供能量，使人体细胞由休眠状态转化为运动状态，加快人体的血液循环及新陈代谢，排出体内毒素，平衡人体酸碱度，补充新的营养物质，从而起到保健和治疗的作用。所以汗蒸保健是集远红外线仪、空气维生素、细胞活化剂、血管清道夫等功能于一身。韩式汗蒸时不要频繁出入蒸房，在蒸完结束后不要立即去冲澡，以免影响汗蒸的效果。

韩式汗蒸房又称细胞浴馆、韩式汗蒸馆。韩式汗蒸房在传统汗蒸房基础上采用优质电气石为原料，运用高科技，使室温控制在 38℃ ~43℃。韩式汗蒸房日常保养需要注意以下事项：

①汗蒸房内严禁吸烟，严禁使用明火。

②汗蒸房每天早晚须开门交换空气。

③擦拭汗蒸房时勿使用气味比较大的去污剂。

④汗蒸房地面温度最高勿超过 48℃，一般控制在 40℃就可以。

⑤汗蒸房室内温度是自动控制的，温度设置在 42℃ ~48℃，以温度表为准，使用温控器来调整，室内最高温度不应超过 55℃，超过 55℃服务人员需立即切断电源。

⑥每天早上必须使用紫外线消毒灯对汗蒸房进行消毒处理。

⑦汗蒸房需在开店营业前的 120 分钟内进行预加热。

⑧汗蒸房内相对湿度不得超过 80%，切不可洒水冲洗，如有意外情况请立即切断电源，疏散顾客，然后查明原因后再解决。

（四）光波浴

光波浴又称红外线桑拿浴，是继传统的桑拿浴之后出现的一种新的洗浴方式。

光波浴是利用红外线发生器发射 5.6~15 微米的远红外光波照射人体，与人体内的红外线发生共振，使光波为人体充分吸收，穿透肌肤，直至深层组织使其和人体细胞产生共振，对人体细胞进行光按摩，产生内热，使人体在 40℃的环境温度下大量出汗，产生与“干桑拿”相同的效果。光波浴与传统桑拿浴的区别在于：浴者不必置身于高温、高湿的环境中，因此，不会产生胸闷、心慌、头晕等感觉。

由于不需要高温蒸汽，光波浴房与桑拿房相比就有了许多优点：第一是更舒适，空气可以流通，没有憋闷感，还可以在小屋内听听音乐，看看书；第二是它的理疗作用，远红外桑拿对肩周炎、颈椎病等病症有治疗作用；第三，远红外桑拿有着更方便的温度调节和控制装置，比桑拿房更节能。

（五）药浴

药浴是用药液或含有药液水洗浴的一种方法。洗浴时只需把溶解好的药水倒入调好水温和水量的坐浴盆或浴桶中，然后把身体泡在水里即可。药浴用药与内服药一样，亦需遵循处方原则，辨病辨证选药。即根据浴者的体质、时间、地点、病情等因素，选用不同的方药，各司其属。煎药和洗浴的具体方法也有讲究：将药物粉碎后用纱布包好（或直接把药物放在锅内加水煎取亦可）。

制作时，加清水适量，浸泡 20 分钟，然后再煮 30 分钟，将药液倒进坐浴盆内，待温度适度时即可洗浴。在洗浴中，其方法有先熏后浴之熏洗法，也有边擦边浴之擦浴法。

二、使用桑拿设备应注意的事项

①桑拿房内严禁放置易燃易爆物品、禁止晾晒衣服等。

②桑拿炉应安装漏电保护装置，并有良好的接地保护，以免漏电伤人。

③定期检查温控器和定时器，如有故障，应及时与维修人员联系，确保人身与设备使用安全。

④及时清理桑拿石碎片并更换桑拿石，防止碎石片堵塞桑拿炉通风孔，导致炉膛内温度过高损坏炉丝。

⑤定期检查电源电路及桑拿炉的绝缘水平，消除事故隐患。

⑥桑拿房内应使用专用的木桶木勺，待桑拿房内温度升到 60℃以上再进行适量浇水，防止因温度过低时浇水造成漏电伤人事故。

⑦下列人员不宜进入桑拿浴室：

◆既往有高血压、心脏病病史的患者。因为桑拿浴引起血压很大范围的波动，增大心脏负荷，易引起高血压、心脏病突发，出现意外甚至危及生命。

◆过度劳累或饥饿时。劳累和饥饿时，人体肌张力较差，对冷和热刺激的耐受力均降低，易引起虚脱。过度疲劳后不宜桑拿。

◆经期妇女。经期妇女身体抵抗力降低，洗桑拿浴时，冷和热多次交替，易引起感冒和细菌感染而危及女性身体健康。

◆未育男性。国外曾有一项研究表明，阴囊内睾丸的温度要比体温低 2℃左右，超过 37℃的温度会对其造成损害。因此，像桑拿房这样的高温环境对男性精子生长损害很大。所以，未育男性洗桑拿不能太频繁，每周最多洗一次。

即使不是未育男性也要尽量少蒸桑拿。

◆大量饮酒者。大量饮酒会使脑神经系统的支配功能严重下降，再加上大量的出汗和微循环加剧，容易造成休克。

◆皮肤溃烂患者。桑拿浴室中空气较热，人体大量排汗，易在皮肤溃烂处形成新的溃烂点，甚至会发生感染。

任务二　桑拿浴项目工作程序

一、岗前准备

①客人抵达前，服务工作人员要提前清洁接待大厅、更衣室、休息大厅，保证环境卫生。

②更衣室的服务员要清点更衣柜钥匙，补充客用毛巾和洗浴用品，并将已经消毒的拖鞋、浴巾和浴服摆放整齐。

③水区服务员要提前做好桑拿房和淋浴间的卫生清洁和消毒工作。

④桑拿房管理人员要检查桑拿房的设施、设备运行情况，检查用品是否齐全。

⑤休息厅的服务员要提前清洁和整理休息厅及包间的环境，水吧要准备好当日供应的饮料和小食品等。

二、迎宾服务

①热情大方，主动与客人打招呼。

②有序地把客人引导到更衣室。

三、更衣室服务

①礼貌地同客人打招呼，请客人出示手牌并引导客人到更衣柜前，把更衣柜打开，在不忙的情况下帮助客人把衣服挂好。

②当客人更衣完毕后，引导客人到浴区。

③服务过程中要做到接一待二照顾三，能灵活使用文明礼貌用语及服务术语，并耐心地解答客人所提出的问题。

四、浴区服务

①耐心周到地介绍服务项目并加以说明。

②将宾客引领到桑拿房，帮宾客打开门，请宾客入内，帮宾客铺好坐巾（告知宾客这是一客一换一消毒，请放心使用）。

③待宾客坐好时，询问宾客温度是否合适，若温度低，帮宾客适量加水。服务后询问宾客是否需要饮料。然后后退一步，走出桑拿房。

④客人洗浴期间要按时巡视桑拿房。

⑤客人洗浴结束离开后，关闭各种设备开关，更换坐巾，打扫浴室。

五、二次更衣服务

①首先帮助客人换好拖鞋。

②为客人擦干后背的汗，把浴巾披在客人身上。

③及时出现，把干净的浴服礼貌自然地送到客人面前，在不忙的情况下帮助客人穿好。

六、休息大厅服务

①首先引导客人找到合适的位置休息。

②然后礼貌地问候客人需要什么样的服务，问候时要热情周到。

③客人睡觉时要及时为客人盖好毛毯。

④客人喝茶时，要及时添满茶水、换烟灰缸。

七、浴后服务

①客人准备离开休息大厅或消费完毕时，更衣室服务员要帮助客人打开更衣柜，协助客人换好服装后，提醒客人带好随身物品，引领客人到接待大厅签单或用现金结账。

②在客人离开接待大厅时，接待员礼貌向客人道别。

任务三　桑拿浴项目服务规范

桑拿保健项目服务员在为客人进行桑拿浴服务时应遵循以下规范：

一、前台服务规范

①客人到达时，前台服务员应主动、礼貌地向客人问好：“先生 / 小姐，您好，欢迎光临！”

②发放锁牌服务规范。

◆“请问您有贵重物品需要保管吗？我们这里可以免费寄存。”

◆“请问您是几位？请到这边拿锁牌。”

◆“先生 / 小姐，您好，这是您的锁牌，请保管好您的锁牌。”

③引领服务规范。语言规范：“先生 / 小姐，您好，男宾 / 女宾这边请。”同时用手势指引客人男宾 / 女宾的方向。

二、更衣服务规范

① 更衣服务员见到客人要立刻迎上前，接过客人的锁牌。语言规范：“先生 / 小姐，您好，请把锁牌给我，我帮您开柜。”

②找到相应的柜子，同时取出里面的拖鞋。语言规范：“先生/小姐，您好。这是您的拖鞋，请您更衣，请把您的衣服给我，我帮您挂上。”

③ 及时提醒客人贵重物品的保管。语言规范：“先生 / 小姐，您好。贵重物品请放在我们前台。”

④把客人的衣裤挂好之后，帮客人把更衣柜锁好，同时提醒客人检查更衣柜是否锁好。语言规范：“先生 / 小姐，您好，您的更衣柜已锁好，请您检查一下，这是您的锁牌，请保管好。”

⑤ 更衣室服务员引领客人到水区。语言规范：“先生 / 小姐 ×× 位，这边请。”

⑥做好客人进出登记情况。

三、水区服务规范

①水区服务员应立刻迎上前。语言规范：“先生 / 小姐，您好！手机请放这边保管。”

②引领客人到淋浴区。语言规范：“请到这边淋浴（及时给客人送上毛巾），先生 / 小姐您好，请用毛巾。”

③征询客人选择何种桑拿项目。语言规范：“请问您是要干蒸还是湿蒸？”

④在客人进入蒸房后及时送上冰巾、冰水。语言规范:“先生/小姐，您好，这是冰巾和冰水，请慢用。”

⑤在客人洗好之后把客人带到干身区，及时替客人干身。语言规范:“先生/小姐，您好，干身这边请。”“先生/小姐，您好，这是您的毛巾，请慢用。”

⑥及时给客人穿上浴衣后把客人带到休息厅。语言规范:“先生/小姐，您好，休息这边请。”

⑦做好干蒸、湿蒸及淋浴间的卫生整理工作，做好销售物品的推销工作，做好客人手机的保管工作。

四、休息厅服务规范

①休息厅服务员见到有客人进来应立刻迎上前。语言规范:“先生/小姐，您好，请问您是推拿还是休息，休息区这边请。”

②把客人带到相应的位置，请客人坐下。语言规范:“先生/小姐，您好，请问这个位置可以吗？”

③及时替客人盖上浴巾。询问客人是否需要喝点什么茶水饮料。语言规范:“先生/小姐，您好，请问您要喝点什么茶水吗？我们这里有 ×× 茶水。”

④提醒客人保管好随身物品。语言规范:“请保管好您的随身物品。”

⑤及时把客人所点的东西送上。语言规范:“先生/小姐，您好，不好意思让您久等了，这是您点的东西，请慢用。”

⑥客人点东西的时候要看清客人的锁牌号，及时做好开单工作，同时应请客人稍等。语言规范:“请您稍等，您点的 ×× 马上就来。”“您如果有什么事情请尽管吩咐。”

⑦如有客人需要推拿，把客人带到相应的房间，征求客人的意见。语言规范:“请问这个房间可以吗？”“先生/小姐，您好，请问您有熟悉的技师吗？”

⑧如客人有自己熟悉的技师，及时通知吧台点钟，如没有则通知吧台安排相应的技师上钟。做好时间登记。在安排好技师后应说:“先生/小姐，祝您开心。”注意提醒客人保管好随身携带的物品。如客人需要休息包厢，则把客人带到相应的包厢。跟客人说明休息包厢的收费情况，及时把房间里的电视、空调及排风打开。

⑨询问客人需要喝什么茶水和饮料。语言规范:“先生/小姐，您好，请问您需要喝点什么茶水和饮料吗？”“请稍等，您点的 ×× 马上就来。”

⑩及时把客人所点的茶水或饮料等物品送上。语言规范:“不好意思让您久等了，这是您点的 ××，请慢用。”

⑪及时提醒客人随身物品的保管，及时把房间的门关上，做好包厢开出情况登记工作。

⑫及时做好包厢相应位置的整理及卫生工作。询问客人是否再冲一次，及时为客人递上毛巾干身，接过客人的锁牌替客人打开柜子，取出鞋子和衣物，帮客人穿上，提醒客人带好随身物品，同时把客人送到前台收银处埋单。语言规范:“先生 / 小姐，您好，买单这边请。”

⑬收银及时接过锁牌，准确无误地把客人的消费打出来。语言规范:“请把锁牌给我，这是您的账单，请您过目。”“请您收好您的找零，请带好您的随身物品，请走好，欢迎下次光临。”

任务四　桑拿浴项目服务英语培训

◆您好，欢迎来到桑拿中心。

Welcome to sauna center, sir.

◆请问先生 / 小姐几个人?

How many people do you have?

◆这是我们的价格单。

Here is the price list.

◆我们的营业时间是中午 12 点到夜里 2 点半。

Our business time is during 12 am and 2:30 am.

◆请告诉我您的更衣柜号牌。

May I know the number of your locker?

◆ 23 号在角落的左边。

The No. 23 locker is at the left of the corner.

◆我们对会员提供八折优惠。

We offer special price for our members. For all the items, there is 20% discount.

◆这边请，这是我们的休息厅。

This way, please, this is our relax room.

◆这边请，这是我们的贵宾房。

This way, please, this is our VIP room.

◆先生，您好，请问需要喝点什么饮料？

Sorry to interrupt you, sir, would you like something to drink?

◆免费赠送的有咖啡、奶茶、可乐、七喜等。

We offer free coffee, milk tea, cola, seven-up and so on.

◆对不起，让您久等了，请用茶。

Sorry to have kept you waiting, please enjoy your tea.

◆浴室里有挂衣服的衣架，干净的毛巾放在浴室中央的毛巾架上。

Excuse me, sir. There is a coat rack for hanging your clothes, and the clean towels are on the towel-hanger in center of the bathroom.

◆请不要往炉内倒太多的水。这样会生成太多蒸汽。

Please don't put too much water in the box. That would cause too much steam.

◆谢谢光临，下次再来！

Thank you for coming. Hope to see you again.

任务五　桑拿浴室员工目标考核

一、桑拿保健项目领班目标考核

序号	考核内容	考核指标及目标值	考核实施	
			考核人	考核结果
1	制订桑拿浴室每月的工作计划	工作计划完成率达到_____% 桑拿房平均每月营业收入达到_____万元以上		
2	组织做好对客服务工作，并监督服务质量	年客人投诉次数不超过_____次		
3	定期检查设施、设备的保养情况，有损坏及时上报	设施、设备完好率达到_____%以上		

续表

序号	考核内容	考核指标及目标值	考核实施	
			考核人	考核结果
4	检查桑拿浴室各区域的卫生清洁及安全防范工作	因检查不到位，造成客人滑倒等安全事故的发生率为0		
5	依照培训计划，对桑拿房员工展开技能培训	员工考核达标率达到______%以上		

二、桑拿浴室项目服务人员目标考核

序号	考核内容	考核指标及目标值	考核实施	
			考核人	考核结果
1	为客人预订，准确记录预订信息	预订信息记录出错率为0		
2	将客人带入浴室并介绍设备的使用方法和洗浴方式	因说明不到位，导致客人烫伤事故的发生率为0		
3	巡视桑拿房，按时为客人加水	客人投诉率为0		
4	负责桑拿房的设备、设施检查与保养工作	桑拿房的设备、设施完好率达到______%以上		
5	定时检测水质、水温情况，发现异常及时上报	检测水质、水温次数达到______次/天		
6	负责桑拿房的卫生清洁	卫生检查合格率达到______%以上		

案例分析

晕倒在桑拿室的客人

入住某酒店的部分客人，为了能在元旦前蒸一个痛快的桑拿浴，纷纷来到了桑拿室沐浴，客人庞女士也不例外。下午4点，小李来到桑拿室门口，透过观察窗向里面巡视桑拿室的情况时，发现桑拿室的门后边，有一位姓庞的中年女士，脸色惨白，身体斜倚在室内的墙壁上，头耷拉在胸前，四肢不停地抽搐。小李看到后，根据自己多年的职业经验得出了一个判断：这位客人出现的症状是桑拿浴室的高温缺氧所导致，十分危险！如果继续拖延下去，一定会危及客人的生命，要立即采取措施，进行抢救！

问题 1： 此时，小李该如何应对？

问题 2： 事故发生但没有造成重大后果的原因是什么？

问题 3： 从此案例中得到了什么启示？今后工作中应注意什么？

思考与练习

1. 桑拿浴过程中客人突发疾病，该如何应对？
2. 如何规范地提供桑拿浴服务？
3. 桑拿浴服务需注意哪些关键问题？
4. 总结桑拿浴服务程序。
5. 桑拿浴室的卫生要求有哪些？该如何管理？
6. 如何对桑拿浴室工作人员进行目标考核？

项目十　按摩项目服务与管理

【知识目标】

◆掌握按摩项目服务知识。

◆熟练掌握按摩服务的工作程序。

◆熟悉按摩服务规范。

◆熟悉按摩室各岗位人员目标考核的内容。

【能力目标】

◆能够熟练提供按摩服务。

◆能够处理按摩服务中遇到的常见问题。

◆能够制订按摩服务规范。

◆能够对按摩室各岗位人员进行绩效考核。

【素质目标】

◆树立遵纪守法的意识。

◆具有规范化操作与标准化服务的意识。

◆具有良好的敬业精神。

◆具有良好的团结协作意识。

◆具有良好的人文关怀精神。

◆具有弘扬中华民族保健文化精神的自觉意识。

【实训项目】

请为高尔夫运动爱好者设计适合其需求的按摩方案。

【项目分析】

◆将学生分为若干组，每组独立完成训练方案，各组介绍方案，进行交流与讨论。

◆训练方案包括精油的选择、重点按摩的部位、按摩方法、按摩时间等，并阐明原因。

【学习任务】

任务一　按摩项目服务知识

按摩是以中医的脏腑、经络学说为理论基础，并结合西医的解剖和病理诊断，而用手法作用于人体体表的特定部位以调节机体生理、病理状况，达到理疗目的的方法。按摩可以舒活筋骨；可以减轻压力；可以缓解偏头痛，促进血液循环；可以排毒等。主要的按摩方式有：

一、泰式按摩

泰式按摩是由泰国御医吉瓦科库玛根据古印度西部传入泰国的按摩法和当地中国移民的一些按摩手法创造而来，当时作为招待皇家贵族的最高礼节。其技法还被铭刻在瓦特波卧佛寺的游廊壁上，那里被称为“泰式按摩基地”。泰式按摩是各种按摩中最激烈的，按摩时无须使用按摩油。按摩师从脚趾开始向上按摩至头顶结束，其中背部、腰部和关节是按摩重点。按摩师利用两手、两臂、两脚及全身重量滚压、伸展、拉抻体验者的身体，刺激肌肉和结缔组织。按摩过程中会感到疼痛，尤其是第一次体验者，可能受不了泰式按摩的大动作，负责的按摩师会与体验者沟通按摩力度，并提醒其彻底放松身体。

泰式按摩的特点：泰式按摩非常注重背部、腰部的舒展，按摩师从脚趾开始一直作业到头顶才算结束一套动作，从足部向心脏方向进行按摩。多采用细腻的指压手法，着重对人体四肢和大肌肉群进行拉抻推捏等，使手掌心的力量均匀渗透到肌肉深处，以达到疏通经络、调和气血的作用。以活动关节为主，无穴位之说，不同于中式按摩。手法几乎涵盖了按、摸、拉、拽、揉、捏等所有动作。泰式按摩是跪式服务，左右手交替动作，用力柔和、均匀。

二、日式按摩

日式按摩，是以中医推拿为基本的手法，主要作用点是人体的动脉血管，通过人体动脉血管的三玄性空间运动规律对人体的经脉进行最有效的调节。日式按摩是最简单的，却是寓意深刻的保健按摩方法。日式按摩可使皮肤下毛细血管扩张开发，增加皮肤弹性，促进肌肉收缩和伸展，改善人体机能，加速淋巴流动，提高人体免疫力。

日式按摩的特点：以指压为基本特点，按压力量应介于使人感到快感和微痛之间。施力方式是以利用肢体或手指作为支撑架，利用自身的体重力，向下垂直，向着肢体的中心部位施力，施力时不用腕力。指压时停留在指压部位的时间为3~5秒。不是激烈快速地增加力量，而是均匀缓慢地增加力量。在受术者呼气时，用力向下按压，按压时不单独使用手指尖端，而是用手指的指腹着力。所有的手法手臂一定要伸直，并将重心放在上半身，而借手指作为媒介将力量转施到受术者身上。

这里所提到的指压部位是指某个较大的局部面，而不是特定的点，可能在中医的某个经穴上，但日式中不称为穴位，只称为指压点。做日式按摩时，可将受术者身体涂少许按摩油之类的介质。日式按摩较为开放，穿着越少越好，室内温度较低时可盖按摩巾，受术者舒适地躺着接受指压。整个指压中应先做右边，再做左边。

三、欧式按摩

欧式按摩源于古希腊和古罗马，被称为“贵族的运动”，当时平民百姓是禁止享受这种保健方式的。工业革命之后，这种按摩方法开始在欧洲各国逐渐盛行。

欧式按摩的特点：手法轻柔，以推、按、触摸为主，搭配使用多种芳香油，沿肌纤维走行方向、淋巴走行方向、血管走行方向进行按摩，给人轻松、自然、舒适的感受。

四、中式按摩

中式按摩是以中医理论为基础的保健按摩，通过经络按摩放松肌肉、解除疲劳、调节人体机能，具有提高人体免疫能力、疏通经络、平衡阴阳、延年益寿之功效。《黄帝岐伯按摩经》是我国第一部推拿按摩专著，经过几千年的医学探索，这种按摩方法现在已经比较完善，成为所有按摩的基础。

中式按摩的特点是：以经络穴位按摩为主，按摩手法复杂多样，手法渗透力强。中式按摩的手法由清代的摸、接、端、提、按、摩、推、拿正骨八法，发展到今天单一手法和复合手法达数百种方法。中式按摩包括头部、大小臂、胸腹、腿部（正面）、后背、臀和后腿部六个部分的按摩。

五、韩式按摩

韩式按摩是从韩国家庭按摩中演变而成，也被美容界称为韩式松骨。按摩师通常的步骤是顺着肩胛骨、脊椎、胯骨的骨缝用扳的手法进行按摩的第一步，即松骨。放松四肢后再用麦饭石或热水袋热敷皮肤，放置在肩关节和易受伤寒的脊椎骨处，大约十分钟，毛孔张开后，按摩师将按摩油倒入手心搓热，进行背部和四肢的推油。

除了松骨这一大显著特征外，推油和热敷也是韩式按摩手法中的经典动作。此外韩式按摩还常常包括洗脸、洗头、采耳、修甲、中草药沐浴等。

六、港式按摩

港式按摩是广东医生在南方沿海地区按摩手法的基础上，吸收西方推油按摩手法，并结合我国独有的踩跷疗法，而创出的一种独特的保健按摩手法。主要包括拇指指腹按压法、踩背法和推油法。按摩疗程包括踩背、推油、热敷、指压、手法按摩五道程序，是东、西方按摩的科学的结合，能消除疲劳、振奋精神、强健身体、健美益肤等。

港式按摩相比中式按摩而言更讲究舒适感，在手法上多了一个滚揉和踩背，少了点按穴脉。还借鉴了西方的推油手法，将油脂涂抹于客人体表，术者施以推、抹、擦法进行操作。此法有活血化瘀、舒经通络的作用。胸腹及头部按摩与中医推拿相同。

任务二　按摩项目工作程序

一、按摩服务程序

（一）岗前准备

①服务员按时上岗。

②检查物品的配备、岗位卫生是否达标，物品是否安全有效。

（二）迎宾服务

对走向理疗区域的客人问好，引领其进入包房。

（三）按摩服务

①服务员介绍服务项目。按照客人的要求准确、熟练、详细地介绍服务项目的种类、特点、价格等情况，以方便客人进行选择。

②服务员询问客人是否需要茶水或饮料。

③服务员提供服务前准备工作，将客人的衣物挂好，铺好一次性床单与头巾。

④按摩师拨打报钟电话及时报钟。

⑤按摩师按照规范的标准程序为客人提供按摩服务，在按摩过程中及时询问力度大小是否合适，随时注意观察客人的反应情况。

⑥按摩时间结束后，主动询问客人是否需要加钟或做其他项目。

⑦按摩师征询客人意见。

⑧服务员引领客人到吧台处结账。如客人去做其他项目，应将客人的消费情况交接给服务台及下个项目的服务员，防止客人跑账。

（四）送客与客后整理

①礼貌送别客人，对客人的光临表示感谢。

②服务员进行客后卫生清理，做好接待新顾客的准备。

③按摩师填写按摩师小账本，并请吧台人员签字确认。

二、按摩师对客服务程序

（一）客前准备

①按摩师接到服务台的电话后，礼貌问询房间号、时间、需要提供按摩的种类，有无特殊要求后再复述一遍进行确认。

②做好准备工作，携带好技师上钟小箱子，到吧台处询问结账方式。

（二）见客服务

①按摩师按照客人要求时间到达房间服务。

②按摩师到房间后给吧台人员打报钟电话。

（三）按摩服务

①按摩师按照规范的标准程序为客人提供按摩服务，在按摩过程中询问力度大小是否合适，随时注意观察客人的反应情况。

②在接到吧台人员的催钟电话后，及时询问客人是否需要加钟。如客人加钟，及时拨打电话报钟；如客人不再加钟，按照客人交代的结账方式为客人结账。

（四）告别与客后整理

①服务完毕，向客人礼貌道别，退出房间。

②乘员工电梯返回工作岗位，到吧台处与收银员做好账目的交接。

③整理配备技师上钟小箱子所缺物品，随时做好对客服务准备。

任务三　按摩项目服务规范

一、按摩服务规范

（一）岗前准备规范

1. 仪容仪表准备

仪容仪表准备的规范要求：工装整洁，仪容仪表符合规范，精神饱满。

2. 检查物品配备和区间卫生

检查物品配备和区间卫生规范要求如下：

①理疗区域卫生干净，地毯无污渍与碎屑。

②房间内电话时间与钟表时间一致。

③电视机正常运作。

（二）迎宾服务规范

①距离客人 3 米时，上前一步，礼貌问候：先生 / 女士，下午好 / 晚上好。

②按照姿势标准引领客人。

（三）按摩室服务规范

1. 介绍服务项目

介绍按摩室服务项目的规范要求如下：

①对客服务语言使用普通话，要求语言规范、声音甜美。

②根据客人的具体情况进行适度的推销，坚决杜绝违背客人意愿强行推销。

③准确掌握按摩服务各种禁忌，及时做好对客解释。

④注意对加收 15% 服务费的对客解释。

2. 询问客人是否需要茶水或饮料

该项目服务规范要求如下：

①熟练掌握茶水与饮料的价格，准确告知客人。

②对于客人所点的茶水或饮料，须在 3 分钟内送到。

③使用托盘为客人上茶水或饮料，应放杯垫，手握杯子或饮料瓶的底部，不可握杯口或瓶子的上方。正确熟练使用蹲式服务。

（四）送客与客后整理

1. 送别客人

送别客人时说："×× 先生（女士），请慢走，希望能再次见到您！"或"希望能再次为您服务。"

2. 客后整理

客后整理的规范要求如下：

①将物品放回原处或补充已用物品。

②清理按摩床及卫生间。

③卫生清理工作须在 5 分钟内完成。

二、按摩师对客服务规范

（一）岗前准备规范

①仪容仪表准备。仪容仪表准备的规范要求：工装整洁，仪容仪表符合规范，精神饱满。

②检查物品配备。做好准备工作，检查物品的配备是否达标。技师上钟小箱子内需配物品：按摩布 1 条、足疗巾 3 条、按摩精油 1 瓶、足疗膏 1 瓶。

（二）见客服务规范

①到房间门口，先按一下门铃，再用食指轻轻敲三下房门，每次间隔一秒钟。同时报称："您好，按摩技师。"

②客人打开房门后，面带微笑，礼貌问候。语言规范为："先生 / 女士，您好，我是按摩技师，现在可以为您做按摩吗？"

（三）按摩服务规范

①在服务前必须洗净双手消毒，而且要保持双手的正常温度，避免手的温度太低而冰到客人。

②按正常的保健按摩手法为客人进行按摩。

③注意观察客人的动态、表情、语言，并就按摩的力度、手法等与客人进行交流。

④按摩过程中要注意与客人的沟通，并注意用语。

◆营造轻松气氛，尽量挑选客人可能感兴趣的话题与客人聊天。

◆要随时征询客人的建议，加重或减轻按摩力度。

◆通过按摩，将客人可能存在的疾病告知客人，并适度地进一步向客人推销按摩室项目服务。

◆按摩后要询问客人的感受，并诚意地请客人多提宝贵意见。

◆及时询问客人是否需要加钟。

询问是否加钟，语言规范为："先生/女士，您好，您的按摩时间已到，您还需要加钟吗？"可以根据客人的身体情况适度推销其他服务项目，坚决杜绝强行推销造成客人不满。如客人加钟，须与客人再次确认加钟服务项目价格。

⑤按照吧台人员交代客人付款方式与客人再确认收费情况。

⑥双手递结账单，并向客人道谢。语言规范为："先生/女士，很高兴为您服务。"

（四）客后告别与整理规范

①服务完毕，应说："很高兴为您服务，希望再次光临。再见！"应走到房间门口，打开房门，面向客人，后退出房门外，轻轻关好门。

②做好账目交接。规范要求：如实填写技师小账本日期、服务项目、价格、房间号等内容，标明加钟、点钟，并请吧台人员签字确认；在技师上钟记录本上签字确认；须本人填写，要求书写规范工整；技师下钟后，须在10分钟内返回工作岗位。

③整理物品。规范要求：将物品放回原处或补充已用物品；清理小箱子内卫生。

任务四　按摩项目服务英语培训

◆早上/下午/晚上好，我可以帮您什么忙吗？

Good morning/afternoon/evening. May I help you?

◆全套按摩室项目服务，请问需多少钱？

Massage and all facilities. How much is it?

◆一共120元。这是您的钥匙牌，请进更衣室。

120RMB please. Here is your key card, please go to locker room.

◆早上/下午/晚上好，我能看一下您的钥匙牌吗？

Good morning/afternoon/evening. May I see your key card?

◆在这儿。

Here it is.

◆谢谢，请跟我来。顺便说一下，在您做按摩之前，请先洗浴，然后穿上浴衣进入按摩室，谢谢。

Thank you. Follow me please. By the way, sir, before you have the massage, please take a shower and put on your bathrobe. Then you can go into the massage room. Thank you.

◆这是您的更衣柜，请把所有物品放进柜子。按摩室就在更衣室旁边，浴室在按摩室对面，那边是桑拿室，蒸汽室在走廊尽头，那儿还有冷、热按摩池。有事请随时叫我。

This is locker. Please put your personal things here. The massage room is near the locker room. The bath room is just opposite it. That is the sauna room. At the end of this passage is the steam room, a cool massage pool, and a warm one. Please feel free to call me if you need anything.

◆请俯卧。

Please lie face downwards.

◆请翻身。

Please turn over.

◆您哪儿觉得不舒服，先生？

Where do you feel uncomfortable, sir?

◆您想用一些按摩乳吗？

Do you want me to use some massage cream?

◆加钟需要付现金，不可以转房账。

The extra hours charge can't be put on house bill, it should be paid in cash.

◆您等一下好吗？因为他现在在上钟，能不能帮您安排另一位？

Just a moment, please. He isn't available now, would you mind arranging another one for you?

任务五　按摩室员工目标考核

一、按摩室领班目标考核

序号	考核内容	考核指标及目标值	考核实施	
			考核人	考核结果
1	制订按摩室每月的工作计划	工作计划完成率达到______% 按摩室平均每月营业收入达到______万元以上		
2	组织做好对客服务工作，并监督服务质量	年客人投诉次数不超过______次		
3	定期检查设施、设备的保养情况，有损坏及时上报	设施、设备完好率达到______%以上		
4	检查按摩室各区域的卫生清洁及安全防范工作	因检查不到位，造成客人滑倒等安全事故的发生率为0		
5	依照培训计划，对按摩室员工展开技能培训	员工考核合格率达到______%以上		

二、按摩师目标考核

序号	考核内容	考核指标及目标值	考核实施	
			考核人	考核结果
1	进入钟房后，及时通知钟房服务员起钟	通知及时率达到100%		
2	按要求和标准为客人按摩	客人满意度平均得分达到______分		
3	保持按摩室的卫生清洁	卫生检查合格率达到______%以上		

三、按摩室项目服务员目标考核

序号	考核内容	考核指标及目标值	考核实施	
			考核人	考核结果
1	营业前，检查营业用品的基本情况，及时补充不足	营业用品缺失率不超过______%		
2	根据安排，将足疗师带进客人房间	出错率为 0		
3	推销并根据客人需要提供饮料等服务，并做好记录	按摩室饮料等月营业收入达到______元以上 记录消费出错率为 0		
4	及时整理客人用过的房间	检查合格率达到______% 以上		
5	检查并保养按摩室的设备、设施	设备、设施可用率达到______% 以上		

案例分析

工作在外地的王先生 9 日下午和他的 3 个朋友前往某酒店康乐部做按摩，项目费用是 168 元 / 人，共消费 672 元。当时 69 号工作人员表示做这个可以免除 4 个浴资，公告牌上也明确注明可以免浴资（浴资费是 48 元 / 人）。但是结账时却只免除了一人的。找项目主管反映此事，项目主管表示是技师操作失误，只向收银台报告了 1 个人，电脑软件系统不支持改动，所以需要缴纳其余 3 人的浴资费用 144 元。

问题 1：项目主管的处理是否恰当？如果你是项目经理，有无更好的处理方式？

问题 2：该案例中，康乐部服务与管理存在哪些方面的不足？该如何改进？

【知识拓展】

中医按摩

养生保健按摩，又称保健养生推拿，是中国传统以养生、益寿、防病保健为主要目的的方法之一，包括各种分类的养生保健按摩方法，如自我养生保健按摩、被动养生保健按摩、全身保健按摩、足部保健按摩、减肥按摩、沐浴按摩等。应用按摩防病、治病、健身益寿，在中国有悠久的历史，几千年来一直受到中国医家及养生家的高度重视，如《黄帝内经》中指出:“按摩勿释，着针勿斥，移气于不足，神气乃得复。”说明在秦汉时期，推拿已成为医疗和养生的重要手段。晋代葛洪著作的《抱朴子·内篇》中曾提到《按摩导引经》十卷。在南北朝陶弘景所著的《养性延命录》中设有“导引按摩专卷”，并转引导引经部分内容，曰:“……平旦以两掌相摩令热，熨眼三过，次又以指搔目四眦，令人目明。……又法摩手令热以摩面，从上至下，去邪气令人面上有光彩。又法摩手令热，雷摩身体，从上而下，名曰干浴，令人胜风寒时气、热头痛，百病皆除。”导引经的上述内容曾为许多书籍所推崇、引用。自我按摩，还见于《上清修身要事经》等南朝道家著作。宋代陈直《养生老奉亲书》中提到老年人经常擦涌泉穴，可使晚年步履轻便，精神饱满。著名医学家孙思邈十分推崇按摩导引，他在《备急千金要方·养性》中提及:“按摩日三遍，一月后百病并除，行及奔马，此是养身之法。”孙氏此论，既是对唐代以前养生学的继承，又是他自己长寿经验的总结，对后世影响很大。

养生保健按摩是一种在人的体表施以适当手法的物理保健方法。其施术手法颇多，且动作轻柔，运用灵活，便于操作，适用范围甚广，不论男女老幼、体质强弱、有无病症，均可采用不同的施术手法进行养生保健。

养生保健按摩的作用表现在多个方面:（1）调节神经功能，改善大脑皮层的兴奋和抑制过程，解除大脑的紧张和疲劳，并可降低大脑皮层对疼痛的感受性，从而达到镇痛效果。（2）增强机体抵抗力，促进血液循环，加速代谢废物的排泄，改善消化吸收和营养代谢，提高体内防御疾病的能力。（3）改善血液循环，促使按摩部位毛细血管舒张，促进炎症渗出物的吸收，消炎消肿，使局部浮肿和瘀血消散等。如某些病局部出现皮肤颜色苍白、枯燥、萎缩、弛缓的状况进行按摩可使局部血液循环改善，增强患者气血的供给，使之逐渐变为红润、有光泽、丰满，从而恢复人体应有的生理状态。（4）缓解肌肉痉挛，消除肌肉疲劳，提高肌肉工作能力，从而使人体增强抗病能力，促使亚健康状态向健康状态转变。总之，养生保健按摩对消除疲劳、振奋精神、恢复体力、预防疾病、延缓衰老有较好的效果，对以疲劳为主的亚健康状态也有比较理想的疗效。

养生保健按摩并没有特定的手法，一般的推拿手法都可用于养生保健按摩，但养生保健按摩的手法大都简单易行，在操作上更强调舒适性、节律性、协调性和连贯性，手法的力度也比治疗性手法轻。常用的手法主要有按、摩、擦、揉、拿、拍、扣、熨、搓、抖等。养生保健按摩强调防患于未然，主张结合日常起居，随时随地操作并持之以恒。尤为重视头面部操作，认为通过按摩眼、耳、口、鼻，可以补益五脏，调养精、气、神。养生保健按摩操作时，除思想应集中外，尤其注重身心都要放松和动静结合，即按摩一定的穴位与身体的锻炼相结合，辅以健身操等以增强体质、改善健康。按摩时，取穴要准确，用力要恰当，因为用力过小而起不到应有的刺激作用，过大则易产生疲劳，易损伤皮肤。按摩手法要循序渐进，次数由少到多，力量由轻渐重，可逐渐增加穴位。按摩的时间每次以 20 分钟为宜，最好清晨起床前和临睡前各一次，并应有信心、耐心和恒心。

由此可见，养生保健按摩是祖国医学中的一项宝贵遗产，它是以医学理论为指导，用各种不同的手法或手的代替物刺激人体体表的一定部位或穴位，以提高或改善人体生理功能、消除疲劳和防治疾病的一种方法。这种方法简便易行，经济实用，适用性强，既无服药之苦，又无针刺之痛，因此深受人们的喜爱和重视。世界卫生组织（WHO）认为，擒拿按摩将在 21 世纪的保健中扮演一个非常重要的角色。不论过去、现在还是将来，养生保健按摩对于人们强身健体、延年益寿等，都将发挥越来越重要的作用。

思考与练习

1. 按摩过程中客人有不轨行为，该如何应对？
2. 如何规范地提供按摩服务？
3. 按摩服务需注意哪些关键问题？
4. 总结按摩服务程序。
5. 按摩室的卫生要求有哪些？该如何管理？
6. 如何对按摩室工作人员进行目标考核？

项目十一　足疗项目服务与管理

【知识目标】

◆掌握足疗项目服务知识。
◆熟练掌握足疗项目工作程序。
◆熟悉足疗项目服务规范。
◆熟悉足疗室各岗位人员目标考核的内容。

【能力目标】

◆能够熟练提供足疗服务。
◆能够处理足疗服务中遇到的常见问题。
◆能够制订足疗服务规范。
◆能够对足疗室各岗位人员进行绩效考核。

【素质目标】

◆树立遵纪守法的意识。
◆具有规范化操作与标准化服务的意识。
◆具有良好的敬业精神。
◆具有良好的团结协作意识。
◆具有良好的人文关怀精神。
◆具有弘扬中华民族足疗保健文化精神的自觉意识。

【实训项目】

针对都市白领设计适合其需求的足浴项目。

【项目分析】

◆将学生分为若干组，每组独立完成项目设计，各组介绍方案，进行交流与讨论。

◆设计方案包括各足浴项目的内容，选择该项目的原因。

【学习任务】

任务一　足疗项目服务知识

一、足疗分类

（一）热水足浴

热水足浴即用热水泡脚。可用 40℃左右的水浸泡双脚（浸泡至踝关节为度），浸泡时间每次为 20~30 分钟。中国医学的经络理论认为，五脏六腑自足三阴经（脾、肝、肾）始，踝部以下有 66 个穴位。在中医看来，热水泡脚如同用艾条温灸足部穴位，可以起到促进气血运行、温润脏腑的作用。以热水足浴来刺激皮肤神经末梢感受器，通过中枢神经的反馈可起到调节内脏器官的功效，促进新陈代谢，有利于健康。晚上临睡眠前足浴养生收效最佳，足浴完毕最好在半小时内上床。

正确的热水足浴方法如下：

①先取适量水放入脚盆中，水温应因人而异，以脚感温热为准，过烫、过凉都不好；水深开始以刚覆脚面为宜。

②将双脚在盆水中浸泡 5~10 分钟，然后用手或毛巾反复搓揉足背、足心、足趾。

③为强化效果，可有意识地搓揉中部一些穴位，如位于足心的涌泉穴等；必要时，还可用手或毛巾上下反复搓揉小腿直到腿上皮肤发红发热为止。

④为维持水温，需边搓洗边加热水，最后水可加到足踝以上。

⑤洗完后，不要晾干，用干毛巾反复搓揉干净最好。

（二）中药足浴

中药足浴是利用合适的中药配方熬成中药水来泡脚，其中的有效中药成分在热水的热力帮助下渗透进皮肤，被足部毛细血管吸收，进入人体血液循环系统，从而达到改善体质、调理身体、治疗疾病的效果。泡脚热水里面可以加点陈香足浴，促进血液循环，缓解脚部问题。

正确的中药足浴方法如下：

①溶解：用十倍于药包（粉）的开水浸泡 5~10 分钟。

②调好水温：根据自己的耐热习惯在 39℃ ~45℃来调整水温，如果首次泡浴没经验水温就调到夏天 39℃、冬天 42℃，并且在泡浴过程中适当调整温度。

③把溶解好的药包和药水同时倒入木桶里以后要用手揉捏药包，把里面的有效成分挤压出来。

④首次泡药浴因为没有经验，所以有一些身体反应后就有些害怕不敢再泡下去，只要在耐受范围之内，鼓励自己多坚持一段时间，最好达到 10 分钟以上，直到发现有排毒反应后再休息。另外可以采用中间休息 2~3 次、每次 3 分钟的方法来缓解身体不适，只要累计泡浴时间达到 20 分钟即可。

⑤根据反应调整水温：不同的人耐受力有很大的差别，所以第一次进水 5~8 分钟时根据对于水温的感受，及时调整水温，以达到最佳的效果，否则水温高了会感到难以忍受，水温低了又没有效果，直到几次泡浴后对水温的耐受力有了把握，根据经验就可以把温度调整到位，达到满意的效果。

（三）足部按摩

足部按摩是运用中医原理，集检查、治疗和保健为一体的无创伤自然疗法。足疗保健通过对双脚的经穴、反射区施以手法按摩，刺激双脚反射区，从而调整脏腑虚实，达到透达筋骨、散风降温、理气和血，增强心脑血管机能，改善睡眠，消除疲劳，消除亚健康状态，增强人体抵抗力以及预防和治疗某些疾病的功效。

1. 常用手法

①足底部反射区：拇指指端点法、食指指间关节点法、拇指关节刮法、食指关节刮法、双指关节刮法、拳刮法、拇指推法、擦法、拍法、拳面叩击法等。

②足内侧反射区：拇指推法、食指外侧缘刮法、叩击法等。

③足外侧反射区：食指外侧缘刮法、拇指推法、叩击法等。

④足背部反射区：拇指指端点法、食指指间关节点法、食指推法等。

2. 按摩部位

①足底部反射区：额窦、头部（大脑）、脑垂体、小脑及脑干、三叉神经、耳、肝、胆囊、脾、肾上腺、肾、输尿管、膀胱、胃、胰、十二指肠、盲肠（阑尾）、回盲瓣、升结肠、横结肠、降结肠、乙状结肠及直肠、小肠、肛门、生殖腺。

②足内侧反射区：颈椎、胸椎、腰椎、骶骨、尿道及阴道、前列腺或子宫。

③足外侧反射区：生殖腺。

④足背部反射区：内耳迷路、胸部淋巴结（胸腺）、上颌、下颌。

二、足疗容器的选择

足疗需要脚全部泡在水中浸泡，因而对容器的选择是有要求的。第一，容器质地应无害、安全、保温性能好。第二,一般泡脚盆的高度最好超过20厘米，没过踝关节。第三，可买一些结构具有物理治疗功能的足疗器具。

三、足疗注意事项

①进行足疗时注意温度适中（最佳温度在40℃~45℃），最好能让水温按足部适应逐步变热。

②做足疗保健的时间在30~40分钟为宜，只有保持一定的温度和确保规定的足浴时间，才能保证药物效力最大限度地发挥。

③饭前、饭后30分钟内不宜进行足疗。

④足疗所用外治药物，剂量较大，有些药物尚有毒性，故不宜入口。同时，足疗完毕后，应洗净患处，拭干。

⑤按摩后30分钟内须饮温开水（肾脏和心脏病患者可酌量少饮一些），以利于血液循环，并有一定的排毒作用。

⑥在做足部按摩时不宜吃食物，这样会加重胃的负担，可能会造成恶心呕吐。

⑦有下列症状患者，不宜足疗：

◆足部有皮肤破损及烧、烫伤者。

◆各种感染性疾患，如丹毒、脓肿、骨髓炎、蜂窝组织等。

◆严重心脏病、肝病患者及精神病患者。

◆饥饿、极度疲劳或酒醉后。

◆患骨关节结核、肿瘤者不宜采用足疗法。

◆骨折、脱位要用相应的整复手法进行复位并加以固定，未处理之前不宜采用足浴疗法。

◆各关节部位创伤性骨膜炎急性期禁止足浴。

◆严重骨质疏松者禁止足浴。

◆关节韧带的撕裂伤、断裂伤不能用足浴手法，应手术治疗。

◆各种开放性软组织损伤。

◆皮肤局部病变，如湿疹、癣、疮疡、脓肿、疱疹、疤痕等。

◆胃、十二指肠急性穿孔，有出血性体质的人或倾向者。

◆急性传染病患者。

任务二　足疗项目工作程序

一、岗前准备

①服务员按时上岗。

②检查物品的配备、岗位卫生是否达标，物品是否安全有效。

二、迎宾服务

对走向理疗区域的客人问好，引领其进入包房。

三、足疗服务

①服务项目介绍。服务员按照客人的要求准确、熟练、详细地介绍服务项目的种类、特点、价格等情况，以方便客人进行选择。

②服务员询问客人是否需要茶水或饮料，将电视机打开。

③足疗师拨打报钟电话及时报钟。

④足疗师按照规范的标准程序为客人提供足疗服务，在足疗过程中及时询

问力度大小是否合适，随时注意观察客人的反应。

⑤足疗时间结束后，足疗师主动询问客人是否需要加钟或做其他项目。

⑥足疗师征询客人意见，对客人的光临表示感谢。

⑦服务员引领客人到吧台处结账。如客人去做其他项目，应将客人的消费情况交接给服务台及下个项目的服务员，防止客人跑账。

四、送客与客后整理

①服务员礼貌送别客人。

②服务员客后卫生清理，做好接待新顾客的准备。

③足疗师填写足疗师小账本，并请吧台人员签字确认。

任务三　足疗项目服务规范

一、足疗服务规范

（一）岗前准备规范

①仪容仪表规范要求：工装整洁，仪容仪表符合规范，精神饱满。

②检查物品配备和区间卫生。规范要求：理疗区域卫生干净，地毯无污渍与碎屑；房间内电话时间与钟表时间一致；电视机正常运作。

（二）迎宾服务规范

①距离客人3米时，上前一步，礼貌问候："先生/女士，下午好/晚上好。"

②按照姿势标准引领客人。

（三）足疗服务规范

1. 介绍服务项目

①对客服务语言使用普通话，要求语言规范、声音甜美。

②根据客人的具体情况进行适度的推销，杜绝违背客人意愿强行推销。

③准确掌握足疗服务各种禁忌，及时做好对客解释。

④注意对加收15%服务费的对客解释。

2. 打开电视，询问客人是否需要茶水或饮料

①迅速拉开方凳请客人落座。

②按照客人要求调试电视频道，然后双手将遥控器放在茶几上。如客人不需要看电视，询问客人是否需要看报纸或杂志。

③熟练掌握茶水与饮料的价格，准确告知客人（商品不收取15%的服务费）。

④使用托盘为客人上茶水或饮料，应放杯垫，手握杯子或饮料瓶的底部，不可握杯口或瓶子的上方。正确熟练使用蹲式服务。

⑤对于客人所点的茶水或饮料，须在3分钟内送到。

（四）送客与客后整理

①送别客人时说："××先生（女士），请慢走，希望能再次见到您！"或"希望能再次为您服务。"

②将客人意见及时反馈给领导。

③客后整理。

◆将物品放回原处或补充已用物品。

◆清理按摩床及卫生间卫生。

◆卫生清理工作须在5分钟内完成。

二、足疗师房间服务规范

（一）岗前准备规范

①仪容仪表准备。工装整洁，仪容仪表符合规范，精神饱满。

②检查物品配备。检查物品的配备是否达标。技师上钟小箱子内需配物品：按摩布1条、足疗巾3条、按摩精油1瓶、足疗膏1瓶。

（二）见客服务规范

①到房间门口，先按一下门铃，再用食指轻轻敲三下房门，每次间隔一秒。同时报称："您好，足疗技师。"

②客人打开房门后，面带微笑，礼貌问候。语言规范为："先生/女士，您好，我是足疗技师，现在可以为您做足疗吗？"

（三）足疗服务规范

①在服务前必须洗净双手并消毒，而且要保持双手的正常温度，避免手的温度太低而冰到客人。

②按正常的足疗保健按摩手法为客人进行按摩。

◆泡脚水温度一般 45℃左右，水位大约 15 厘米高。按照客人的要求随时调节水温。

◆提供服务前做简单自我介绍，语言规范为："先生 / 女士，您好，我是 ×× 号技师，很高兴为您服务！"

◆泡脚时间为 15 分钟，在客人泡脚时为客人做上肢放松。语言规范为："先生 / 女士，请您坐在方凳上，我为您做一下上肢放松。"

◆询问客人的服务要求及重点治疗部位，根据客人的要求掌握操作部位的力度。语言规范为："先生 / 女士，您觉得这样的力度可以吗？"

◆根据客人的情绪与客人聊天，如客人较疲倦时，则不要打扰，少与之攀谈。

◆如在按摩的过程中，客人有身体不适的情况出现应及时停止按摩，并及时上报管理人员。

③及时询问客人是否需要加钟。询问是否加钟，语言规范为："先生/女士，您好，您的足疗时间已到，您还需要加钟吗？"可以根据客人的身体情况适度推销其他服务项目，坚决杜绝强行推销造成客人的不满。

④按照吧台人员交代客人的付款方式，与客人再确认收费情况。

⑤双手递结账单，并向客人道谢。语言规范为："先生 / 女士，很高兴为您服务。"

（四）告别与客后整理规范

①服务完毕，应说："很高兴为您服务，希望再次光临。再见！"应走到房间门口，打开房门，面向客人，后退出房门外，轻轻关好门。

②做好账目交接。规范要求：如实填写技师小账本日期、服务项目、价格、房间号等内容，表明加钟、点钟，并请吧台人员签字确认；在技师上钟记录本上签字确认；须本人填写，要求书写规范工整；技师下钟后，须在 10 分钟内返回工作岗位。

③整理物品。规范要求：将物品放回原处或补充已用物品；清理小箱子内卫生。

任务四　足疗项目服务英语培训

◆下午好 / 晚上好。我是 ×× 号。

Good afternoon./Good evening. I am No.××.

◆请问您想要哪种药水？

Which massage liquid would you want?

◆哪一个？

Which one?

◆好的，请稍等。

OK, a moment please.

◆我去给您拿药水。

I go to bring it.

◆请把脚放到木桶里。

Please put your feet into the bucket.

◆您要肩部按摩吗？

Do you want the shoulder massage?

◆请放松肩膀。

Please relax your shoulder.

◆您感觉如何？

How is your feeling?

◆先生，肩部按摩已结束。

Sir, the shoulder massage is finished.

◆请回到沙发上（手指向沙发）。

Please back to the sofa.

◆您需要加热水吗？

Do you want hot water?

◆（需要加热水）请稍等。

Wait a moment.

◆（手指向方凳）请把脚放在这里。

Your feet, here!

◆您感到疼吗？

Are you painful?

◆先生，足底按摩已结束。

The foot massage is over, sir.

◆您要袜子吗？免费的。

Do you want sock? It's free.

◆您休息下，欢迎下次光临。

You can have a rest, see you.

任务五 足疗室员工目标考核

一、足疗室领班目标考核

序号	考核内容	考核指标及目标值	考核实施	
			考核人	考核结果
1	制订足疗室每月的工作计划	工作计划完成率达到_____% 足疗室平均每月营业收入达到_____万元以上		
2	组织做好对客服务工作，并监督服务质量	年客人投诉次数不超过_____次		
3	定期检查设施、设备的保养情况，有损坏及时上报	设施、设备完好率达到_____%以上		
4	检查足疗室各区域的卫生清洁及安全防范工作	因检查不到位，造成客人滑倒等安全事故的发生率为0		
5	依照培训计划，对足疗室员工展开技能培训	员工考核达标率达到_____%以上		

二、足疗师目标考核

序号	考核内容	考核指标及目标值	考核实施	
			考核人	考核结果
1	进入房间后，及时通知钟房服务员起钟	通知及时率达到 100%		
2	按要求和标准为客人按摩	客人满意度平均得分达到_____%		
3	保持足疗室的卫生清洁	卫生检查合格率达到_____%以上		

三、足疗室项目服务员目标考核

序号	考核内容	考核指标及目标值	考核实施	
			考核人	考核结果
1	进入房间后，及时通知钟房服务员起钟	通知及时率达到 100%		
2	根据客人要求，并按要求和标准为客人做足疗	客人满意度平均得分达到_____%以上		
3	保持按摩室的清洁	卫生检查合格率达到_____%以上		

案例分析

案例 1：足浴赠券的风波

某年 10 月 5 日上午 9 点，十一黄金周的第五天，杭州郊区某私营企业董事长刘先生，带着太太和 5 岁的女儿来到北京旅游，入住在鸟巢附近一家刚开业的准五星级酒店，其目的：一是为了参观鸟巢与水立方时出行方便；二是为了享受奥林匹克公园里的清新空气；三是为了体验北京准五星级酒店提供的超值服务。

下午，刘先生带着太太和女儿参观了鸟巢和水立方之后，又游览了奥林匹克公园。除了兴奋之外，也感到很累。晚上 8 点，为了消除疲劳，刘先生带着太太和女儿拿着前厅接待员送给他的三张足疗免费赠券（赠券上写着“免一人足浴费用”）来足疗保健消费。前台的服务员热情地与客人交谈，并向其推荐了中药足浴，向其太太和女儿推荐了鲜花足浴。三位客人很开心地享受了足浴服务，但在结账时却被告知不能免单。于是客人指着赠券说：“明明写着免一人足浴，怎么又不免？”收银员回答说：“您的这三张足疗免费赠券，只能进行足浴水疗，中药足疗和鲜花足疗不提供免费服务。”“但是赠券上没有这样的提示，消费时服务员也没有向我们说明只能洗足浴水疗，而向我们推荐了中药足浴和鲜花足浴，早知道你们这样蒙人我们就不来洗了！”

刘先生说完，很气愤，就拿出手机向康乐部经理进行了投诉。

问题1：如果你是康乐部经理，该如何处理？

问题2：出现这一风波的原因在哪里？

问题3：如何避免此类风波的发生？

案例2：足疗师端来两碟小食品

某日，在某酒店足浴中心，张先生和王先生正闭着眼睛，躺在沙发上，充分享受着足浴的乐趣。

这时，小包间内的换人铃忽然响了，其中一位技师在张先生的浴巾上随便擦了一下手，就起身去按应答键。原来，足浴中心接待前台要其中一位按摩技师前去端取本中心为客人免费提供的两碟小食品：一碟咸干花生，一碟话梅。这位按摩技师放下话筒后，细心地把张先生的脚用浴巾盖好，匆匆走了出去。不一会儿，他就端来了两碟小食品，放在两位客人中间的茶几桌上，请客人享用，自己又坐回小板凳上，继续用双手为张先生按摩足底。但是很奇怪，自始至终，客人都没有动过这两碟免费赠送的小食品。直到临走时，客人才感叹一句：“其实咸干花生是我的最爱，但是看到你们这样的服务程序，一只手可以连续做这么多件事情，我实在是吃不下去啊。”

问题1：该中心的管理存在什么漏洞？

问题2：如果你是管理者，会采取什么措施改进？

【知识拓展】

关于足浴的古诗句

洗脚上床真一快，稚孙渐长解烧汤。——宋·陆游

主人劝我洗足眠，倒床不复闻钟鼓。——宋·苏东坡

热浴足法，其效初不甚觉，但积累百余日，功用不可量，比之服药，其效

百倍。——宋·苏东坡

足是人之底，一夜一次洗。——《琐碎录》

晨起三百步，晚间一盆汤。——清·乾隆

临卧濯足，三阴皆起于足，指寒又从足心入，濯之所以温阴，而却寒也。——《理瀹骈文》

沧浪之水清兮，可以濯我缨；沧浪之水浊兮，可以濯我足。——《沧浪歌》

退不终否，进亦避荣。临世濯足，希古振缨。——晋·夏侯湛《东方朔画赞》

思考与练习

1. 足疗时突发停水、停电，该如何应对?
2. 如何规范地提供足疗项目服务?
3. 足疗项目服务需注意哪些关键问题?
4. 总结足疗项目服务程序。
5. 如何对足疗师进行目标考核?

项目十二　美容项目服务与管理

【知识目标】

◆掌握美容项目服务知识。
◆熟练掌握美容项目工作程序。
◆熟悉美容项目服务规范。
◆熟悉美容室各岗位人员目标考核的内容。

【能力目标】

◆能够熟练提供美容服务。
◆能够处理美容服务中遇到的常见问题。
◆能够制订美容服务规范。
◆能够对美容室各岗位人员进行绩效考核。

【素质目标】

◆具有规范化操作与标准化服务的意识。
◆具有良好的敬业精神。
◆具有良好的团结协作意识。
◆具有良好的人文关怀精神。
◆具有弘扬中华民族美容保健文化的自觉意识。

【实训项目】

设计美容服务情景。

【项目分析】

◆将学生分为若干组，每组独立完成项目设计，用英语进行情景演示。

【学习任务】

任务一　美容项目服务知识

一、油性肌肤、暗疮肌肤护理

1. 油性肌肤、暗疮肌肤的特征

油性肌肤、暗疮肌肤的特征：毛孔粗大、油脂分泌旺盛、肌肤易受污染、脸上油腻光亮、皮质厚硬、肤色较深、多油、缺水、易长黑头粉刺、暗疮。

2. 油性肌肤、暗疮肌肤的成因

油性肌肤、暗疮肌肤的成因主要有：雄性激素过多导致皮脂腺功能旺盛；食用高糖、高脂、辛辣、煎炒等刺激性食物致消化功能过盛或便秘；维生素 B_1、维生素 B_6 缺乏导致，鼻部明显；缺水：人体摄入水分不够或过少造成血液浓度过高，影响正常的血液循环，也影响细胞的正常吸收及排泄，造成细胞所得水分不够，因而过早死亡；与内分泌失调有关。

3. 油性肌肤、暗疮肌肤的护理

油性肌肤日常护理以控制油脂分泌和保持肌肤清洁为主：选用洁肤能力强的洁面产品，如泡沫类、啫喱类洁肤产品，每日用温水清洁 2~3 次；选用控油收敛的爽肤水及护理产品，周护理可加强去角质和深层清洁；忌辛辣、刺激、高糖、高脂肪的食物；危险“三角区”不能做针清术，严重时不能按摩或只做穴位或淋巴排毒；暗疮期间尽量不化浓妆或少化妆，应避免去公共场所，不要养成用手抓面的习惯；注意肠胃功能，保持大便畅通。

二、干性肌肤护理

1. 干性肌肤的特征

干性肌肤的特征表现为：无光泽感、缺乏弹性、表皮角质容易脱落，特别在冬季，新陈代谢降低，皮脂和水分更加不足，易出现裂纹、皱纹、斑点及敏感的现象。

2. 干性肌肤的成因

干性肌肤的是皮肤油脂腺缺少了制造油脂的功能。成因主要有：碱性物质的刺激、脱脂能力强的洁肤产品、有机溶媒的刺激等；年龄增大造成的角质屏障功能降低；外界环境因素寒冷、紫外线、大风、气候干燥等。

3. 干性肌肤的护理

干性肌肤的护理应注意：保持充足睡眠，适当地运动，注意防晒，不要用力摩擦皮肤，避免外力对皮肤的强烈作用；多吃水果蔬菜；外用类禁忌——含有汞或氢醌的各类化妆品、软膏；含类固醇类的软膏；选用保湿度和滋润度均较高的产品。

三、中性肌肤护理

1. 中性肌肤的特征

中性肌肤的特征表现为：皮肤红润、光滑，不干也不油腻，触手幼嫩、富有弹性、厚薄适中、纹理细腻，通常无瑕疵，属健康的皮肤。

2. 中性肌肤的成因

中性肌肤的成因是先天性的，中性肌肤十分罕见，通常在发育前的少女多见。

3. 中性肌肤的护理

此类肌肤易生皱纹，必须注意保养，尤其夏天的防晒，冬天的保湿；不能用太过油腻的面霜，避免使用过量的精华素或营养品；注意保养，保持心情舒畅，休息好，坚持每天保养维护中性肌肤最好的状态。

四、混合性肌肤护理

1. 混合性肌肤的特征

混合性肌肤都兼有油性肌肤和干性肌肤的两种特点，在面部 T 区（额、鼻、口、下颌）呈油性，其余部位呈干性。混合性皮肤多见于 25~35 岁之间的人。我国大部分人都属于此类皮肤。

2. 混合性肌肤的成因

混合性肌肤的成因：T 字部位由于油脂分泌旺盛，易使毛孔粗大，形成黑头，其余部分分泌减少出现缺水缺油现象。

3. 混合性肌肤的护理

混合型肌肤的人应该特别注意清洁的步骤。最好能在T区和T区外使用两种洗面奶，T区使用清洁力较强的泡沫型洗面奶，T区外使用温和的乳液型洗面奶。或在出油的部位多洗一次，在出油的地方，三天可以用磨砂膏进行一次深层清洁，去除角质。定期给予肌肤大扫除——敷脸，在敷脸的时候一定要分区做面膜，T字部位用清爽的面膜，干燥部位用保湿、营养面膜。在日常保养时，要加强保湿工作，不要涂油腻的保养品。干燥的部分要着重保湿，用热敷促进新陈代谢，做化妆水，保湿乳液加强保湿，以补足水分。

五、敏感性肌肤护理

1. 敏感性肌肤的特征

敏感性肌肤的特征表现在：皮肤表皮薄，细腻白皙，皮脂分泌少，较干燥，微血管明显，肌肤呈现干燥机能减退，角质层保持水分的能力降低，肌肤表面的皮脂膜形成不完全。接触化妆品或季节过敏后易引起皮肤过敏，出现红、肿、痒。肌肤缺乏光泽，脸颊易充血红肿。因季节变化而使肌肤容易呈现不稳定的状态。主要症状是瘙痒、烧灼感、刺痛、肌肤发痒和出小疹子。容易受冷风、食物、水质、紫外线、合成纤维、香味等外在环境或物质的影响。单接触到刺激性物质就会引发肌肤的问题。阳光、气候、水、植物（花粉）、化妆品、香水、蚊虫叮咬及高蛋白食物都有可能导致过敏。

2. 敏感性肌肤的护理

常用冷水洗面，增加肌肤的抵抗力。使用刺激性小的洁面产品。敏感性肌肤浅薄的角质层常常不能保持住足够的水分，无论是在夏天的冷气房中，或是在冬天干燥的气候中，具有这种肤质的人，会比一般人更敏锐地感觉到肌肤缺水、干燥，因而日常保养中加强保湿非常重要。季节更替时，也需要留心更换不适用的基础保养品。选用对肌肤具有修护功能的护肤品。敏感性肌肤不宜去掉角质。这是因为，角质薄和角质损伤是造成敏感的主要原因，因而保养的首要原则就是维护角质不受伤害。对于磨砂膏、去死皮膏等产品更应敬而远之。敏感性肌肤日常应加强防护。由于敏感性肌肤的表皮层较薄，缺乏对紫外线的防御能力，因此，应该注意防晒产品的使用，但防晒产品的成分也是易刺激皮肤的因素之一，因此要在擦上基础保养品之后再涂抹防晒产品。

六、眼部肌肤护理

1. 眼部肌肤特征

眼部肌肤具有保护眼周湿润，避免眼球受伤以及保护眼睛免受有害光线及污物侵害的重要功能。眼部肌肤是人体中最薄弱的肌肤，它只有0.33~0.36毫米。眼部肌肤表层的厚度仅是面部的1/5~1/3，且几乎没有肌肉支持，所以容易缺水，容易出现皱纹。

2. 眼部肌肤易出现的问题

黑眼圈——血液循环发生障碍。黑眼圈是由于经常熬夜，情绪不稳定，眼部疲劳，衰老，静脉血管血流速度过于缓慢，眼部皮肤红细胞供氧不足，静脉血管中 CO_2 及代谢废物积累过多，形成慢性缺氧，血液较暗并形成滞流以及眼部色素沉着造成。

眼袋——液体积聚。眼袋是眼睛疲劳、衰老，长期微循环不佳积聚多余的水分和脂肪，眼眶周围的肌肤弹性降低，眼部皮肤松弛，皮下脂肪下移在下眶形成凸出的袋状物。

起皱——眨动次数频繁。眼皮每天都要眨动24 000次以上，这种不停歇的运动，使眼皮及周围的肌肤受到莫大的压力。眼皮内的胶原蛋白及弹力要素也会因眼皮的不断眨动而流失，造成眼皮的松弛与脆弱，使眼周容易形成皱纹。

3. 眼部肌肤的护理

眼部肌肤的护理应注意：保持充足的睡眠，睡觉前不吃流质食物，不喝水；补充眼部肌肤水分，减少干纹的出现；眼霜不要太油腻，避免脂肪粒的出现；做适宜的眼部按摩，减缓肌肤疲劳，按摩眼部时注意力量不宜太大；尽量少用电脑，减少眼部疲劳。

任务二　美容项目工作程序

一、岗前准备

①服务员按时上岗。

②检查物品的配备、岗位卫生是否达标，物品是否安全有效。

二、迎宾服务

①前台所有人员看到顾客进门，全体起立，面带微笑目视顾客，齐声说："您好，欢迎光临！"

②其中一名美容师带顾客到顾问间入座，并问顾客是否预约及预约内容（卡号/姓名/项目等），之后告知前台核对会员信息，并由前台安排并通知专属顾问接待此顾客。如是新顾客，由前台按照顾问轮牌顺序进行接待。

③服务员看到有顾客进店，立即上前询问顾客所需茶点，并及时送到。

三、美容服务

1. 顾问咨询

①顾问通知前台安排房间和美容师，并将美容师介绍给顾客。

②顾问带顾客去淋浴。若顾客选择了贵宾间，则顾问带顾客到房间，美容师向顾客问好，并介绍房间设备，帮顾客调节水温，协助顾客更衣淋浴并告知顾客："××姐，水温已经调好，左边是凉水右边是热水，洗浴结束或有什么需求可随时招呼，我在门口等候"；若顾客选择公共浴区，则顾问带顾客到浴区与浴管交接，洗浴快结束时浴管通知前台安排顾问接顾客到房间。

③前台通知美容师到顾问间，认识顾客、领走工作单。

④美容师到前台确认后，送至配料间配料之后，到房间准备物料（调节灯光、香薰音乐）。准备好物料后在房间门口等待顾客。

⑤配料师根据工作单在三分钟之内完成配料，等待美容师来取。

⑥顾问带顾客到房间门口1米处，美容师向顾客鞠躬90度问好："您好，里面请……"。美容师帮顾客擦干头发—协助顾客躺下—盖好浴巾—询问顾客灯光、音乐是否合适、向前台报时进入护理程序。

2. 护理程序

①美容师消毒双手，并开始为顾客操作项目，告诉顾客："××姐，今天我为您操作的是×项目，共×分钟，现在是×点×分，结束时间是×点×分，请您监督。"

②简单给顾客介绍一下项目的功效，了解顾客力度是否合适，并告知顾客："为了一会不影响您休息，我先给您介绍一下项目的流程"。

③护理结束，扶顾客起身，向前台报时，询问护理后的感觉，并赞美顾客

护理后的皮肤及精神状态。

④前台通知其顾问护理结束，让顾问接顾客，美容师或顾问带顾客更衣，并提示顾客不要忘记贵重物品。

⑤顾客更衣完毕，顾问带顾客到顾问间享用粥品和点心。

⑥顾问再次沟通跟踪：

对新顾客或有意向的老顾客：达成销售—填写档案—前台收银—帮顾客预约下次护理时间。

对老顾客：赞美顾客—了解顾客对本次护理的满意度—帮顾客预约下次的护理时间—到前台签字。

四、送客与客后整理

①服务员礼貌送别客人。顾问送顾客到门口，前台所有人员齐声说："请慢走，欢迎下次光临！"

②服务员客后卫生清理，做好接待新顾客的准备。

③美容师填写美容师小账本，并请前台人员签字确认。

任务三　美容项目服务规范

一、美容服务规范

（一）岗前准备规范

①仪容仪表规范要求：工装整洁，仪容仪表符合规范，精神饱满。

②检查物品配备和区间卫生。规范要求：理疗区域卫生干净，地毯无污渍与碎屑；房间内电话时间与钟表时间一致。

（二）迎宾服务规范

①距离客人3米时，上前一步，礼貌问候："先生/女士，下午好/晚上好。"

②按照姿势标准引领客人。

（三）美容服务规范

1. 介绍服务项目

①对客服务语言使用普通话，要求语言规范、声音甜美。

②根据客人的具体情况进行适度的推销，杜绝违背客人意愿强行推销。

③准确掌握美容服务各种禁忌，及时做好对客解释。

④注意对加收 15% 服务费的对客解释。

2. 询问客人是否需要茶水或饮料

①熟练掌握茶水与饮料的价格，准确告知客人（商品不收取 15% 的服务费）。

②使用托盘为客人上茶水或饮料，应放杯垫，手握杯子或饮料瓶的底部，不可握杯口或瓶子的上方。正确熟练使用蹲式服务。

③对于客人所点的茶水或饮料，须在 3 分钟内送到。

（四）送客与客后整理

①送别客人时说："× × 先生（女士），请慢走，希望能再次见到您！"或"希望能再次为您服务。"

②将客人意见及时反馈给领导。

③客后整理。

◆将物品放回原处或补充已用物品。

◆清理美容床及卫生间卫生。

◆卫生清理工作须在 5 分钟内完成。

二、美容师服务规范

（一）岗前准备规范

①仪容仪表准备。工装整洁，仪容仪表符合规范，精神饱满。

②检查物品配备。检查物品的配备是否达标。

（二）见客服务规范

①顾客离店 3 米距离必须与顾客打招呼，声音洪亮、热情、面带微笑。语

言服务规范：对新客说“您好，欢迎您光临 ××××！”（新客）；对老顾客说“您好 ×× 小姐 / 先生，欢迎您光临 ××××！”。

②引领客人去房间。右手手掌并拢，自然伸出放于肩膀与肚脐之间；引领时位于顾客右前方 45° 位置；距离顾客一臂距离。语言服务规范：“×× 小姐很高兴为您服务，这边请（引领的手势）。”

（三）美容服务规范

①介绍房间内设施。说到浴衣、拖鞋时手指并拢示意浴衣、拖鞋位置；面带微笑，看着顾客说话；双手托着拿好首饰袋。客人更衣时要拿毛巾挡住视线。语言服务规范：“×× 小姐，为了方便您的使用，我简单为您介绍一下房间内的设备。这是更衣柜，里面为您准备的物品有浴袍、浴巾、一次性纸内裤、浴帽、两个精美的袋子，一个可以放您的首饰，另一个装您换下的内衣裤。您换下的衣服挂在衣架上以免折皱，钥匙请自行保管好。这边是淋浴房，里面有为您准备好的淋浴用品，请随意选用。花洒总开关左边是热水、右边是冷水，水温已帮您调好，（水要打开）一会在这边沐浴。”

②帮助客人吹头发。面带微笑征求客人意见：“×× 小姐您淋浴好了，请问您要吹头发吗？吹八成干还是全干？”

③奉茶、询问顾客。左手托杯底，右手扶杯身 1/2 处，递送给客户；杯把必须放在顾客的右边。灯光、音乐、温度按客人要求调试。语言服务规范：“×× 小姐 / 先生，请喝护理前花茶，您将享受的是 ×× 护理，它需要体内大量水分参与代谢，喝花茶能达到更好的排毒效果。”“您觉得房间温度、音乐、灯光都合适吗？”“×× 小姐（先生），护理前您需要先上个洗手间吗？”

④引导顾客到美容床。美容师站在床头面向床示意顾客；顾客躺下后迅速把被单整理好；把顾客的发夹等首饰轻柔地取下、放好；包好头发、动作麻利、轻柔、娴熟。语言服务规范：“×× 小姐请您脱下浴袍、头向左边（或右边）面部朝下、趴在床上，我先帮您做护理前的放松。请您稍等一下，我报钟、消毒双手。”

⑤电话报钟（开始）。电话轻拿轻放。语言服务规范：“您好，前台，我这里是 × 房间的 ××（美容师），现在开始为 ×× 小姐操作 ×× 项目，谢谢！”

⑥项目开始操作。按项目流程操作结合话术。语言服务规范：“×× 小姐，为了您的腿部的血液循环更好，我会在您的脚踝处放一个脚枕（美容师单手臂

抬起客人的脚，脚枕要放在床单下，脚枕位置在客人脚踝下）。请问这样的位置可以吗？谢谢您的配合。”“（操作完背部）×× 小姐，我现在为您把脚枕取下。麻烦您抬一下头，我帮您放一个枕头（可以按项目卡话术介绍）。”“×× 小姐，我现在为您操作面部、请您转身正躺（美容师把毛巾轻拿起，让客人转身正躺）。”“×× 小姐，我现在为您放脚枕在膝盖处，谢谢！”“×× 小姐，现在帮您包头发，开始面部护理！”

⑦操作结束（报钟）。操作结束跟顾客说明已经操作完毕，征求顾客意愿是否需要起身，话语要谦虚、礼貌、随和；打电话给前台报钟踢牌，轻拿轻放，话语礼貌。语言服务规范：“×× 小姐今天的 ×× 护理已经操作完了，需要我现在扶您起来更衣吗？”“希望我今天的服务能让您满意，如果您有宝贵意见，请您提出来！我们会参考您的意见做出合理的调整。”“您好前台，我是 ×× 房间的 ××（美容师），×× 小姐的 ×× 护理操作完毕，谢谢您！”

⑧协助顾客更衣、梳妆。指引衣物存放位置；离开顾客时，与顾客打完招呼后 30 度鞠躬，退走一步，再转身离开；对需要协助更衣的顾客要热情熟练地协助帮忙。语言服务规范：“×× 小姐，穿好拖鞋，脚底别着凉了。我帮您把衣服拿到更衣间，您到更衣室更衣，我在门外等候。”“（更衣间门外）×× 小姐您的头发和妆容需要我来帮您打理吗？”

（四）告别与客后整理规范

①服务完毕，提醒带齐物品，打开门做请的手势，应说：“×× 小姐，带齐您随身物品，很高兴为您服务，希望再次光临。再见！”应走到房间门口，打开房门，面向客人，后退出房门外，轻轻关好门。如果顾客的行李多需要主动帮忙拿行李。

②迅速到房间清理已操作房间，所有物品按要求摆设；清除当次垃圾、打扫推车、美容床要还原；备用物品不齐须及时补齐；关好房间内的不用水电、空调、香薰灯。

任务四　美容项目服务英语培训

◆我想要做脸部按摩。

I’d like a facial.

◆您想做哪种？我们有 5 种不同的脸部按摩。

Which kind would you like? We have five different varities of facials.

◆你推荐哪种？

Which would you recommend?

◆好吧，既然是夏天，并且我看你晒过，我推荐你做假日特荐，尤其适合个体敏感的肌肤。

Well, since it's summer, and I had looked that you had quite a bit sun, I'll recommend our summer special, it's specially suited for individuals with sensitive skin.

◆都包括什么？

What does it include?

◆开始是净透清洁。

The facial will start with thorough cleansing.

◆包括敷脸和按摩吗？

Does it include facial mask and massage?

◆是的，修护面膜能促进血液循环、紧致肌肤。你也可以选择手部或者背部按摩。

Yes, the reviving mask will promote blood circulation and tighten your skin. You can also choose to get hand or back massage as well.

◆也包括去角质吗？

Will it exfoliate the skin as well?

◆是的，我们添加了一款特别的护肤霜，白天可以抵御日晒，夜间可以滋养保湿。

Yes, we also apply a special cream that protect the skin from the sun during the day and that moisturize the skin at night.

◆听起来棒极了。

That sounds great.

任务五　美容室员工目标考核

一、美容室领班目标考核

序号	考核内容	考核指标及目标值	考核实施	
			考核人	考核结果
1	制订美容室每月的工作计划	工作计划完成率达到______%		
		美容室平均每月营业收入达到______万元以上		
2	组织做好对客服务工作，并监督服务质量	年客人投诉次数不超过______次		
3	定期检查设施、设备的保养情况，有损坏及时上报	设施、设备完好率达到______%以上		
4	检查美容室各区域的卫生清洁及安全防范工作	因检查不到位，造成客人滑倒等安全事故的发生率为0		
5	依照培训计划，对美容室员工展开技能培训	员工考核达标率达到______%以上		

二、美容师目标考核

序号	考核内容	考核指标及目标值	考核实施	
			考核人	考核结果
1	进入房间后，及时通知钟房服务员起钟	通知及时率达到100%		
2	保持美容室的卫生清洁	客人满意度平均得分达到______%		
3	进入房间后，及时通知钟房服务员起钟	卫生检查合格率达到______%以上		

三、美容室服务员目标考核

序号	考核内容	考核指标及目标值	考核实施	
			考核人	考核结果
1	营业前，检查营业用品的基本情况，及时补充不足	营业用品缺失率不超过______%		
2	根据安排，将美容师带进客人房间	出错率为 0		
3	推销并根据客人需要提供饮料等服务，并做好记录	美容室饮料等月营业收入达到______元以上 记录消费出错率为 0		
4	及时整理客人用过的房间	检查合格率达到______% 以上		
5	检查并保养美容室的设备、设施	设备、设施可用率达到______% 以上		

案例分析

案例 1：如何邀约顾客？

美容师：××姐，您好！我是××酒店美容师××，最近还好吗？

顾　客：还好！

美容师：今天是××号，您又要定期过来做护理保养啦！（语气要略带肯定）

顾　客：今天我没空呀！我有事！

问题：假如你是美容师，面对客人的拒绝，该如何应对？

结论：

可以先试探一下客人是否真的有事，美容师可以说："××姐，要保持靓丽的容颜，您可要坚持来我们家做护理哟．您上次到现在都好久没有过来了，我们都挺想您的，××姐！您过来让我看看是不是比上次变得更漂亮了。（笑语）"

假如客人没有再明确拒绝，则继续说："××姐，你××点过来吧！那时候有时间，我提前帮您准备好，您到时候直接过来就行了。××姐，您要准时过来哟，（语气要略带肯定）我也好为你做充足的准备！"

如果客人明确拒绝，则说："那好的，××姐您先忙，过两天您要是有时间就过来做下护理保养，舒缓下心情，放松放松身体，到时候我再给您电话。您有什么需要的就给我打电话，祝您生活愉快！再见！"

【知识拓展】

中医药对美容学的贡献

几千年来，中医中药对延缓衰老、美容驻颜做出了巨大贡献。中医药用于美容不论是在理论上还是在应用上都独具特色。

一、源远流长的中医中药美容史

我国是最早研究美容的文明古国之一。早在春秋战国时期的《山海经·中山经》中就有"荀草…… 服之美人色"，"草…… 服之媚于人"等的记载。西汉马王堆出土的《五十二病方》中记述了用水银、丹砂和男子恶治疗面部瘢痕的美容方法。我国第一部药学专著《神农本草经》记载了白芷、白僵蚕、菟丝子、子仁等30余种保健美容方药，并提到了被后世广为使用的美容制剂——面脂，所谓白芷"长肌肤，润泽颜色，可作面脂"。《黄帝内经》已有关于痤疮、面衰、颜黑、面尘、眉堕、毛折、毛皱、唇揭、爪枯等皮肤病病因病机论述，并确立了中医美容学内外结合、整体调节的理论体系和药食并用、针灸按摩相结合的美容方法。

唐代孙思邈使中医药美容又向前推进一步，在《备急千金要方》和《千金翼方》中辟有美容专篇"面药"和"妇人面药"。"面药"篇中有用以除疮、治衰、灭瘢、消印、润肤、增白、嫩面、悦色的美容方剂种，增添了面药、面脂、手膏、美发、除臭等方法，提出了针刺美容、冷冻美容、磨削美容并首创调气法，使美容保健与治疗融为一体。

宋元时期的《太平圣惠方》《圣济总录》《太平惠民和剂局方》中均记载不少美容方剂。本草专著《证类本草》中载有美容中药170余种。元代的《御药院方》书中记有大量宫廷美容秘方，共计106首，包括洗面、洗手、驻颜、润肤、防皱、壮身、洁齿、固齿、明齿、乌须、生发等诸方。书中的一个"去皱皱，悦皮肤"的三联法尤值得一提。此法为先用楮实散洗擦面部，再以桃仁膏涂摩患处，然后用玉屑膏涂贴面部。现代美容护理程序或许是受此启发。

至明盛，中医美容已呈鼎盛之势。《晋济方》中有"令人面净肌细方""莹肌如玉散"；《景岳全书》中有治花斑的"莲子胡同方"；《医学入门》中有"治雀斑方”等。药学巨著《本草纲目》集中药美容之大成，记载的有关增白、护肤、祛皱、消斑、去雀斑、乌发、香体、洁齿等的美容中药达300多种，剂型多达20余种，强调内外共治。外治包括洗面、涂擦、敷贴、面脂、浴身、澡豆和摩、熏、熨、扑粉、敷、涂、擦、涤、漱、渍等诸法，进一步发展了食疗美容，如记述了荔枝、樱桃、大豆、绿豆、山药、生姜、柿子、芹菜、香菜、小麦、海带等及各种粥约53种的美容作用。

古代文著中记载，沿用至今并被现代医学所证实的美容药物有人参、何首乌、杏仁、柏子仁、菟丝子、丹参、白术、天冬、白僵蚕、白芷、芡实、大黄、桃仁、红花、川芎、茯苓等。

二、中医药美容特点

现代的美容方法，包括整形术，大多着眼于容颜、五官、体态的修饰、矫治或改造，而中医药美容则更注重整体调节、内外共治、防治结合。整体观念是中医学理论的核心，也是中医药美容的一大特点。其整体观念主要体现于以下几方面：第一，中医学认为人以五脏为主体，五脏六腑、四肢百骸及气血经脉相互关联，互为生克，形于外的皮肤、牙齿、毛发等均由脏腑气血所滋养。心主血脉，其华在面脾主肌肉，其华在唇肝主藏血，其华在爪肺主气，外合皮毛肾主骨，其华在发。因此，脏腑功能正常，气血充盈，自然肌健肤润，唇红齿白，反之则容颜不泽，形体枯槁，发坠齿脱。因此，中医药的美容是通过对人体脏腑气血功能的整体调节达到的，如养肝血以明目，补肾精以生发，清肺胃以消痤等。第二，中医学认为“天、地、人，三才合一”，强调“天人合一”，人与自然环境是一个协调统一的整体。注重考虑环境对人的影响，将人与自然统一起来分析以选择不同的方药和方法。第三，中医药美容主张养生调摄，舒心畅志，保证心情舒畅，精神愉快，皮肤自然润泽柔嫩。因此，强调人体脏腑气血、人与自然及精神情志的整体调节，标本兼治、内外并重是中医药美容的独特之处。

三、中医药美容是当今乃至未来的美容趋势

中医药是现代美容的一大宝库，它的优势在于：第一，当今世界由于环境污染、各种合成制品的泛滥，化学合成产品的原料、色素、香精等对皮肤及人体的损害，正日益为人们所重视，人类渴望回归自然。因此，自20世纪80年代中期国际上就出现了美容产品原料天然化的倾向。而中药以天然型为主且大多为植物，因而中药用于美容产品的开发符合当今世界美容产品的发展趋势。

第二，中药应用历史悠久，对药物的药性、功效及毒副作用已有充分的认识，品类齐全，剂型多样。针灸、按摩已具完备的理论体系及实践经验。第三，现代科学技术对中药有效成分的分离及药理进行了大量的研究。第四，药源丰富。中草药是一项巨大的药物资源，除了有效的单味药，根据中医理论的配伍组方而形成的复方更能为达到不同的美容要求而灵活筛选用药。目前我国生产的中草药美容产品已达千余品种。

如今中医药美容不仅在中国，在国际上也颇受青睐，如英、美的针灸美容，日本美容中药的筛选和应用等。目前国际上一些高品质的美容产品都在力求研制添加药用植物成分。因此，我们应当发挥中医中药美容的优势，进一步继承和完善古代的美容理论体系，并借助现代先进的科学技术，开发出更多更好的美容产品，为人类的美容事业做出更大的贡献。

思考与练习

1. 如何规范地提供美容项目服务？
2. 美容项目服务需注意哪些关键问题？
3. 总结美容项目服务程序。
4. 如何对美容师进行目标考核？

项目十三　美发项目服务与管理

【知识目标】

◆掌握美发项目服务知识。
◆熟练掌握美发项目工作程序。
◆熟悉美发项目服务规范。
◆熟悉美发室各岗位人员目标考核的内容。

【能力目标】

◆能够熟练提供美发服务。
◆能够处理美发服务中遇到的常见问题。
◆能够制订美发服务规范。
◆能够对美发室各岗位人员进行绩效考核。

【素质目标】

◆具有规范化操作与标准化服务的意识。
◆具有良好的敬业精神。
◆具有良好的团结协作意识。
◆具有良好的人文关怀精神。

【实训项目】

设计美发服务情景。

【项目分析】

◆将学生分为若干组，每组独立完成项目设计，用英语进行情景演示。

【学习任务】

任务一 美发服务知识

一、美发基础知识

1. 头发的结构

①表皮层：表皮层是毛发最外的一层，是由多层的重叠角质片组成。

②皮质层：皮质层是毛发的第 2 层即中间层，它是一束束纤维细胞由糊状物质环浸着，含有氨键、氢键、盐键、二硫化物键等角蛋白，还有毛发的自然色素粒子。发型师所要研究的漂染就在皮质层内，永久色的产生是在皮质层内产生变化而形成的。皮质层占毛发的 80%。

③髓质层：在毛发的中心是髓质层，是由互相分离的透明多角形角质化细胞组成，在染发而言是不需要研究的。

2. 头发的分类

①中性：发根部毛乳头的皮脂腺分泌的油分和水分适中，这种头发上色易掌握且准确。

②油性：发根部毛乳头的皮脂腺分泌的油分和水分过多，这种头发上色难。

③干性：发根部毛乳头的皮脂腺分泌的油分和水分过少，这种头发上色易。

④受损：头发表现为开叉、不柔顺、不服帖、多孔性。主要是表皮层出现问题毛鳞片脱落，极易上色也极易掉色。

⑤抗拒：头发表现为粗硬，毛鳞片层数多，难上色。

3. 头发的特征

①硬发：发丝粗硬，富有弹性，含水量大，可任意卷发，发圈形成后，稳定性较强。

②绵发：绵发细软，缺少硬度，毛杆直径小，含水量大，但弹性较差。

③油性：油性含油脂较多，含水量少，抵抗力强，弹性不稳定，不容易造型。

④沙发：沙发缺少油脂，含水量少，头发干枯、蓬松。

⑤卷发（自然卷）：卷发弯曲，软如羊毛，柔和、含水量少，缺乏油脂。

4. 头发受损的原因

①物理性损伤：梳理方式错误造成的损伤；剪刀、削刀的不正确使用造成的损伤；电热美发器具造成的损伤；紫外线造成的损伤。头发的表皮层长出头皮就像树皮一样，一旦受损自己是无法恢复的，如果不加强养护，就可能造成开叉、断裂等现象，主要表现为头发的表皮层的损伤。

②化学性损伤：日常洗发、护发、定型产品的不正确使用造成的损伤；过度烫、染、漂发以及错误操作对头发造成的损伤；环境的污染对头发造成的损伤；海水与游泳池内的水质对头发造成的损伤等。这类损伤主要是头发皮质层内蛋白纤维组织的损伤，使发质僵硬、变脆、无光、干枯。

③生理与心理损伤：由于人体内脏的原因或自身心理等因素也会造成头发软弱无弹性、油腻、脱落、生白发等。

5. 美发常见问题

（1）什么是头发空洞？

不管发质粗细、干或油，都存在空洞，只是空洞的程度有别，就一般的发质来说，空洞率大约为 20%，就是说，一根头发 20% 是空洞。这些空洞就像海绵的凹洞一样，是用来吸水的。把头发浸在水中时，吸水速度特别快，头发的空洞吸了水，会影响发型。空洞过多时，容易显得干燥、粗糙、无光泽，也容易断裂，难以梳理，染发时色素进入发干不均匀，染色效果不好。吹、整、染、烫容易造成空洞过多，所以应选用修护力强的护发产品。

（2）焗油有用吗？

焗油的作用就是通过加热，使其中的营养成分渗透进头发内质层，填补螺旋蛋白质中的空缺，修复毛鳞片，使受损的头发恢复光泽、柔亮，对头发修复有一定的效果。只是，头发护理是一个长期过程，一次两次，效果并不明显，特别是头发受损严重的人，应一个月焗两次，坚持半年，当然产品质量要有保证。

（3）烫完的头发为什么很快就变直了呢？

首先，发型师的操作很关键：烫发之前要根据你的发质选择合适的药水，掌握合适的时间才能把头发烫好。如果你的头发较健康，有可能属于抗拒性发质，要选用此类发质专用的药水，停留时间也要稍微长一点。另外，卷杠的粗细、是否卷紧也很重要。如果发片太厚，卷杠太粗也不易烫卷。其次，卷发特别需要注意平时的养护，烫发后 3 天内不能用密齿梳梳头，平时洗完头后最好用手整理，待头发半干时打上啫喱水即可。

（4）到底该不该天天洗头？

据最新的科学研究发现，天天洗头不仅可以保持头发的健康、干净，也给人卫生整洁的良好形象，但是这并不适合所有人。对于头发本来就比较干燥的人来说，天天洗头会把皮脂腺分泌的油脂彻底洗掉，引起头发受损或掉落，反而对头发健康不利。专家认为，洗头的频率应根据个体差异、季节和所从事的工作而定，不可一概而论，千篇一律。每个人的个体情况都不一样，应视具体情况而论。

（5）头发多且硬适合烫什么样的发型？

头发粗硬，可以尝试烫卷发，这样可以让头发看起来柔和一些。如果烫发后觉得头发较干，可以做做营养导入或焗油。

（6）染过黑色（因为有白头发）的头发能染彩色吗？

黑色是矿物质的染膏，染过之后再染其他颜色就很困难。常用这种染膏不利于人体健康，可以染一些深咖啡色或古铜色的颜色，这样与原来的黑色比较接近，同时也可以盖住白头发。等染黑的那部分头发剪掉之后，就可以做一些比较明显的颜色了。可以考虑漂染，将黑色素褪掉，但是这样很伤头发。

（7）头皮油、头发干，怎么办？

一方面应该用一些去油脂的洗发水，另一方面应该定期做护理，补充头发的蛋白质营养。如含有小麦蛋白的护发产品就能有效改善这种状况。一般的护发素只能起到润滑和收缩毛鳞片的作用，并不能真正起到保护头发的作用。另外尽量少做或不做离子烫。

（8）美发的产品是不是越贵越好？

美发产品根据不同发质的需要，成分会有不同。比如针对受损发质的产品价格一般相对较贵一点，却不适合正常发质。所以，最适合消费者发质的产品，并不一定是最贵的产品。

（9）烫发、染发只要产品好就不伤害发质吗？

烫发、染发的产品含氨、双氧、硫基乙酸等对头发多少有点伤害的物质，如果用专业的技术操作可以将伤害降至最低，但并不是绝对不伤害头发。关键在于美发师的技术是否专业，如果技术不专业，再好的染烫产品也无济于事。

（10）头发做坏了，是因为发质不行吗？

如果真的发质有问题，专业的美发师应该在做头发之前有一个基本的判断，什么样的发质适合做怎样的发型。如果做完头发之后才说这样的话，这只能是发型师自己的问题，可能是没有经验，也可能是技术尺度没有掌握好。

（11）烫坏、染坏的头发做头发护理就可以完全恢复吗？

头发的主要成分是角质蛋白质，没有细胞再生能力，不能修复，护理产品可以使头发顺滑，可以缓解继续受损的状况。已经极度受损的头发除了剪掉别无其他的方法。

（12）只要使用好的染发产品，染后头发不会褪色吗？

据了解，染发的过程是人工色素替换天然色素的过程，头发的天然色素在染发过程中被漂浅，人工色素被锁在头发的鳞片层中，这些色素在我们洗发的时候会逐渐流失，在阳光照射下也会逐渐褪浅。所以，染后的头发最后都会褪成一个棕色基调的原色，这是头发被漂浅的本色。没有永不褪浅的人工色素，只是褪色的速度和程度会有所不同。

（13）烫发、染发后立刻做一个深层护理有利于保养头发，就可以恢复发质的健康吗？

烫后的头发在 1 周至 2 周内并未完全稳定，应避免吹发、束发及强力拉扯，甚至洗发都要轻柔而且不能用温度高的水，以保证头发毛鳞片能收紧、愈合。深层护理将头发的鳞片层打开，并将养分送到头发深层，反而会破坏鳞片的正常恢复，更加伤害头发。烫、染后两周内不宜做深层护理。

（14）如何选择正确的洗发水？

早期的洗发精是由石油萃取的乙醚加工制作，去油污力强，但对头发与身体的伤害也不小。在第二次世界大战后，美发产品实验室研究出表面活性的化学作用，同时保湿分子的概念也受到重视。（所谓的表面活性就是让亲水性或吸水性与亲油性取得平衡。）到了 21 世纪之后，洗发精也升级成三个等级：一般洗发精（石油系接口活性剂），中性洗发精（琥珀酸系接口活性剂），植物性洗发精（植物系接口活性剂）。

一般发质：没有经过化学处理过的头发都属于一般发质，这种发质只需要清洗干净即可，所以只需使用一般洗发精就能达到基础保养的效果。

受损性发质：只要经过烫染处理过的头发都属受损性发质，这种发质都需要小心保养，不然都会因为选择错误的洗发精，造成头发干燥断裂与头发颜色的掉落，使头发没有光泽感，建议使用中性洗发精来做清洗。

过敏性体质：因为本身体质容易对化学物质过敏，或有伤口不能碰触化学物质的体质都是过敏性体质，植物性洗发精因为不含任何化学药物，但又能给予最好的洗净，所以是最好的选择。

二、发型知识

1. 脸型与发型

脸型是决定发型的最重要的因素之一，而发型由于其可变性又可以修饰脸型。前者是发型与脸型的协调配合，后者是利用发型来弥补脸型的缺陷。其方法有：衬托法，利用两侧鬓发和顶部的一部分块面，改变脸部轮廓，分散原来瘦长或宽胖头型和脸型的视觉；遮盖法，利用头发来组成合适的线条或块面，以掩盖头面部某些部位的不协调及缺陷；填充法，利用宽长波卷发来填充细长头颈，还可借助发辫、发鬟来填补头面部的不完美之处，或缀以头饰来装饰。

（1）圆形脸

圆形脸适合用偏分的刘海突出脸部的纵向线条，露出一小部分额头模糊较低的发迹线。偏分而有层次的发帘能够使圆脸看起来修长，最好能与两侧的头发自然衔接，制造出飘逸的下垂感。

适合：短而有变化的发型。如果是短发，或是不适合偏分的发型，不妨将发帘修剪得非常短，让宽度略窄，或是剪出倾斜或向上弯曲的弧度。

不适合：压在眉上的整齐刘海，让圆形脸永远无法逃脱孩子气，同时也会因为强调了横向的线条，使圆脸更短。

（2）方形脸

方形脸的发型应顶部尽量蓬松，有自然弯曲发梢的偏分发帘，会缓和方形脸坚硬的轮廓线，是修饰方形轮廓的最好办法。先用侧分的刘海使脸部加长，注意发梢的层次与侧面头发的层次要融合得不露痕迹。

适合：长形脸适合的那种长而碎的刘海也可以用在方形脸上，不同的是，要使刘海的宽度变窄，两侧的头发最好也能向内收拢，使整个脸型看起来变窄。

不适合：悬在眉毛上面的齐刘海，就像在一个大方形里画了一个小方块，只是面积小了一点而已，会加强方形脸的刻板度。

（3）长形脸

长形脸应选用动感而覆盖额头的刘海缩短脸部 1/3 的长度，使圆脸看起来饱满圆润。从头顶最高点开始一直到眉毛的大面积凌乱刘海，可以使略显严肃的长形脸显得俏皮可爱。

适合：短而有变化。如果是短发，或是不适合偏分的发型，不妨将发帘修剪得非常短，让宽度略窄，或是剪出倾斜或向上弯曲的弧度。

不适合：一直被称为“万人迷”的斜刘海，因为会暴露过高的发际线，增加纵向的线条，被视为长形脸的禁忌。

（4）倒三角、菱形脸

倒三角、菱形脸应选用短短的柔软刘海静静地服帖在额头上，让给人刻薄印象的尖下颏变得高贵而灵秀。额头比较窄的女生，刘海也尽量剪短些，并做出参差不齐的效果，露出虚掩着的额头。

适合：短而斜分的刘海适合额头比较宽的倒三角形脸，用一些使头发柔软服帖的乳液，用手指或宽齿梳调整出有序兼有动感的形状。

不适合：长刘海，如果实在舍不得剪刘海，可以将两边的头发背到耳后，并且让发尾稍稍翘起，也能够让下颏显得丰满一些。

2. 体型与发型

发型与体型有着密切的关系，发型处理得好，对体型能起到扬长避短的作用，反之就会夸大形体缺点，破坏人的整体美。具体说各种体型发型原则为：

（1）高瘦型

该种体型的人容易给人细长、单薄、头部小的感觉。要弥补这些不足，发型要求生动饱满，避免将头发梳得紧贴头皮，或将头发搞得过分蓬松，造成头重脚轻。一般来说，高瘦身材的人比较适宜于留长发、直发。应避免将头发削剪得太短薄，或高盘于头顶上。头发长至下巴与锁骨之间较理想，且要使头发显得厚实、有分量。

（2）矮小型

个子矮小的人给人一种小巧玲珑的感觉，在发型选择上要与此特点相适应。发型应以秀气、精致为主，避免粗犷、蓬松，否则会使头部与整个形体的比例失调，给人产生大头小身体的感觉。身材矮小者也不适宜留长发，因为长发会使头显得大，破坏人体比例的协调。烫发时应将花式、块面做得小巧、精致一些。若盘头也有身材增高的错觉。

（3）高大型

该体型给人一种力量美，但对女性来说，缺少苗条、纤细的美感。为适当减弱这种高大感，发式上应以大方、简洁为好。一般以直发为好，或者是大波浪卷发。头发不要太蓬松。总的原则是简洁、明快，线条流畅。

（4）矮胖型

矮胖者显得健康，要利用这一点造成一种有生气的健康美。譬如选择运动式发型。此外应考虑弥补缺陷。矮胖者一般脖子显短，因此不要留披肩长发，尽可能让头发向高度发展，显露脖子以增加身体高度感。头发应避免过于蓬松或过宽。

三、烫发知识

烫发水的选择

①抗拒性：选择有烫前处理剂或 pH 值偏高的烫发水。

②正常发质：中性或有烫后护理的烫发水。

③受损发质：有烫前护理和烫后护理的烫发水或酸性烫发水。

四、染发知识

1. 染发品的分类与作用

染发品基本共分 3 种：暂时性染料、半永久性染料、永久性染料。

①暂时性染料：这是一种可溶于水的染料，它不会进入头发的皮质层内，暂时性附着在头发表面上，一洗就掉。

②半永久性染料：在一类的染发颜色也不必加入任何氧化剂。渗入皮质层内没有发生氧化聚合反应。一般保持 15 天。

③永久性染料：几乎所有永久性染料都是采用包含苯胺的氧化剂引导氧化渗透的。这些染料渗透头发的表皮层进入皮质层。这一类染料一定要加上 H_2O_2（双氧乳），因此它们又称为氧化染料。一般保持 3 个月。

永久性染料通常使用于 100% 遮盖白发；增添或减少天然发色光泽；润饰漂过的头发；加深自然头发的色泽。

2. 染发的方法

（1）挑染法

挑染法先将橡皮帽戴在头发上，再用钩针将头发从橡皮帽的小眼中一一挑出来进行染色。洗后效果自然，有明显的线条感。

（2）块染法

块染法将染发剂整片涂抹在头发局部，使之呈现块状的特殊造型，通常用来制造舞台效果。

（3）条染法

条染法是将需要强调线条效果的发丝染色，以增强发型的线条及立体感。

（4）点染法

点染法一般不规则，没有一定的染发方向或顺序，染发时认为发型需突出哪里，就在该部位点上染发剂即可。

任务二　美发项目工作程序

一、岗前准备

①按照美发师的个人卫生要求，搞好个人卫生，穿好工作服，佩戴好工作证。

②准备好美发工作所需要的所有工具及物品，并整齐摆放于操作台上，以方便使用。

③认真检查仪器电器工具的性能，插好电源。

二、迎宾服务

①前台所有人员看到顾客进门，全体起立，面带微笑目视顾客，齐声说："您好，欢迎光临！"

②其中一名迎宾员带顾客到顾问间入座，并问顾客是否预约及预约内容（卡号 / 姓名 / 项目等），之后告知前台核对会员信息，并由前台安排并通知专属顾问接待此顾客。如是新顾客，由前台按照顾问轮牌顺序进行接待。

③服务员看到有顾客进店，立即上前询问顾客所需茶点，并及时送到。

三、美发服务

①根据接待人员的安排为顾客服务。

②请顾客入座，了解顾客需求，提出建议，达成共识，做操作前的准备。

③根据顾客要求的项目，自己动手安排服务程序、用料标准进行操作。

④操作过程中，要及时听取意见的反映，如洗发时水的冷热情况、按摩的力度大小等，并按顾客的要求进行调整，以达到顾客满意为止。

⑤服务结束后，引导顾客到收款台，填好账单，请顾客确认并结账。

四、送客与客后整理

（1）服务员礼貌送别客人。

（2）服务员客后卫生清理，做好接待新顾客的准备。

（3）美发师填写美发师小账本，并请前台人员签字确认。

任务三　美发项目服务规范

一、美发项目服务规范

1. 岗前准备规范

①仪容仪表规范要求：工装整洁，仪容仪表符合规范，精神饱满。

②检查物品配备和区间卫生。规范要求：理疗区域卫生干净，地毯无污渍与碎屑；房间内电话时间与钟表时间一致。

2. 迎宾服务规范

①距离客人3米时，上前一步，礼貌问候："先生/女士，下午好/晚上好。"

②按照标准姿势引领客人。

3. 美发服务规范

（1）顾问咨询服务规范

①顾问通知前台安排美发师，并将美容师介绍给顾客。美发师不论新老顾客都要为其分析发质，选用当天头皮适用的洗发精并分析发型，离开顾客前留下个人发型图册，以便顾客参考喜爱的发型，便于沟通。

②前台通知美发师到顾问间，认识顾客、领走工作单。

（2）洗发服务规范

①助理为客人穿上洗发衣服，将其整理好，系好腰带，调节松紧度，接下来要围放毛巾，围毛巾之前要站在客人的左边75度弯腰，距离一步半的空间，并用商量的口吻问顾客："我现在要为您洗发，为防止待会泡沫落在您的身上，可以将您的衣领松一下吗？"当得到客人允许后才放毛巾，注意保持毛巾左右长短平衡，将毛巾的一边折合为衣领宽窄相等，然后连同领子一起折向内，必要时放一张塑料布防止泡沫将领子浸湿，最后在毛巾两端会合处夹上鸭嘴夹，

如遇客人戴眼镜，应客气请其拿下，放置于准备好的空眼镜盒内及安全不易滑落处，并告知客人即将为其洗头的讯息，如“对不起，麻烦一下，请您坐正，头微微抬起”等。

②在倒洗发水之前，仔细观察头皮与发质，防止头皮有伤痕和不适之处，针对发质情况建议客人使用适合他发质的洗发水，并站在客人的立场上思考，提出若干中肯的建议，语调自然亲切。

③在准备起泡时，将选择好的洗发水放置于手掌中，然后放于客人头发表面，人站在客人背后约 30 厘米处，洗发水放于头部的顶点与黄金点处，顺时针起泡，注意调节稀释时所用的水温，以头部中心点为基点，沿边缘顺时针周全地抓洗，并采用指腹按摩式搓揉，洗发时间为 15~20 分钟。

④在洗的过程中，要问顾客：“对不起，请问会不会太重或太轻，如太重或太轻的话，请告诉我一下，谢谢！”“请问还有哪里需要加强的吗？”应注意泡沫不可漂出，以防沾到客人衣服上，若沾到应立即道歉并擦拭干净。

⑤至冲水室时，协助客人躺下后，垫上塑料纸，扶住客人的头，舒缓调整，以手腕内侧测试水温（切勿用手掌试温），手握喷水边缘，沿发际线冲洗一遍，水跟着手边抓边洗。注意水压，均匀使其流入客人的耳朵。注意呼吸气息切勿触及客人脸部。最好先戴上口罩，与客人脸部保持 30 厘米以上距离。冲净后应先让客人躺着，将头发挤压擦干，用一条毛巾包头发，避免水珠滴下，将客人引导回座位，再以指压按摩或擦干。

⑥按摩时重点在颈肩及脊椎两侧肌肉，手势缓而沉，随时调整客人坐姿。按颈时，以一手扶住客人额头，尽量不让客人的身体有太大晃动，切忌用蛮力和速度过快，越是肌肉结实的客人越是要手法缓和用力，逐渐渗透达到客人放松的目的。在按摩过程中，尽量与客人沟通，甚至可以向客人请教一些其他方面的知识，以换取客人对你掌握美发知识的尊重，对等沟能。通过按摩和对话，达到心理上和生理上的双重放松，为下一步工作做铺垫。按摩完成后可以帮助客人用头皮调理霜擦在头皮上，然后用飞碟加热 3~5 分钟，因为它可以促进头皮血液循环，活化细胞，促进细胞组织新陈代谢，健脑养发（同时在使用飞碟前可喷些营养水，达到引导销售的目的）。

⑦若客人要烫发时，用指腹略微清洗一下即可。如果设计师与客人沟通后，客人决定做烫染焗项目，则继续由该助理为其全程服务。此项目如是客人进店后要求项目，则由洗发班通知前台，由烫染焗头牌助理为其服务。

（3）吹风造型服务规范

①顾客洗头完毕后，小工先将顾客带回座位，站在顾客右前方45度，此时吹风手来到小工后方，小工此时说："××小姐，您好！这是我们店里的2号助理名叫××，接下来由他为您吹风造型好吗？"这时助理上前一步，站在顾客右前方一步远，鞠躬75度，"××小姐，您好我是本店2号助理，很荣幸今天由我为您服务！现在可以为您吹风吗？"经过××小姐的同意后，说："××小姐，我先将你头发上的水分吸干一些好吗？"然后打开毛巾，轻擦头皮，再将毛巾包裹头发由发根边捏边退向发梢，直到不滴水即可，切记不能揉搓头发，这样会导致发尾打结，表面毛鳞片脱落、翻翘。

②将一条全干毛巾轻放于顾客肩上，注意摆放对称，这样可以预防湿发影响顾客的衣服，然后用吹风机将头发吹干，站到顾客侧前方，吹风机风嘴斜向后送风，这样可以避免吹风机向前吹时，发梢吹到顾客面部，如此时顾客化过妆则会有影响，边吹边与顾客聊天："××小姐，您的头发很柔顺哦。""××小姐，冒昧问一下您从事什么职业呀？""根据您的气质，吹造型大花一定很漂亮"等。将头发吹至八成干时，对顾客说："××小姐，我现在为您吹风造型好吗？"拿梳子、夹子，先分出U字区，并说："××小姐，您好！您的头顶部较平，我分区时将头顶区缩小，等一下就可以修饰到您的头顶部。"区域分好后，从水平线以下起吹，说："××小姐，在你颈背线这里的头发，我用小一号的卷毛梳帮你造型，这样吹出来的花形就有弹性，比较持久一些。"吹到水平线以上时，说："××小姐，上面我会用大一号的梳子，这样花型会比较自然，根据您的气质一定会很漂亮。"吹到侧部区时，说："××小姐，根据您的脸型看，非常的标准，所以我这时为您设计侧部花型卷度流向向后，这样可以打开你脸的轮廓部分，这样会更加漂亮。"吹到顶区时，说"××小姐，这里我为你制造一些蓬松度，这样可以修饰您头顶部的效果。"

③吹风完毕后，说："××小姐，我用这个造型产品帮您做造型好吗？这样这款发型会更加完美，因为适合的造型产品可以让这样的发型更显质感。"（为卖造型产品做前置引导）。然后拿上一面镜子说："××小姐，您这样看，可以看到后面的花形，真的很漂亮，您感觉怎么样呢？"

④轻轻拿掉毛巾，说："××小姐，这款发型非常适合您，我现在教您一些保护它的方法好吗？不要用密齿梳去梳，不能让水沾到上面，不然会影响到它的卷度及整体效果的哦！"此时还可以介绍头发卷或直，大花在头上保持卷

度的持久性，同时又可以替烫发做前置引导。

⑤“×× 小姐，请到这里买单。”将顾客带向收银台，“×× 小姐，这是我们店里的收银员，现在由她为您服务好吗？”

（4）剪发服务规范

①当客人坐定位后，围上毛巾，双手持拿围布上端，站于客人侧前方，两手高度不可高于客人下巴，从正前方给客人围上剪发围布，不要站在客人后面抖动围布。

②手掌给客人按摩头部，轻声询问洗发是否舒服，同时掌控客人头部骨骼形态，此时可询问客人是否挑选出发型册中的三款发型，然后结合客人的头型、脸型、毛流生长方向等特质与之沟通，设计出适合客人的发型。在沟通过程中结合发型册、通用专业的技术语言，了解客人的个性和消费水平，抓住客人的消费心理，建议客人的发型结合烫或染表现发型的整体效果。沟通时应站在顾客的立场为其设计，语气自信亲切。

③下毛巾，将头发梳通区域划分时要求分线清晰，无散落碎发。

④裁剪发型时，可以自言自语的方式讲解裁剪过程，动作自然洒脱，不可与同事交谈，或左顾右盼、心不在焉。

⑤结构裁剪完成做发量调整和纹理化处理，头发半干不干时，抓出造型，并教授客人在家的打理方式。

⑥依发型设计利用吹风机整理造型，使用发蜡或其他造型产品固定，并可在此时为造型产品做出购买引导。

⑦在设计师操作完成，客人满意后，为客人取下围布毛巾，并由设计师亲自引领客人至账台结账，并说“谢谢光临，欢迎再来”，送走客人后，回原座位，将椅子推进去，将柜台座椅清理干净才算完成此单。

（5）烫发服务规范

①当客人坐定后，先给客人围上毛巾（避免烫发水打湿衣领），再围上烫发围布（围围布时应注意，不可在顾客面前抖动围布，轻轻从后面平铺到顾客前面）。依据顾客先前填写的烫发咨询卡、资料卡操作（详细记录、发质情况、头皮状况、发量多少）。

②备烫发所需要工具以及保护措施（凡士林、颈盒、棉条）工具放在触手可及的地方。

③开始上卷。如客人发质属于抗拒性，烫前应先用烫前处理剂处理发质；

受损发质可在烫前采取烫前护理。上卷时注意提拉发片角度，依头型骨骼来定发片形态发片厚薄度。并在上杠过程当中询问顾客卷杠时力度是否过大，是否有拉扯头皮现象，同时可一面操作一面讲解为何要如此上杠子，又如何依据头型、发型设计不同的卷度，此为教育顾客，让顾客更认同我们的技术。并在规定的时间内卷完，勿让顾客久等，卷完后，用凡士林油擦在耳后之处，围上棉条将药水盆架于颈部。

④准备药水时，应先告诉顾客（小姐您好，麻烦您坐好，头先后倾一下，以免滴到您的脖子和身上。谢谢您的配合）。开始上药水，并一手拿毛巾防止药水滴下伤到头皮，依烫发咨询单上的资料开始加热并注意控温。

⑤在加热期间，应在客人旁边守候并询问温度是否过热并注意加热机器是否正常运转（随时准备纸巾为顾客擦拭因加热产生的额头出汗）。同时，可与客人交流（拉近彼此距离）。若客人沉默，则离开片刻并递上杂志避免顾客产生浮躁心情，但不可离开客人视线范围。

⑥加热时间到时，通知设计师开始试卷。试卷应在不同的区域测试（看是否达到所需花形效果，如花形卷度不够需时间延长）。试卷合乎要求后，将试卷杠子重新小心卷回去，并将棉条、颈盆拿掉，请顾客到冲水间将第一剂彻底冲掉（避免烫后头发毛躁），将头发用毛巾吸干，带顾客到操作区域坐好，并重新塞上棉条，将颈盆置于颈部。

⑦开始上第二剂，按上一剂要领分两次从下至上施药水，让头发充分吸收药水。停留时间为第一剂时间的一半（不超过 15 分钟）。

⑧在停留药水期间，务必询问是否有不良反应，适当给客人按摩并留意茶水是否满意，随时加茶水并换杂志。

⑨二剂停留时间到后，取下棉条开始拆卷。拆卷时应螺旋下杠，并小心不可在下杠当中将发片残留药水滴到客人衣服或脸上，并避免与其他盛器发生声音。拆卷后的杠子应放在原处并摆好，保持操作区域清洁，不可把烫发染发纸扔在地上。

⑩拆完卷后，先将卷杠时发片的分片痕迹用手拨开，取下颈盆，将顾客带到冲水间将药水冲净，上草酸或护发素，再将护发素冲掉，将顾客头发擦拭干净，用毛巾卷好，带到操作区域。

⑪请设计师为其造型。在请设计师之前，应告诉顾客请其稍等。

⑫助理通知设计师后，立即回到操作区域，告诉客人设计师马上来或还需

等候多长时间（如等待时间过长，应不时过去催一下设计师，不可在原处让顾客等待时间过长）。交代完毕后，应将烫发工具和残余物收拾干净，将工具放回原处。

⑬设计师过来后，助理应在一旁等候。设计师开始造型，操作完成后，设计师手把手教顾客打理发型，并告知顾客如何保养头发，帮客人解下围布，客人满意后，让客人填一份质量服务卡。如客人刚才脱下了外套，助理现在应该把客人衣服拿在手上或帮客人穿上，再由设计师引领客人到账台结账。客人结账后送顾客出门，并加再见手势，说："谢谢光临，欢迎下次再来！"

（6）染发服务规范

①当客人坐定位，助理为其围上护领及围巾（为防止染药沾到客人衣物）之后，询问客人有无指定的设计师或技师。若无，请头牌位的设计师和技师过来与顾客沟通。

②设计师和技师同时与客人沟通，设计师为主，技师为辅。先据客人需要，建议适合之颜色，紧接着拿出色卡给客人看到所建议之色彩效果或将顾客带着走看同事们头上真发所表现的颜色亦可。

③检查发质及发原色状况，选定合理的染发方式。

④交代技师准备所需要之产品及器具。特别提示应用的染膏及双氧比例。一般不需洗发，因为要保留头皮表面的酸性保护膜。若客人头发上油污较多或有啫喱水、发油等饰发品，应先请助理员带客人洗发，并提示适用的洗发水，洗发时要避免"抓""搓"头皮以便保留头皮上的油脂。

⑤由设计师亲自调染膏，助理和技师应在旁注意流程，若不懂应发问，以达到学习的目的。

⑥染药调好交给技师，在即将操作时应切记再次提醒"仔细操作"。助理回到其原来的岗位，随时准备冲水。

⑦操作者在施染药之前，应先在客人发缘 1.5cm 处均匀涂抹隔离霜（或凡士林油），以免染药沾到皮肤。穿上操作者应用的围布及手套进行操作。

⑧技师在染发时，应按教学所规定的发片长度、宽度用染发梳一片片小心翼翼地染，切勿操之过急或疏忽而造成伤害。

⑨染药使用完毕，若有护发染，应请示设计师需用蒸汽加热的时间及温度，约为 30~35 分钟。若为一般染发，只需请示设计师需停留多长时间，约为 20~40 分钟，不必蒸。

⑩若客人为长发，在停留或蒸的时候，怕头发上的染膏沾到其他皮肤，应塞上棉条。

⑪在停留或蒸时，若有空闲，设计师应带技师再次与客人交流。询问客人感觉，是否会有不适。同时告诉客人染发的相关常识，并且推销烫后护理。

⑫时间到时，助理和技师在旁观看。设计师亲自检视是否着色（挑一小撮头发，用卫生纸或棉花擦拭，在日光灯下检视，是否着色或达到所需之色度）。

⑬达到所需之颜色效果后，若为永久染，需先用温水均匀喷湿，按摩头部数分钟（目的：使其定色、均匀以及达到清洁头皮上染膏的目的），然后小心地把涂抹在客人发缘的隔离霜（或凡士林油）擦掉，并由助理引导到冲水室冲水。

⑭将头发用适温之清水冲洗，将残余染药冲净。如不需做染后护理，设计师应提醒助理使用草酸护发素冲洗。同时可再次向客人讲述染后护发的重要性。

⑮引导回座位后，若需染后护理则可直接开始操作（参见护发流程），否则设计师可先给客人做吹风造型。

⑯教给客人日常的打理方式方法，告知客人如何做好相应的保护措施及下次来店（补染或护发）的时间。

⑰集体送客，对顾客说："欢迎下次光临！"

（7）护发服务规范

①帮顾客分析发质。帮顾客分析发质这点非常重要，并要求用专业的语言来讲解，以建立彼此的信任程度。

②多项选择的产品推荐。根据顾客的消费能力及需求进行产品推荐。

③征求顾客同意后进行护发操作。

◆将顾客的头发冲洗干净后，吹到九成干。

◆打开倒膜膏让顾客看到在调配，确定倒膜膏性质后（油性或油水性），在顾客可见到的地方调精华素。

◆将头发按十字分区法分区。

◆从颈背处离头皮约 1 厘米处，从发根到发尾均匀涂抹（左右揉动）。注意切勿上下方向搓揉。

◆然后再将后部分的头发打圈，夹在头上留有一定的空隙，再将其固定，后再用浴帽或保鲜膜戴在头上，用焗油机加热 15~20 分钟。加热时间不可过长，完成后须充分等待冷却。

◆冲水，无须洗发水或护发素，冲干净即可。

◆用毛巾吸干，后将头发吹至七八成干即可，可让顾客感受效果，最后造型完成。

④说明护发功能及疗程的效果。

◆不同种类的发质和其结构告诉我们，密集的系统化护理是很重要的。

◆平衡和相互配合的有效物料是基本要素，将头发的 pH 值及产品的 pH 值做比较，并告诉顾客我们的产品 pH 值是在 3~4.5 之间的。

◆头发的损伤不是一天造成的，只有长期的使用护理才可取得有效的护理效果。

（8）头皮调理操作规范

①将客人头发清洗干净后，先围上一层干毛巾，再拿围布围在外面。

②用吹风机配合大齿梳将头发拨开吹干头皮（注意用力均匀，不要用力太大）以免水分稀释调理霜。从颈背后中心线开始吹干，发根要蓬松站立，以方便涂抹调理霜。

③少量调理霜用中指、无名指和食指均匀涂抹在头皮上，注意涂抹时轻轻涂放在头皮上，从顶部开始向四周扩散，注意力度适中。

④头均匀涂抹后，按头部穴位进行按摩。按摩的动作不要太快，否则会摩擦生热，没有清凉的感觉。通过穴位按摩，使气血互通，舒张毛孔，让顾客感受到轻松舒爽，进而消除疲劳，同时调理霜中的有效成分通过按摩可以渗透更快，按摩的时间控制在 3~5 分钟，这时应让顾客感到头皮清凉的感觉。

⑤按摩完停留 2 分钟后，帮顾客套上浴帽，注意从颈背往前额套上去，整个发际都应包在浴帽内，同时注意顾客对浴帽皮筋的松紧度是否适应（尽量不用保鲜膜，用浴帽其空间较大，热气可循环），用飞碟加热器加热 5 分钟。

⑥加热时，应帮顾客做一些颈部或背部按摩，让其放松，消除疲劳。加热完毕后，关闭飞碟加热器，让其等候 5 分钟，使其冷却、凉透。

⑦冷却凉透后，再用温水冲洗头皮，注意水温不要太高，将调理霜冲洗干净，用冷风吹干，将顾客头发整型。

4. 送客与客后整理规范

①将客人的私人衣物交还给顾客。

②真诚征求顾客的意见，并认真填写。当助理或者是设计师为顾客设计完成时应主动热情地带客人到收银台。当顾客买完单时，助理要问：“您对我今天

的服务满意吗？如有服务不周之处还望多多指点，我会虚心接受的”；设计师将问：“小姐我为您今天设计的造型您还满意吗？对这里有意见吗？请提出您宝贵的意见，以便我们下次改正。请留下您的联系方式，这是我的名片及公司电话号码 ××××。如果回去不好打理，打电话或者您过来，我再教您打理或修正。”

③热情地将顾客送到前台付款。

④欢送顾客到门外，并说欢迎下次再来。助理和设计师一起以 45 度鞠躬表示谢意，并说“谢谢您的光临，欢迎下次带您朋友来，期待您的光临！再见！”

⑤收拾、整理、更换美发用品，为下一位顾客做好准备工作。

二、美发工具消毒规范

美发厅有严格的消毒制度和消毒设备，毛巾必须做到一客一换，并且不同的工具应采取不同的消毒方法。

①棉织品采用一客一换一消毒方法，采取煮沸或蒸汽消毒，温度应为 100 摄氏度，持续 15 分钟，或放在含有 0.25%~0.5% 的洗消溶液中浸泡 15 分钟后，用水冲洗干净，也可达到消毒的目的。

②电推子、剃刀、剪刀等工具可采用含量为 75% 的酒精浸泡、擦拭，电推子可用酒精灯的火焰烧烤以达到消毒的作用。

③胡刷、木梳、排骨梳、烫发杠的消毒可采用含 3% 的来苏水浸泡 15 分钟后晾干。

④棉织品、木梳、胡刷也可采用紫外线消毒法，照射 30 分钟，即可达到消毒的目的。

⑤对患有皮肤病的顾客，应设专用的美发工具和毛巾，消毒时应与其他工具分开，以避免细菌传播。

任务四　美发项目服务英语培训

情景一：

◆你想将头发剪成怎样？

How do you want your hair cut?

◆我想把它剪短，但不必短到可以让头发直立。

I'd like to have it short. It shouldn't be short enough for hair to stand up.

◆刘海呢？

How about the bangs?

◆只要不碰到眉毛就行了，我希望我的耳朵露出来。

Just make sure it doesn't touch my eyebrows. Want my ears to be showing.

◆后面和鬓角要我用剃刀吗？

Do you want me to use a razor for the back and the sideburns?

◆好的。

Yes, please.

情景二：

◆我想要这样的发型。

I feel like to wear my hair in this way.

◆哦，这发型最近很流行。

Oh, it's really popular these days.

◆你觉得它适合我吗？

Do you think it's suitable for me?

◆说实话，我觉得旁边的那款更适合你。

Honestly speaking, I think the one next to it suits you better.

◆尽管我很喜欢，但是对我而言它有点太时髦了。

Even though I really like it, it's just too modern for me.

◆不会的。你看那边。那位女士也选了这款，她看起来总比你大吧。

That's not true. Look over there! That lady chose the same one and she is surely older than you.

◆那好吧。另外我也想把头发染个颜色。

Okay then. And I also want to have my hair colored.

◆你喜欢什么颜色？

Which color do you like?

◆酒红色。

Claret-red.

◆不错的选择。

Nice choice.

任务五　美发室员工目标考核

一、美发室领班目标考核

<table>
<tr><th rowspan="2">序号</th><th rowspan="2">考核内容</th><th rowspan="2">考核指标及目标值</th><th colspan="2">考核实施</th></tr>
<tr><th>考核人</th><th>考核结果</th></tr>
<tr><td rowspan="2">1</td><td rowspan="2">制订美发室每月的工作计划</td><td>工作计划完成率达到______%</td><td></td><td></td></tr>
<tr><td>美发室平均每月营业收入达到______万元以上</td><td></td><td></td></tr>
<tr><td>2</td><td>组织做好对客服务工作，并监督服务质量</td><td>年客人投诉次数不超过______次</td><td></td><td></td></tr>
<tr><td>3</td><td>定期检查设施、设备的保养情况，有损坏及时上报</td><td>设施、设备完好率达到______%以上</td><td></td><td></td></tr>
<tr><td>4</td><td>检查美发室各区域的卫生清洁及安全防范工作</td><td>因检查不到位，造成客人滑倒等安全事故的发生率为0</td><td></td><td></td></tr>
<tr><td>5</td><td>依照培训计划，对美发室员工展开技能培训</td><td>员工考核达标率达到______%以上</td><td></td><td></td></tr>
</table>

二、美发师目标考核

<table>
<tr><th rowspan="2">序号</th><th rowspan="2">考核内容</th><th rowspan="2">考核指标及目标值</th><th colspan="2">考核实施</th></tr>
<tr><th>考核人</th><th>考核结果</th></tr>
<tr><td>1</td><td>进入房间后，及时通知钟房服务员起钟</td><td>通知及时率达到100%</td><td></td><td></td></tr>
<tr><td>2</td><td>保持美发室的卫生清洁</td><td>客人满意度平均得分达到______%</td><td></td><td></td></tr>
<tr><td>3</td><td>进入房间后，及时通知钟房服务员起钟</td><td>卫生检查合格率达到______%以上</td><td></td><td></td></tr>
</table>

三、美发室服务员目标考核

序号	考核内容	考核指标及目标值	考核实施	
			考核人	考核结果
1	营业前，检查营业用品的基本情况，及时补充不足	营业用品缺失率不超过______%		
2	根据安排，将美发师带进客人房间	出错率为 0		
3	及时整理客人用过的房间	检查合格率达到______% 以上		
4	检查并保养美发室的设备、设施	设备、设施可用率达到______% 以上		

案例分析

案例 1：一个不满意的发型

春节即将来临，王女士很想给自己改变形象，但又怕一般的美发厅太过于简单随便，选来选去，还是选了离家较近的一家五星级饭店内的发廊。她想高星级的美发师应该经验更为丰富才对。

坐下之后，王女士向美发师讲了自己的期望，并征求美发师的建议，最后在一个发型册上找到了一位女模特的发型做样板，开始做头。但当全部程序结束后，王女士很不满意，认为与画册上的效果相去甚远。美发师耐心向她解释，这是因为王女士和画册中模特脸型差异较大所致。但王女士仍是不依不饶，她说：“既然你早知道我的脸型与模特脸型不一样，为什么在开始给建议时没有说明？”

问题：如果你是负责人该如何处理?

思考与练习

1. 如何规范地提供美发项目服务?
2. 美发项目服务需注意哪些关键问题?
3. 总结美发项目服务程序。
4. 如何对美发师进行目标考核?

模块四
娱乐类项目服务与管理

项目十四　棋牌项目服务与管理

【知识目标】

◆掌握棋牌项目服务知识。
◆熟练掌握棋牌项目工作程序。
◆熟悉棋牌项目服务规范。
◆熟悉棋牌室各岗位人员目标考核的内容。

【能力目标】

◆能够熟练提供棋牌项目服务。
◆能够处理棋牌项目服务中遇到的常见问题。
◆能够制订棋牌项目服务规范。
◆能够对棋牌室各岗位人员进行绩效考核。

【素质目标】

◆具有规范化操作与标准化服务的意识。
◆具有良好的敬业精神。
◆具有良好的团结协作意识。
◆具有良好的人文关怀精神。
◆具有弘扬中华民族棋牌文化的自觉意识。

【实训项目】

情景：某酒店棋牌室内客人吸烟烧坏了地毯。
实训任务1：对此情况给出处理意见，并现场模拟处理过程。
实训任务2：如何改变这种状况，请给出解决方案。

【项目分析】

◆将学生分为若干组，每组独立完成处理过程的现场模拟与解决方案的陈述。

◆每组成员对各组方案进行评价，得出最佳处理意见及解决方案。

【学习任务】

任务一　棋牌项目服务知识

棋牌是棋类和牌类娱乐项目的总称，包括中国象棋、围棋、国际象棋、蒙古象棋、五子棋、跳棋、国际跳棋（已列入首届世界智力运动会项目）、军棋、桥牌、扑克、麻将等诸多传统或新兴娱乐项目。主要项目有：

一、中国象棋

中国象棋是由两人轮流走子，以“将死”或“困毙”对方将（帅）为胜的一种棋类运动，有着数以亿计的爱好者。它不仅能丰富文化生活，陶冶情操，更有助于开发智力，启迪思维，锻炼辩证分析能力和培养顽强的意志。

棋子活动的场所，叫作“棋盘”，在长方形的平面上，由九条平行的竖线和十条平行的横线相交组成，共九十个交叉点，棋子就摆在这些交叉点上。中间第五、第六两横线之间未画竖线的空白地带，称为“河界”，整个棋盘就以“河界”分为相等的两部分；两方将帅坐镇、画有“米”字方格的地方，叫作“九宫”。

象棋的棋子共三十二个，分为红黑两组，各十六个，由对弈双方各执一组，每组兵种是一样的，各分为七种：

红方：帅（1）、仕（2）、相（2）、车（2）、马（2）、炮（2）、兵（5）

黑方：将（1）、士（2）、象（2）、车（2）、马（2）、炮（2）、卒（5）

其中帅与将、仕与士、相与象、兵与卒的作用完全相同，仅仅是为了区分红棋和黑棋。

对局时，由执红棋的一方先走，双方轮流各走一着，直至分出胜、负、和，对局即终了。轮到走棋的一方，将某个棋子从一个交叉点走到另一个交叉点，或者吃掉对方的棋子而占领其交叉点，都算走一着。双方各走一着，称为一个回合。

二、围棋

围棋，是一种策略性二人棋类（也有联棋或团队对战模式，有二对二、一对多、多对多等形式），使用格状棋盘及黑白二色棋子进行对弈，过程中围地吃子，以所围“地”的大小决定胜负。

围棋盘面有纵横各十九条等距离、垂直交叉的平行线，共构成 $19\times19=361$ 个交叉点（以下简称为“点”）。在盘面上标有几个小圆点，称为星位，共九个星位，中央的星位又称“天元”。棋子分黑白两色，均为扁圆形。棋子的数量以黑子 181、白子 180 个为宜。

围棋的下法：对局双方各执一色棋子，黑先白后，交替下子，每次只能下一子。棋子下在棋盘的点上。棋子下定后，不得向其他点移动。轮流下子是双方的权利，但允许任何一方放弃下子权。

围棋的规则十分简单，却拥有十分广阔的落子空间，可增强一个人的计算能力、创造能力、思维能力、判断能力，还能提高人的注意力和控制力。下围棋对少年儿童的智力发展有积极作用，可使他们能更好地分析事物。围棋有横竖 19 条线，总共有 361 个交叉点，因此第一手有 361 种选择，第二手有 360 种选择……共有 2^{361} 种可能（参考沈括《梦溪笔谈》）。因而，围棋是唯一电脑下不出的棋，最强的电脑围棋也只有 13 级水平。围棋变化多端，是棋类中较为复杂的。

三、麻将

麻将是汉族发明的四人骨牌游戏，流行于华人文化圈中，游戏用具采用竹子、骨头或塑料制成小长方块，上面刻有花纹或字样。麻将的牌式主要有“饼（文钱）”“条（索子）”“万（万贯）”等。一副完整的麻将牌共有 156 张。不同地区的游戏规则稍有不同。目前流行的是精简版麻将，不含百搭和大白板，共 144 张。有起牌、组牌、和牌三个基本环节。麻将应对的五种标准状态是“吃”“碰”“杠”“听”“和”。牌术变幻莫测，组牌花样名目繁多，既要胸有成竹，又要随机应变，是一种智慧和趣味相结合的高尚娱乐活动，有益于提高观察、分析和判断能力，还能陶冶性情、消除疲劳、增进身心健康。尤其适用于老年人的休养生活，故有“老年娱乐”之称。

四、纸牌

纸牌又被称为扑克（Poker）。

其中桥牌游戏是较流行的一种。定约桥牌（Contract Bridge），一般简称桥牌（Bridge），是一种以技巧和运气赢取牌墩的纸牌游戏。桥牌是由四个人组成两对搭档在方桌上进行，搭档互相面对面坐在桌子的两端。桥牌所使用的是普通扑克牌去掉大小王后的52张扑克牌，共分梅花、方片、红桃、黑桃四种花色。四种花色有高低之分，按照英文各自开头第一个字母的顺序排列而成，即梅花（Clubs）为C，方片（Diamonds）为D，红桃（Hearts）为H，黑桃（Spades）为S。其中梅花和方片为低级花色（Minor suit），每墩20分；红桃和黑桃为高级花色（Major suit），每墩30分。每一种花色有十三张牌，共52张牌，平均分配，每人13张；打牌时，一方出牌，另外三方跟着出一张，牌放在胜者这里，称为一墩。定约以6墩为本底墩数，6墩以上的牌方可算作赢墩。如果用户做4H定约，就是红桃为将牌，取到10墩牌以上才算完成。如果没有达到足够的墩数，则称为宕了，会被罚分。离定约差几墩就称为宕几。竞赛包含叫牌（也可称为竞价）与打牌两部分，接着将该牌记分。在定约决定后，叫牌就结束。定约代表某一搭档宣告他们一方必须至少吃到的墩数，以及将使用为将牌的特定花色（或者不使用将牌）。打牌的规则与其他赢取牌墩的游戏类似，且其中一位玩家的手牌必须面朝上放在桌上，称作“明手”。桥牌规则规定，定约基本分达100分以上者方算成局，否则为未成局。未成局只奖50分。成局奖在无局时是300分，有局时是500分。也就是说，要想成局，在双方没有加倍的情况下，梅花和方片必须定约到5阶以上，即拿足11墩牌；红桃和黑桃只需定约到4阶，即拿到10墩就行了。除了有将定约以外，桥牌中还有无将定约（No Trump），即打无主牌，这种定约第一墩为40分，第二墩以后均为30分，也就是说，无将定约达3级时，即拿到9墩牌时便成局了。叫到并打成6阶定约称为小满贯（Small/Little/Slam），无局奖励500分，有局奖励750分。叫到并打成7阶定约称为大满贯（Grand Slam），无局时奖励1000分，有局时奖励1500分。

其他较流行的纸牌游戏有：拖拉机、锄大地、升级、拱猪等。

五、国际象棋

国际象棋，又称欧洲象棋或西洋棋，是一种二人对弈的战略棋盘游戏。国际象棋棋盘是个正方形，由横纵各 8 格、颜色一深一浅交错排列的 64 个小方格组成。深色格称黑格，浅色格称白格，棋子就放在这些格子中移动，右下角是白格。棋子共三十二个，分为黑白两组，各十六个，由对弈双方各执一组，兵种是一样的，分为六种：

中文简称	王	后	车	象	马	兵
中文全称	国王	皇后	城堡（战车）	主教（传教士）	骑士	近卫军
英文简称	K	Q	R	B	N	P
英文全称	King	Queen	Rook	Bishop	Knight	Pawn
数量	1	1	2	2	2	8

摆棋时，王对王，后对后；白后站白格，黑后站黑格。黑王站白格，白王站黑格。白棋第一行由左到右为车马象后王象马车。黑棋为车马象王后象马车。第二行全为兵。

国际象棋由执白者先行，国际象棋的对局目的是把对方的王将死。一方的王受到对方棋子攻击时，称为王被照将，攻击方称为“将军”，此时被攻击方必须立即“应将”。如果无法避开将军，王即被将死，攻击方取胜。除“将死”外，还有“超时判负”与“和棋”。

任务二　棋牌项目工作程序

一、岗前准备

①打开责任区域内的窗户或换气扇进行通风，并清洁棋牌室内的环境卫生。

②服务员检查客用物品，发现破损、残缺的要及时更新。

③补齐各类营业用品和服务用品，并整理好桌椅。

④查阅值班日志，了解客人的预订情况及交代其他未完成的工作。

⑤再次检查服务工作的准备情况，做好迎客准备。

二、迎宾服务

①客人到来时，主动向客人问好。

②询问客人所需棋牌种类。

③引领客人到相应的棋牌桌前。

三、棋牌室内服务

①为客人打开电视，主动接过客人外套并挂好。

②对棋牌项目做简单介绍，告知客人收费标准。

③快速准确地为客人布置好台面，并告知客人开始娱乐的时间。

④为客人送香巾，礼貌询问客人需要何种饮料。

⑤在客人娱乐过程中，注意不要打扰客人，根据客人需求提供相应的服务，按规定进行服务巡视并填写巡视记录表。

⑥客人娱乐结束时，告知客人娱乐结束时间，与客人确认总娱乐时间。

⑦按结账程序快速准确地为客人结账。

四、送客与整理服务

①客人离开时，询问客人对服务的意见，及时填写宾客意见本，对于客人提出的意见尽快回复，当场无法回复的上报管理人员。

②提醒客人带好随身物品并检查有无遗留物品。如有，第一时间与预订人或已掌握联系方式的客人联系告知客人遗留物品，核实后交与客人，并提醒以后保管好。未联系到客人的按遗留物品处理程序处理。

③礼貌与客人道别。

④清理棋牌室卫生，做好接待新顾客的准备。

任务三　棋牌项目服务规范

棋牌室员工对客服务应遵循下述规范：

一、岗前准备规范

①服务员按时上岗。规范要求：工装整洁，仪表端正，精神饱满。

②做好服务准备工作。规范要求：按客人预订时间及要求做好卫生及相关物品准备工作，香巾加热进行保温，将麻将牌按客人要求洗好；站立于吧台迎接客人，面带微笑。

二、迎宾服务规范

①服务应主动、热情。

②询问是否有预订。若有预订，则将客人引领至预订的位置；若未预订，则将客人引领至客人选择的位置；若客满，征求客人意见，询问其是否愿意等候或先进行其他活动。

三、棋牌室内服务规范

①客人脱衣、摘帽时，服务员应主动为其服务，并将客人的衣帽挂在指定衣架或者送至衣帽间。

②询问客人是否需要酒水或食品，适度向客人推销，并根据客人活动单上的酒水服务要求为客人提供饮品。

③客人娱乐时，应站立于客人附近，随时为客人解答问题及提供服务，并在必要时向客人示范棋牌的玩法。

④客人娱乐期间，服务员应视情况向客人提供饮料、小吃服务。客人离去时，账单开具要准确，账款须当面点清。具体规范要求：

◆客人按响“加水”服务按钮时，员工应立即根据客人所点饮料情况准备好开水或纯净水，为客人提供加水服务。

◆客人按响“点餐”服务按钮时，员工应立即准备好点餐菜单与纸和笔，为客人进行点餐，如遇客人所点餐品菜单上没有时，应先请客人稍等，待询问餐厅后答复客人。

◆客人按响“服务”按钮时，员工应在30秒内提供客人所需服务项目，如当时无法满足客人需求也一定要先给其答复。

◆客人按响“结账”服务按钮时，员工应立即填写好账单，带好账单夹与签字笔请客人结账。

◆如有客人不小心按错服务按钮时，服务人员应礼貌退出，并告知客人如需服务随时按响服务器。

◆如有小朋友或客人不按规定使用服务按钮时，应婉言相劝。

◆视情况清理客人用过的纸巾和烟灰缸（烟头不能超过烟灰缸的三分之一）。

◆根据客人用水情况续水，为客人倒水时要避开客人以免碰到客人。

◆合理利用客人休息及上卫生间、打电话等时间来进行服务，避免扰客。

◆进房间要敲门（食指轻敲三下），退出房间时，要在距离门口两步远时转身面向客人，背对着门退后两步退出房间，轻轻关闭房门。

◆如客人娱乐时间较长或通宵娱乐，主动为客人更换香巾，适时询问是否需要订餐，并适时推销酒店的方便食品。客人订餐时，应向客人确认订餐价钱，并尽量提醒客人不点带汤汁的食物。

◆如客人娱乐时将鞋子脱掉，主动为客人送上一次性拖鞋，并询问客人是否需要擦鞋服务（告知收费标准）。如需要，将鞋拿至服务室，根据客人皮鞋颜色选择鞋油和鞋刷，先用擦鞋布将鞋面灰尘擦净，将鞋油挤到鞋面上，用鞋刷均匀地刷开，最后用擦鞋布将鞋擦亮。

◆如遇客人娱乐期间将烟灰弹到地毯上，应讲："先生，由于我的疏忽没有为您及时清理烟灰缸，现在给您换了一个烟灰缸，请您使用。"

⑤当客人示意结账时，服务员要主动将账单递给客人。

◆如果客人要求挂账，服务员要请客人出示房卡并与前台收银处联系。待确认后，请客人核对账单并签字，服务员要认真审核客人的笔迹。

◆如前台收银处未对客人资料进行确认或认定笔迹不一致时，应请客人现金支付。

四、送客与场地清理规范

（一）送客服务规范

①客人离开时，服务员要主动提醒客人不要忘记随身物品，并帮助客人穿戴好衣帽。

②服务员将客人送至门口，并礼貌地向其道别。要求引领客人至门口，向客人指示电梯位置或将要去的地方，目送客人至少五米远处。

语言规范：请慢走，欢迎下次光临！声音要柔和，声调适中。

（二）场地整理规范

客人离开后，服务员应迅速清洁场地，整理好桌椅，准备迎接下一批客人的到来。具体规范要求如下：

①关闭空调、灯光及电视，电视调至默认状态；只留工作灯清理卫生。

②将棋、牌码好放回原处。麻将要将 8 张花与其他牌区分开来摆放。整理筹码，统一筹码数量。将机器挡位调至 144 张牌挡位上。

③清理客人用过的烟灰缸、纸巾和杯具，烟灰缸内的烟头要确认已熄灭再倒掉。

④清理地毯卫生，对于污染的地毯与布草及时处理。

⑤对杯具进行一客一清理。

⑥关闭所有灯光。

任务四　棋牌项目服务英语培训

◆欢迎您来到康乐中心。

Welcome to the recreation center.

◆我可以进来吗？

May I come in?

◆请进。

Come in, please.

◆请再说一遍。

Pardon?

◆乐意为您效劳。

It's pleasure.

◆我明白了。

Oh, I see.

◆对不起，这里禁止吸烟！

Sorry, but it's no smoking here!

◆给您。

Here you are.

◆这是找您的钱（收据）。

Here’s your change (receipt).

◆不用谢。

You’re welcome.

任务五　棋牌室员工目标考核

一、棋牌室领班目标考核表

<table>
<tr><th rowspan="2">序号</th><th rowspan="2">考核内容</th><th rowspan="2">考核指标及目标值</th><th colspan="2">考核实施</th></tr>
<tr><th>考核人</th><th>考核结果</th></tr>
<tr><td rowspan="3">1</td><td rowspan="3">完成棋牌室营业计划</td><td>棋牌室营业收入达到_____万元，毛利润达到_____万元</td><td></td><td></td></tr>
<tr><td>酒水、食品销售收入达到_____万元</td><td></td><td></td></tr>
<tr><td>营业计划完成率达到_____%以上</td><td></td><td></td></tr>
<tr><td rowspan="2">2</td><td rowspan="2">组织下属人员做好棋牌室的对客服务工作</td><td>客人满意度评分平均达到_____分</td><td></td><td></td></tr>
<tr><td>客人的有效投诉次数不超过_____次</td><td></td><td></td></tr>
<tr><td>3</td><td>棋牌室的清洁工作</td><td>棋牌室卫生清洁检测合格率达到_____%以上</td><td></td><td></td></tr>
<tr><td>4</td><td>负责员工业务知识与操作技能的培训工作</td><td>员工技能考核达标率达到_____%以上</td><td></td><td></td></tr>
<tr><td>5</td><td>控制棋牌室营业成本</td><td>棋牌室营业成本节约率为_____%</td><td></td><td></td></tr>
</table>

二、棋牌服务员目标考核表

<table>
<tr><th rowspan="2">序号</th><th rowspan="2">考核内容</th><th rowspan="2">考核指标及目标值</th><th colspan="2">考核实施</th></tr>
<tr><th>考核人</th><th>考核结果</th></tr>
<tr><td rowspan="2">1</td><td rowspan="2">为客人提供棋牌项目服务</td><td>客人满意度平均分在_____分以上</td><td></td><td></td></tr>
<tr><td>因服务不到位导致客人的投诉不超过_____次</td><td></td><td></td></tr>
</table>

续表

序号	考核内容	考核指标及目标值	考核实施	
			考核人	考核结果
2	记录客人的消费	为客人记录消费的出错率为 0		
3	适时进行推销	酒水、食品销售额达到______元以上		
4	棋牌室设备、设施的管理	棋牌室设备、设施完好率达到______%		

案例分析

某日上午 9 点，某旅游度假村入住了一批团队客人，他们是市夕阳红离退休自助游协会的会员，年龄大多都在 55~75 岁，身体健康，爱好广泛。其中有两位老先生，一位姓罗，是协会的秘书长，另一位姓周，是协会的理事，他们喜欢下围棋，是协会的围棋冠亚军。

下午三点，罗秘书长和周理事带领协会的会员们到度假村的后山上采摘红叶。晚上八点，在接待员小马的引领下，罗秘书长和周理事来到了棋牌娱乐室下围棋。平时罗秘书长在下围棋时喜欢抽烟，周理事在下围棋时喜欢喝茶，这一次也不例外。

罗秘书长在兴致勃勃地与周理事对弈了 20 分钟围棋后，走棋的灵感没有了，烟瘾却上来了。他一边从烟盒里取烟，一边吩咐服务员小余："服务员小姐，快给我准备一个烟灰缸！"

"对不起，先生，棋牌室里有规定，为了其他客人的身体健康，不能在围棋室里抽烟。如果您有这方面的爱好，休息厅里有吸烟区，为您准备有烟灰缸，我带您去好吗？"

罗秘书长听了小余这一番话很尴尬，连忙把还没有点着的一支香烟装进烟盒里，不好意思地说："不用了，我自己去。"接着跟周理事说："这盘棋算我输了，等我到吸烟区里抽支烟，咱们接着玩。"

周理事笑了笑说："可以，快去快回！我可以利用这段时间，好好地品味服务员给我泡的这壶香茶了。"

原来，他们进入围棋室后，服务员小余就根据周理事的需求，为他泡了一壶浓郁的香茶，由于他们在围棋对弈时全神贯注，竞技激烈，没有时间品味，当罗秘书长提出要到休息厅抽烟时，他可以悠然自在地品味香茶的味道了。

5分钟之后，罗秘书长在吸烟区域里过了烟瘾，满足地回到了围棋室，和正在品味香茶的周理事继续下棋。

又过了3分钟，服务员小余走进吸烟区，把罗秘书长弹进烟灰缸里的污垢很快地清洗完毕之后又回到了围棋室，礼貌地对罗秘书长说："先生，谢谢您对我们工作的配合与支持。"罗秘书长听了，高兴地说："互相配合，互相支持，谢谢您的服务。"

问题1：该案例中服务员小余有哪些值得学习的地方？

问题2：该案例给你什么启示？

【知识拓展】

传统文化——中国棋文化

棋者，弈也。下棋者，艺也。博弈是东方文化生活的重要组成部分，它不但不同于一般的消遣游戏，还影响和陶冶着人们的道德观念、行为准则、审美趣味和思维方式。琴、棋、书、画并称中国四大传统艺术形式，成为一种具有丰富内涵的文化形态。

在中国具有代表性的棋类是围棋与象棋，它们是中国古人文化的结晶，也是一直流行的娱乐游戏。

一、围棋

关于围棋的起源众说纷纭，有尧舜以棋教子说，战国纵横家创说，但较科学的观点是围棋的创造者，是我国广大的劳动群众。围棋在原始社会时已具雏形，纵横交错的棋盘图形已经基本形成。从出土棋盘的十、十三、十五……直至今天通用的十九道线的发展过程看，围棋不可能是某一个人某一天里突然创造出的奇迹，而是经过了由简单到复杂、棋子由少到多、着法由单一到多样的发展变化过程，时间跨越数千年，集聚了无数围棋爱好者的智慧和经验，逐渐改进、丰富，最后形成今天这种规模。

三国时期，士族贵族喜好博弈，围棋开始得到发展，涌现了大批优秀棋手，而且建立了棋品制，出现了棋法研究专著。魏国邯郸淳的《艺经》记载，棋手按技艺高低分为九品，九品外还有棋圣。

隋时期围棋由19道棋盘代替了过去的17道棋盘，从此19道棋盘成为主流。随着隋帝国对外的开放交流，围棋被带到了朝鲜半岛和日本，棋手九品制传入日本后，成为日本九段制的根据。

唐宋时期，由于帝王们的喜爱及世人的热衷，围棋得到长足的发展，归于艺术门类琴、棋、书、画四艺中，对弈之风遍及全国。官府棋待诏设置，推动了围棋的繁荣。当时的棋局已以19道作为主要形制，围棋子已由过去的方形改为圆形。

明清两代出现了许多棋艺和人品都很高的大棋士，像范西屏、施襄夏、黄世龙，此时的围棋技艺达到了顶峰。之后随着国家不稳定，围棋逐渐衰落。

在中国，最能体现围棋的文化精神的，当然是“手谈”“坐隐”“忘忧”“烂柯”“橘中之乐”之类雅称了。“手谈”强调围棋是一种特殊的表情达意方式，以棋发言，在无声中交流思想。“坐隐”“忘忧”“烂柯”之类，则表现了方寸棋盘对尘俗世间庸碌人生的超越。归根结底，围棋代表人的生命存在、精神追求的一种方式。这是围棋被当作“雅事”、被众多“雅人”喜爱的原因。

二、象棋

中国象棋起源于战国时期。《楚辞·招魂》中就对其形制以及玩乐方法做过专门记载：“菎蔽象棋，有六簙些；分曹并进，道相迫些；成枭而牟，呼五白些。”

象棋，亦作“象碁”，汉族棋类益智游戏，在中国有着三千多年的历史，属于二人对抗性游戏的一种。中国象棋是由两人轮流走子，在战法上遵循古代孙子兵法中的“不战而屈人之兵，善之善者也”的作战思想，以“将死”或“困毙”对方将（帅）为胜的一种二人对抗性游戏。

中国象棋具有悠久的历史，战国时期已经有关于象棋的正式记载，经过数百年的时间，于北宋末定型为现代模式，以将一方之将（帅）捉死为胜。

有关象棋的传说不少，有一种说法是虞舜为了教育他的弟弟发明了象棋，每日与其弟在牢中对弈，因为他弟弟的名字叫象，才称为象棋。

但比较科学合法的解释是：象出自易经，是包罗万象之象，因为这种游戏变化无穷，包罗万象，所以称之为“象棋”，为变化多端之意。

英国著名的学者李约瑟在《中国科学技术发展史》一书中也承认象棋是中国人民的创造，是古代中国人模拟战争而创造的一种游戏。

象棋是一种靠智谋、技术、修养等较量的竞技运动。棋子活动的场所横九纵十。在棋盘中间有个空白地带，即“楚河汉界”。象棋虽然只是一种益智游戏，但其背后的历史文化却深刻久远。“楚河汉界”就与历史上的楚汉战争有关，刘邦、项羽“中分天下，割鸿沟以西为汉，以东为楚”，象棋盘中帅、将活动的米字九宫格就代表着军队统帅所在大本营。

棋者，弈也。下棋者，艺也。博弈是东方文化生活的重要组成部分，它不但不同于一般的消遣游戏，还影响和陶冶着人们的道德观念、行为准则、审美趣味和思维方式。中国四大传统艺术形式琴、棋、书、画，是一种具有丰富内涵的文化形态。“弈”中的恬淡、豁达、风雅、机智和军事、哲学、诗词、艺术共聚一堂。

黑白之间，楚河汉界内外，棋艺带来的启悟和内涵被无限拓展，棋盘之外的天地被融合为一，成为中国棋文化的最大特点之一。方寸棋盘，还具有磨炼人的意志、陶冶人的情操、振奋民族精神的作用。

思考与练习

1. 棋牌项目服务如何才能满足客人需求？
2. 棋牌项目服务过程中如何恰当地推销食品饮料？
3. 棋牌室主管怎样才能调动员工的工作热情？

项目十五　歌舞厅、KTV项目服务与管理

【知识目标】

◆掌握歌舞厅、KTV项目服务知识。
◆熟练掌握歌舞厅、KTV项目工作程序。
◆熟悉歌舞厅、KTV项目服务规范。
◆熟悉歌舞厅、KTV各岗位人员目标考核的内容。

【能力目标】

◆能够熟练提供歌舞厅、KTV项目服务。
◆能够处理歌舞厅、KTV项目服务中遇到的常见问题。
◆能够制订歌舞厅、KTV项目服务规范。
◆能够策划主题歌舞晚会。
◆能够对歌舞厅、KTV各岗位人员进行绩效考核。

【素质目标】

◆树立遵纪守法的意识。
◆具有规范化操作与标准化服务的意识。
◆具有良好的敬业精神。
◆具有良好的团结协作意识。

【实训项目】

策划一场主题歌舞晚会。

【项目分析】

◆将学生分为若干组，每组独立完成主题晚会策划方案，并进行现场展示与表演。

◆晚会主题明确，思想内容健康、积极向上。

◆场地布局切合主题。

◆主题与节目选择具有创意，情节衔接得当。

◆节目搞笑煽情，能调动观众热情。

附：

香格里拉欢乐嘉年华圣诞晚会策划方案

一个人的欢乐单调而易逝，但如果一群人因为同样的理由同时释放发自内心的欢乐，这种欢乐将被无限制地放大。给一个理由，让一群人为这个理由而激动，为一次相聚而额手称庆，这就是我们的目的。圣诞，给了我们一个契机，让我们可以相互渲染、一起宣泄，为香格里拉而欢呼！

一、晚会主题：

嘉年华的英文单词是“carnival”，“carnival”这个概念源于威尼斯，翻译过来就是“狂欢节”的意思。“人生百年 难忘香格里拉”，通过圣诞节晚会，营造一种团结向上、青春健康、活泼的气氛，推崇香格里拉特色。

二、创意阐述

这是一次新老朋友的交流晚会。“圣诞晚会”作为一种极具亲和力的交流方式，在各大酒店普遍推广。为使我酒店的圣诞晚会更具香格里拉特色，有以下设想：

第一乐章　欢乐

本章以8名舞蹈演员在轻松欢乐的《铃儿响叮当》乐曲中翩翩起舞拉开整场晚会的序幕。用电光花制成雪花图案，以“香格里拉欢乐嘉年华”7个大字组成字幕烟花，点明晚会的主题，拉开第一乐章的帷幕。以组合烟花烘托出圣诞节的多姿多彩；又以狂潮烟花衬映出节日人们的欢乐心情。视野开阔，层次分明，恰似雪花飘舞，又似万马奔腾。

第二乐章　喜庆

本章通过主持人的指挥棒将刚刚出炉的新歌与飘散在记忆中的老歌巧妙地

编织在一起，时而热辣，时而怀旧；用不同方式诠释同一首歌，让同一首歌也变得生动起来；时而让你随着热力四射的劲舞兴奋到极点，时而又在阳春白雪般的探戈鼓点中沉醉于许多年前的西班牙宫廷……歌声、笑声、欢呼声分别在不同高度和跨度开苞定格，加上荧光棒交相衬托，使整场晚会五彩缤纷、高潮迭起，可谓红梅朵朵、银蝶飞舞、流星闪烁，演绎出香格里拉丰富多彩的都市风光，使人寓情于景，喜庆万分。

第三乐章 参与

本章通过每一位入场者的号码，在晚会中间穿插几个互动性节目，抽到号的与会者上台与歌手、主持人亲密接触或表演。如“模仿秀”模仿最像的有奖。既有浓妆淡抹之情调，又有雷霆万钧之气势。在期待和守候中，将晚会推向高潮，令人目不暇接、回味无穷。

三、场景布置（略）

四、晚会流程

1. 香格里拉大酒店领导致欢迎词
2. 音乐《铃儿响叮当》中主持人开场
3. 歌舞节目
4. 游戏、模仿秀
5. 杂技
6. 游戏、抽奖
7. 相声、小品
8. 歌舞节目
9. “幸福拍手歌”中结束晚会

五、节目单

1. 领导致欢迎词
2. 大型歌舞《铃儿响叮当》

亮点：渲染晚会主题

演唱：全体演员

3. 男声独唱《暗香》（伴舞）

《唯一》

《从头再来》

演唱：刘达（湖南经济电视台《绝对男人》入围选手）

4. 女声独唱《痴狂》(伴舞)

《青藏高原》

演唱：杨青（优秀青年歌手）

5. 互动环节（游戏、嘉宾表演）

6. 歌曲《戏曲联唱》

《玫瑰香》(伴舞)

《什锦菜》

演唱：陈戎（优秀青年歌手、国家二级演员）

7. 歌曲《失忆恋爱备忘录》(伴舞)

《她一定很爱你》

《有多少爱可以重来》

演唱：詹添（优秀青年歌手）

8. 女子民乐组合《经典民乐联奏》

《阿拉木罕》

《胜利（维多利亚的笑容）》

表演：×× 省第一支女子民乐队

9. 相声　口技

表演：赵学智 张伟（著名相声演员）

10. 互动环节——超级模仿秀

11. 经典老歌《枉凝眉》

《北京的金山上》

演唱：吕琦（著名反串演员）

12. 独舞《飞天舞》

表演：吕琦（著名反串演员）

亮点：集歌舞、演唱于一体

13. 杂技《敦煌柔术》

《晃管》

表演：×× 省杂技团

14. 组合《中国功夫》

《精忠报国》

《粉墨人生》

亮点：融技巧、演唱于一体

演唱：风云兄弟

15. 互动环节——抽奖、赠送礼品

16. 开心脱口秀

表演：何晶晶（著名笑星）

注：或选择李清德、周卫星

17. 异国风情舞蹈

表演：俄罗斯舞蹈队

18. 主持人致辞，宣布晚会结束，全体演员谢幕

六、费用

1. 主持出场费

李响　著名主持

李淼　青年演员

2. 演员出场费

3. 乐队 4 人

4. 舞蹈队 8 人

5. 音响师、灯光师各 1 人

6. 策划执行费

总费用

七、宣传策略

1. 总体方略

匠心独运香格里拉的文化品牌，以圣诞为契机，挖掘出星城最具本土精粹的歌厅文化，以及老百姓情怀所致，构造欢乐嘉年华的专场晚会，形成企业架构扩张力，提升企业的关注度和亲和力。

2. 宣传口号

人生百年　难忘香格里拉

送份情谊给大家

特别的爱给特别的你

欢乐嘉年华

3. 媒介宣传（略）

香格里拉是座古城，但其千古的 ×× 文化却一直以一种开化的姿态面对

着这个日新月异的世界。香格里拉以飞翔为梦想，依托圣诞这个特殊的欢乐嘉年华的专场晚会欲展翅高飞。

【学习任务】

任务一　歌舞厅、KTV 项目服务知识

一、歌舞类型

（一）中国传统歌舞

1. 中国民歌

民歌原本是指每个民族的传统歌曲。每个民族的先民都有他们自古代就有的歌曲，这些歌绝大部分都不知道谁是作者，而以口头传播，一传十、十传百,一代传一代地传至今日。根据不同的民族文化背景以及民歌的不同风格色彩，中国民歌大体可以分为七个不同的风格色彩区：

（1）北方草原文化民歌区

这一民歌区主要处于现在的内蒙古自治区，以蒙古族民歌为代表。蒙古族历来有“音乐民族”“诗歌民族”之称。民歌可分长调、短调两大类，长调民歌主要流行于东部牧区以及阴山以北地区，特点是字少腔长，富有装饰性，音调嘹亮悠扬，节奏自由，反映出辽阔草原的气势与牧民的宽广胸怀。闻名的曲目有《辽阔的草原》《牧歌》等。短调主要流行在西部、南部半农半牧区，其特点是结构短小，节奏规整。著名的短调民歌有《森吉德玛》《小黄马》等。草原文化民歌的共性是表现出草原牧民的质朴、爽朗、热情、豪放的情感与性格。

（2）西部受伊斯兰文化影响的新疆民歌区

这一民歌区地处新疆，以维吾尔、哈萨克民歌为代表，它受来自中亚伊斯兰传统文化的影响，与阿拉伯音乐文化有着一定的联系。维吾尔族是一个能歌善舞的民族，其歌舞艺术以“十二木卡姆”闻名于世，闻名中外的民歌有《阿拉本罕》《半个月亮爬上来》《达坂城的姑娘》《送我一朵玫瑰花》等。哈萨克族主要居住在北疆，从事牧业，闻名全国的民歌有《玛依拉》《等我到天

明》等。

（3）西部受佛教文化影响的藏族民歌区

这一民歌区包括西藏自治区和青海、四川的部分藏族聚居地区。民歌一般特点为热情、开朗、诚挚、动人，极富高原特色，节奏律动性强。闻名的民歌有《北京的金山上》等。

（4）西南高原多民族古老原始文化民歌区

这一民歌区包括云南、贵州、广西等地的少数民族地区。这一地区代表性民歌是多声部民歌。多数民族都有二声部、三声部民歌。民歌的分类有大歌、小歌。大歌以侗族、布依族、壮族等民族的最闻名。小歌除二声部外也有单声部民歌。内容以爱情为主，一般是青年男女在室内用小嗓轻声唱。此外还有古歌，以苗族的古歌历史最悠久。侗族大歌 20 世纪 50 年代即闻名全国，其他民歌如《桂花开放贵人来》《阿细跳月》等也都是有代表性的曲目。

（5）东北部受萨满教影响的狩猎文化民歌区

这个民歌区主要包括东北大、小兴安岭一带，以鄂伦春族民歌为代表（包括鄂温克、赫哲、达斡尔、满族等）。民歌分为三大类：山歌、歌舞曲、萨满调。代表性的民歌有《鄂呼兰・德呼兰》，是一首歌颂大自然的歌。此外《鄂伦春族小唱》在全国也很闻名。

（6）西北高原多民族半农半牧文化民歌区

这一民歌区包括甘肃、青海、宁夏的黄河上游地区有汉、回、土、撒拉、保安、东乡、藏、裕固等民族聚居的区域，自古以来属于半农半牧文化范畴。这一区域历史上曾经是“丝绸之路”必经之地，东西文化交流较早，由于长期的多民族交化交融，产生了八个民族并有的歌种——花儿。花儿曲调高亢悠长，格调深沉婉转，气质粗犷、淳朴。不论哪个民族都使用汉语演唱，而各民族都有自己的衬词，中外闻名的曲目有《上去高山望平川》。

（7）中原及东部沿海有着古老传统文化的汉族民歌区

汉族民歌品种繁多，就其不同的社会功能可以分为十大类，即劳动号子、山歌、小调、田歌、渔歌、茶歌、秧歌（包括灯歌）、风俗歌、儿歌、摇儿歌。

2. 中国民族歌舞

中国舞蹈艺术源远流长。不同的生态环境、不同的历史和文化背景，经过漫长的岁月和丰厚的文化积淀，使我国众多的民族发展成为拥有着数以万计从内容到形式、从韵律到风格各显异彩、斑斓夺目的民族民间舞蹈。如汉族的腰鼓、秧歌，蒙古族的安代舞、筷子舞，藏族的锅庄，维吾尔族的手鼓舞，傣族的孔雀舞，苗族的芦笙舞，彝族的阿细跳月等。中国民族民间舞蹈如果从功能上划分，大体可分为：祭祀（宗教）性舞蹈、自娱性舞蹈、礼仪性舞蹈、民族历史（生产劳动）传衍性舞蹈等种类。

（二）国际标准舞

国际标准舞由社交舞转化而来，是体育与艺术高度结合的一项体育项目和一种男女为伴的步行式双人舞的竞赛项目。分两个项群：摩登舞和拉丁舞，十个舞种。其中摩登舞项群含有华尔兹、维也纳华尔兹、探戈、狐步和快步舞，拉丁舞项群包括伦巴、恰恰、桑巴、牛仔和斗牛舞。每个舞种均有各自舞曲、舞步及风格，根据各舞种的乐曲和动作要求组编成各自的成套动作。

摩登舞（Modern）又译为“现代舞”，特点是由贴身握抱的姿势开始，沿着舞程线逆时针方向绕场行进。步法规范严谨，上体和胯部保持相对稳定挺拔，完成各种前进、后退、横向、旋转、造型等舞步动作，具有端庄典雅的绅士风度。曲调大多抒情优美，旋律感强。服饰雍容华贵，一般男着燕尾服，女着过膝蓬松长裙。

拉丁舞（Latin）的特点是舞伴之间可贴身、可分离，各自在固定范围内辐射式地变换方向角度，展现舞姿。步法灵活多变，各舞种通过对胯部及身体摆动不同的技术要求，完成各种舞步，表现各种风格。舞姿妩媚潇洒，婀娜多姿。风格生动活泼，热情奔放。曲调缠绵浪漫，活泼热烈，节奏感强。着装浪漫洒脱，男着上短下长的紧身或宽松装，女着紧身短裙，显露女性曲线的美。

（三）爵士舞

爵士舞（Jazz Dance）是非洲舞蹈的延伸，流行于美国。爵士舞是充满动感的多元化节奏型舞蹈，舞步糅合着刚与柔的特性。爵士舞节奏本身比较强劲，是充满动感、灵活和富有趣味的肢体活动，动作的本质是一种自由而纯朴的表现，直接把内心的感受表达出来。舞蹈的动作及音乐极富节奏感，经常练习可达到身体放松及运动的效果。爵士舞可以表达表演者的热情奔放、充满青春跃动感受，以心灵及身体去感受，将舞蹈化为艺术表现出来，也是一种发泄和表达自己情绪的好方法。爵士舞的特征是可自由自在地跳，不必像传统式的古典芭蕾必须局限于一种形式与遵守固有的姿态，但和迪斯科舞那种完全自我享受的舞蹈又不同，它在自由之中仍有一种规律的存在。

（四）芭蕾舞

芭蕾，欧洲古典舞蹈，由法语 ballet 音译而来。芭蕾舞孕育于意大利文艺复兴时期，17 世纪后半叶开始在法国发展流行并逐渐职业化，在不断革新中风靡世界。芭蕾舞最重要的一个特征即女演员表演时以脚尖点地，故又称脚尖舞。其代表作品有《天鹅湖》《仙女》《胡桃夹子》等。

二、KTV 相关知识

KTV 是 Karaok TV 的缩写。Karaok 是个日英文的杂名，Kara 是日文“空”的意思。现在在我国 KTV 发展迅速，大多都是综合型，添加了酒吧、迪厅、保健、洗浴等，这样更加适合商务消费的习惯。

（一）KTV 的组成

1. 硬件（音响系统）

KTV 音响系统包括：合并式功放 + 音箱 + 麦克风（有线，无线）、前级效果器 + 后级功放 + 音箱 + 麦克风（有线，无线）、合并式功放 + 音箱 + 麦克风 +BSV 液晶拼接屏（显示部分）。

2. 软件（点歌软件系统及后台软件系统）

（1）点歌软件系统

点歌软件系统用于客人根据个人爱好通过该软件查询（包括歌星查询、笔画查询、字数查询、拼音查询、字母查询、组合查询等多种查询方式）所需要的歌曲。目前，该软件是国内查歌速度最快的。另外，客人还可以了解歌星的简介、播放歌曲、控制歌曲、点酒水服务等。该软件包含了多套主题界面，这项技术是国内 KTV 系统中的首创。系统采用了多模块交叉使用功能，如客人在点播服务功能、酒水功能时仍可对正在点播的节目进行控制和操作，实现了完全交叉式的操作。

（2）后台软件系统

后台软件是由多个软件组成的，所以称为系统。它们专门用于 KTV 场所的各项管理，各软件及功能如下：

开房咨客：用于包房的管理和控制，如查询、预订、购买、开房、转房、并房、关房等。

酒水软件：用于客人可能通过包房电脑及酒水软件点取经营者所提供的酒水饮料等，并可由此查询酒水消费情况。

收银系统：用于客人消费完后的结账，娱乐场所根据经营的性质来制订收费标准，建立多种结账方式。

歌曲编辑系统：用于系统歌库中的歌曲管理，如添加、编辑、制作、删除、更改等。该系统分硬卡编辑和软件编辑系统。

经理查询系统：用于娱乐场所的经营管理者查询经营状况、财务支出、费用查询等方面信息。

服务响应系统：用于客人和管理者两方面。客人呼叫服务内容可根据需要进行设置，如“呼叫服务员”“呼叫 DJ”等，该服务信息通过网络会发送到服务响应电脑上，根据用户的需求进行响应服务项目应答和服务安排；管理者可以向各包房发短消息、广告、祝词、寻人启事等。

财务管理系统：用于娱乐场所财务部门专门针对场所的财务管理，如收入、支出、记账、销售情况、财务报表、人员管理等。

库房管理软件：对于库存产品进行简单的进、销、存管理。各软件详细功能和使用方法详见说明手册。如用户对软件有特殊要求，可根据要求进行编制修改。

（二）KTV 包间

为了满足不同的消费群体，KTV 设不同的包间。根据 KTV 包厢空间面积分为大型、中型、小型的 KTV 包间。大型 KTV，面积 25 平方米，可容纳 20 人，KTV 包房设施、功能较为齐全、豪华、宽敞。中型 KTV 包厢，面积 11~15 平方米，可容纳 8~12 人，配备基本的电视、VOD 点播、沙发、茶几、电话和其他设施，而且还根据酒吧的实际情况设置厕所、舞池等。小型的 KTV 包间，一般 9 平方米的面积，可容纳 6 人以下的客户群体，配备设施和大中型 KTV 包厢相同。

任务二　歌舞厅、KTV 项目工作程序

一、岗前准备

①上岗前须换好工作服，并做自我检查，做到仪容仪表端庄、整洁，符合要求。

②提前 10 分钟到达工作岗位。

③开窗或打开换气扇通风，清洁舞厅内的环境及设备。

④检查并消毒饮具、餐具、器具和其他客用物品，发现破损及时更新。

⑤补齐各类营业用品和服务用品，整理好营业所需的桌椅。

⑥查阅值班日志，了解客人的预订情况和其他需要继续完成的工作。

⑦确认服务工作已准备完毕，并处于规定工作位置。

二、迎宾

①迎宾员欢迎客人时要面带微笑，使用敬语，并主动问候客人。

②询问客人是否有预订，如有预订，则将客人引领至预订位置；如无预订，则将客人引领至客人所选择的位置。

③将客人引领到合适的位置后，要按客人身份的顺序为客人拉椅让座。

三、大厅或 KTV 包间服务

①认真观察客人，如客人需要脱衣、摘帽，要主动服务，并将衣帽送至衣帽间。

②客人入座后，递上面巾，并送上歌单和酒水单请客人点用。

③在客人点用时应立于客人右后侧，身体微向前倾，仔细倾听，并将客人点用信息准确地记录在酒水单和点歌单上。客人点完后，服务员应主动复述一遍，以确认无误。

④服务员回收酒水单和点歌单，并在其上面记下台号、时间和人数，将单据送至调音室和吧台。

◆控制室收到点歌单后，须严格按顺序播放，尽量满足客人的需要。

◆酒吧凭客人票的尾单领取饮品、纸巾、花生或其他小食，上饮品时先放

杯垫后放饮品，然后放小食。

◆吧台准备好酒水、食品后，服务员应用托盘上酒水、食品，并报出酒水及食品的名称，请客人慢用。上饮品、食品从客人的右边上，左边撤。

⑤坚持站立式服务。当客人需要增加消费时，要随时送上点用单并做好记录。

⑥客人娱乐时，服务员应注意观察歌舞厅四周和客人的活动情况，并注意桌面。

◆发现客人酒水将用完时，应主动询问客人是否需要添加酒水。

◆发现烟灰缸内有两个以上烟蒂时，要立即更换烟灰缸。

⑦音乐会、舞会结束时要即刻开灯。

⑧当客人示意结账时，服务员要主动上前将账单递给客人。

◆如客人要求挂账，服务员要请客人出示房卡并与前台收银处联系。待确认后，请客人签字并认真核对客人笔迹。

◆如未获前台收银处同意或认定笔迹不一致，则请客人以现金结付。

⑨客人离开时，服务员要主动提醒客人不要忘记随身物品，并帮助客人穿戴好衣帽。

四、送别客人

①服务员将客人送至门口，并与迎宾员一起向客人道别。

②客人走后及时清场。注意检查有无烟头，收好杯具、食品盛器，收整好酒吧，搞好卫生，待经理或班长检查合格后，关好灯后方可离开。

任务三　歌舞厅、KTV项目服务规范

一、歌舞厅、KTV管理工作规范

（一）文明服务规范

①服务员上岗时，必须做到仪容端正、仪表整洁，按规定着装，佩戴工号牌，不得随意离岗、闲聊。

②服务员必须做到礼貌待客、微笑服务，不得向客人索取小费。

③服务员严禁“三陪”现象发生，杜绝色情活动。

④服务员不得与客人吵架、斗殴，要做到骂不还口，打不还手。

（二）安全规范

①服务员须按规定标准限额售票，满员后不得再卖票，以免造成拥挤。

②服务员要协助安保人员密切关注厅内的情况，如有问题须及时上报。

◆如客人之间发生争吵，服务员首先要进行劝导，并将客人隔离。对无法解决的问题，要通知安保人员前来处理。

◆发生打架、斗殴事件时，要立即通知安保人员，并协助安保人员一同上前制止。必要时可使用紧急报警装置。

◆协助安保人员观察歌舞厅门口的人流情况，防止不法分子混进厅内进行盗窃、诈骗活动。

◆发现可疑人员时，须及时报告部门主管并做好严密控制。

③服务员需定期参加消防技能培训，确保会使用消防设备。

二、音响设备管理工作规范

娱乐使用的音响设备由音响师管理，并按标准和程序使用及调试。服务员应配合音响师对 KTV 包房内的音响设备进行管理，确保音响设备的正常运行：

①营业前 1 小时音响师要调试好设备，发现故障须及时排除。

②严格按照规章操作，音响设备在使用时要注意以下七点：

◆按规定时间及要求播放录音与唱片。

◆除酒店规定播放的音像制品外，其他任何音像制品严禁带入机房播放、转录。

◆机房内使用的音像制品严禁外借或转录。

◆使用区域呼叫时，应先按下音响信号开关，然后再进行呼叫。

◆设备之间的连线不准随意变动，监视器的节目频道由设备专业人员进行调整，其他人员严禁乱调。

◆为确保音响设备正常运行，机房内的所有插座均不准插入与设备无关的负荷，以免出现故障或断电。

◆发生紧急情况时，须立即打开紧急开关，用各种语言通知客人疏散。

③ KTV 包房服务员在交接班前需检查音响设备，确保其播放正常。

④ KTV 包房内的设备在使用时，服务员要在现场看护，如发现客人违章使用或操作要及时予以制止。

⑤音响师每天定时对设备线路进行检测，工作期间每 4 小时检测一遍公共音响设备并进行调整，保证播放正常。

⑥音响师要做好设备运行工作记录。

⑦音响师要按照设备使用说明定期对设备进行检修及系统测试。

任务四　歌舞厅、KTV 项目服务英语培训

◆您好，欢迎光临。请问您喜欢包间还是散台？

Good evening, sir. Welcome to the Night Club. Would you like a VIP room or a regular one?

◆包间。

VIP.

◆请坐。请问我可以为你们点饮品和食品吗？

Please have a seat. May I have you order now?

◆先生，今天将有歌舞、时装等表演，还有抽奖活动，欢迎欣赏与参与。同时希望您玩得愉快。

Excuse me, sir. We have the performance of dance, singing and fashion show, the lucky draw is also included. I hope you can participate and enjoy yourself.

◆打扰一下。

Excuse me, sir.

◆先生，您点的是 ××、××，对吗？

Excuse me, sir. You have ordered ××, ××, is that all right?

◆对的。

Yes.

◆谢谢您，请稍候。

Thank you, sir. Just a moment, please.

◆对不起，让您久等了。这是您点的 ××、××。希望你们玩得开心。

Excuse me, sir. Sorry to have kept you waiting... This is ××, ××. Hope you enjoy yourself.

◆您的结束时间是 × 点 × 分，共 × × 小时， × × 元。

Excuse me, sir. The ending time ××, ×× hours in all. The payment is ×× yuan. Thank you, sir.

◆请带好您的随身物品。谢谢光临，欢迎下次再来。

Please take your belongings with you. Thank you for your coming, and hope to see you again.

任务五 歌舞厅、KTV 员工目标考核

一、歌舞厅、KTV 领班目标考核

序号	考核内容	考核指标及目标值	考核实施	
			考核人	考核结果
1	完善歌舞厅营业计划	歌舞厅营业收入达到______万元，毛利润达到______万元		
		酒水、食品销售收入达到______万元		
		营业计划完成率达到______% 以上		
2	配合娱乐经理策划歌舞厅节目，安排及改善节目单	娱乐节目翻新率达到______%		
		客人对歌舞厅节目满意率达到______%		
3	组织好歌舞厅对客服务工作	客人满意度评分平均达到______分		
		客人的有效投诉次数不超过______次		
4	检查设备、设施运行情况	由于设备、设施运行故障，歌舞厅经营的次数为 0		
5	控制歌舞厅营业成本	歌舞厅营业成本节约率为______%		

二、歌舞厅、KTV 迎宾员目标考核

序号	考核内容	考核指标及目标值	考核实施	
			考核人	考核结果
1	根据客人预订情况，合理安排留位	预订处理及时率达到______%		
		客人对预留位置的满意度评分平均达到______分		
2	将客人引领至合适的位置	引领服务不符合规范的次数不超过______次		

三、歌舞厅项目服务员目标考核

序号	考核内容	考核指标及目标值	考核实施	
			考核人	考核结果
1	提供点歌、酒水等服务	客人满意度平均得分在______分以上		
		客人投诉率为 0		
2	适时推销	酒水、食品月销售额达到______元以上		
3	及时清理台面及所辖区域的卫生清洁工作	卫生清洁达标率达到______%		
4	歌舞厅设备、设施的管理	设备设施完好率达到______%		

四、音响师目标考核

序号	考核内容	考核指标及目标值	考核实施	
			考核人	考核结果
1	调节歌舞厅音响及灯光效果	客人对歌舞厅音响及灯光效果满意率达到______%		
2	音响等设备的保养	歌舞厅音响等设备的完好率达到______%以上		

案例分析

不合时宜的笑声

服务员小陈是KTV包房里的当值服务生，她一直站在旁边。当她听到客人对某位歌星唱的一首歌曲一再赞叹后终于忍俊不禁，在旁边笑出了声，引起了客人的注意。于是，那位正在说话的客人便问她："你笑什么？"小陈诚实地说："先生，刚刚放的那首歌并不是某某歌星的原唱，您搞错了，我觉得您说的话挺有意思的，所以就笑了。"客人此时的脸色可想而知，虽然一言不发，但颇有些下不来台，不悦之情自不待言。

问题1：服务员小陈为什么会让客人不愉快？

问题2：如何避免小陈所犯的错误？

思考与练习

1. 如何针对酒店的特色来布局歌舞厅、KTV？
2. 对歌舞厅、KTV项目，如何提供规范的服务？
3. 电脑点歌时未按客人点歌播放应怎么办？
4. 当客人点新歌而电脑没有时怎么办？
5. 公司场内出现警察例行检查，员工应如何处理？
6. 当全部客人离开KTV厅房而未埋单时，应怎样处理？
7. 若你不小心将酒水洒在客人身上，该怎样做？
8. 当班时间客人盛情邀请你跳舞或饮食时，你怎样处理？
9. 客人投诉房间音响效果怎么办？
10. 如何处理客人在KTV时自带酒水、食物？

项目十六　游艺项目服务与管理

【知识目标】

◆掌握游艺项目服务知识。
◆熟练掌握游艺项目工作程序。
◆熟悉游艺项目服务规范。
◆熟悉游艺厅各岗位人员目标考核的内容。

【能力目标】

◆能够熟练提供游艺项目服务。
◆能够处理游艺项目服务中遇到的常见问题。
◆能够制订游艺项目服务规范。
◆能够对游艺厅各岗位人员进行绩效考核。

【素质目标】

◆树立遵纪守法的意识。
◆具有规范化操作与标准化服务的意识。
◆具有良好的敬业精神。
◆具有良好的团结协作意识。

【实训项目】

设计游艺项目对客服务情景。

【项目分析】

◆将学生分为若干组，每组独立完成项目设计。
◆每组成员用英文现场模拟演示本组设计的情景。

【学习任务】

任务一　游艺项目服务知识

电子游戏的广义定义为操纵计算机线路进行的游戏。游戏机有依靠电池供电的手控机关运行和利用电视屏幕、计算机终端运行，以及利用设在游艺室内的大型设备运行等多种。1971 年，一位名叫诺兰·布什奈尔的美国麻省理工学院学生设计出了世界上第一款商用电子游戏机，名叫 Computer Space，游戏的输入设备就是相当简陋的游戏杆而已，以黑白显示器作为显示设备。这是目前公认的世界上第一款真正意义上的电子游戏机。

随着电子游戏的发展，电子游戏也因实现方式的不同而分成几大主要类别：

一、电脑游戏 PC Game

电脑游戏 PC Game 是指在电子计算机上运行的游戏软件，是一种具有娱乐功能的电脑软件。电脑游戏产业与电脑硬件、电脑软件、互联网的发展联系甚密。目前电脑游戏又分为单机游戏、网络游戏两种主要游戏方式。

二、家用机 Console

家用机 Console 是指专为电子游戏而开发的硬件平台，通常用于家庭娱乐使用。最典型的例子就是大名鼎鼎的任天堂 FC，也是最早普及的家用电子游戏平台。

三、街机 Arcade

街机 Arcade 是一种放在公共娱乐场所的经营性的专用游戏机，也可称为大型电玩（在中国台湾又俗称“大台”），是电子游戏最早的商用平台，起源于美国的酒吧。在街机上运行的游戏叫街机游戏。经典街机游戏有：拳皇（KOF）、合金弹头、雪人兄弟、超级魂斗罗、恶魔战士、街头霸王、三国战纪、怒之铁拳、双截龙、雷电、死亡之屋、化解危机、铁拳、圆桌骑士、铁钩船长、恐龙快打、彩京、VR 特警等。

四、掌机 Portable

20 世纪 80 年代后期，个人使用的行动化电子元件成为一种潮流，各游戏厂商为了适应这种新型的消费模式而开发了可以携带的游戏主机，最早的 Gameboy 以及目前国内普及率较高的 Play Station Portable（PSP）都属于这种机型。

任务二　游艺项目工作程序

一、岗前准备

①打开责任区域内的窗户或换气扇进行通风，并清洁游艺厅内的环境卫生。

②服务员检查客用物品，发现破损、残缺的要及时更新。

③补齐各类营业用品和服务用品，并整理好桌椅。

④查阅值班日志，了解客人的预订情况及交代其他未完成的工作。

⑤再次检查服务工作的准备情况，做好迎客准备。

二、迎宾服务

①客人到来时，主动向客人问好。

②引领客人到相应的场地。

三、游艺厅内服务

①向客人介绍机器类型，告知客人如何收费，且告知客人游戏机币售后不退、不兑换现金，将客人所需游戏币放在盒子内双手递给客人，为客人打开机器。

②礼貌询问客人是否需要饮料。

③在客人娱乐过程中，随时观察客人的情况并提供相应的服务。

④客人打完游戏时，询问客人是否需要继续娱乐，如客人结束娱乐，询问客人是否还有剩余游戏币，如有帮客人寄存。

⑤按结账程序快速准确地为客人结账。

四、送客与整理

①客人离开时，询问客人对服务的意见，及时填写宾客意见本，对于客人提出的意见尽快回复，当场无法回复的上报管理人员。

②提醒客人带好随身物品并检查有无遗留物品。如有，第一时间与预订人或已掌握联系方式的客人联系告知遗留物品，核实后交与客人，并提醒以后保管好。未联系到客人的按遗留物品处理程序处理。

③礼貌与客人道别。

④清理游艺厅卫生，做好接待新顾客的准备。

任务三　游艺项目服务规范

游艺厅员工对客进行服务应遵循下述规范：

一、岗前准备规范

① 服务员按时上岗。规范要求：工装整洁，仪表端正，精神饱满。

② 做好服务准备工作。规范要求：按客人预订时间及要求做好卫生及相关物品准备工作，香巾加热进行保温；站立于吧台迎接客人，面带微笑。

二、迎宾服务规范

①服务态度应主动、热情。规范要求：站立于吧台迎接客人，面带微笑并问候，对于常来客人要称呼其姓名或职务。语言规范：“××先生/女士。早上好/中午好/晚上好。”如客人参观，迅速打开全部灯光，并向客人做介绍并解答客人提出的问题。如客人娱乐，在该项目有预订的情况下询问客人有无预订，与客人礼貌核实预订信息（注意采用引导性提问语言），确认预订后迅速打开房间灯光，根据客人要求将空调调至适宜温度。语言规范：“先生，请问您有预订吗？请问您贵姓，预订的哪个房间？”

②询问是否有预订。若未预订，则将客人引领至客人选择的位置；若客满，征求客人意见，询问是否愿意排队等候或先进行其他活动。

三、游艺厅内服务规范

①客人脱衣、摘帽时，服务员应主动为其服务，并将客人的衣帽挂在指定衣架或者送至衣帽间。

②观察客人对哪一台游戏机感兴趣，主动向客人介绍该游戏机的性能、特点、游戏方式等。语言规范："××先生/女士，游戏机1元一个币，请问您需要多少个币；老虎机也可以上分的，10元起价，游戏机币售后不退，但您可存币。"

③为客人办好活动手续及换好游戏币，由客人自由选择机位，或引导客人去合适的机位。语言规范："××先生/女士，机器已经调试好了，现在可以开始了。"

④询问客人是否需要酒水或食品，适度向客人推销，并根据客人活动单上的酒水服务要求为客人提供饮品。语言规范："请问您需要什么饮料或茶水，请问饮料您要冰的还是常温的？"如客人有需要，重复一遍客人要求并告知价格以确认。上饮料时，主动询问客人是否打开，若不打开，应将玻璃杯倒置在杯垫上。语言规范："先生，您的香巾和饮料，请慢用。"如客人不需要，主动为客人送上一杯纯净水及香巾，要用托盘、杯垫，不要手持杯口或瓶口。如客人自带饮料或水果，主动提供杯子或帮其清洗切开，去餐饮借果盘和水果叉，装盘后再请客人食用。

⑤客人娱乐时，应站立于客人附近，随时为客人解答问题及提供服务，并在必要时向客人示范游戏机的玩法。

⑥对于具有竞赛功能的游戏机，服务员应组织客人参与比赛，并根据规定对比赛中的优胜者给予奖励。

⑦客人娱乐期间，服务员应视情况向客人提供饮料、小吃服务。客人离去时，账单开具要准确，账款须当面点清。

⑧游戏机出现故障时，服务员应尽快设法排除；如不能尽快排除，则应请客人谅解，并询问客人是否改玩别的游戏机。

⑨当客人示意结账时，服务员要主动将账单递给客人。

◆如果客人要求挂账，服务员要请客人出示房卡并与前台收银处联系。待确认后，请客人核对账单并签字，服务员要认真审核客人的笔迹。

◆如前台收银处未对客人资料进行确认或认定笔迹不一致时，应请客人现金支付。

四、送客与整理服务规范

①客人离开时，服务员要主动提醒客人不要忘记随身物品，并帮助客人穿戴好衣帽。具体规范要求：

◆在“游戏机币寄存本”上填好游戏币的个数，请客人确认签字。

◆语言规范：“请您带好您的随身物品。”

◆检查有无遗留物品。

②服务员将客人送至门口，并礼貌地向客人道别。具体规范要求：引领客人至门口，向客人指示电梯位置或将要去的地方，目送客人至少五米远处。语言规范：“请慢走，欢迎下次光临！”声音要柔和，声调适中。

③客人离开后，服务员应迅速清洁场地，整理好桌椅，准备迎接下一批客人的到来。具体规范要求：

◆将老虎机清零，关机。

◆清理客人用过的烟灰缸、纸巾和杯具，烟灰缸内的烟头要确认已熄灭再倒掉。

◆对杯具进行一客一清理。

◆关闭灯光，只保留工作灯。

任务四 游艺项目服务英语培训

◆您好，欢迎光临。游戏兑换币在那边。

Welcome, sir. The token exchange desk is over there.

◆先生，我们这边最近有很多奖励活动，欢迎您参与，希望您玩得开心。祝您好运。

Excuse me, sir. We have many rewarding activities. Hope you enjoy yourself, good luck.

◆如果您还有其他需要，请通知我们。

If you need any help, please call us.

◆先生，这是退您的 ×× 游戏币，×× 元。谢谢光临，欢迎下次再来。

Excuse me, sir. Here is you token left, ×× yuan. Thank you for your coming and hope to see you again.

任务五　游艺厅员工目标考核

一、游艺厅领班目标考核表

序号	考核内容	考核指标及目标值	考核实施	
			考核人	考核结果
1	完成游艺厅营业计划	游艺厅营业收入达到______万元，毛利润达到______万元		
		酒水、食品日销售收入达到______万元		
		营业计划完成率达到______%以上		
2	组织做好游艺厅对客服务工作	客人满意度评价平均分达到______分		
		客人的有效投诉次数不超过______次		
3	按月编制营业额报表	数据出错率为0		
4	游艺厅的卫生情况	卫生检查合格率达到______%		
5	定期对员工进行培训	游艺厅员工培训计划完成率达到______%		
6	控制游艺厅营业成本	游艺厅营业成本节约率为______%		

二、游艺厅项目服务员目标考核

序号	考核内容	考核指标及目标值	考核实施	
			考核人	考核结果
1	为客人提供游艺厅项目服务	客人满意度平均得分在______分以上		
		因服务不到位导致客人投诉的次数不超过______次		
2	记录客人的消费情况	为客人记录消费的出错率为0		
3	游艺厅设备、设施的管理	设备、设施完好率达到______%		

三、换币员目标考核

序号	考核内容	考核指标及目标值	考核实施	
			考核人	考核结果
1	为客人换游戏币	换币出错率为 0		
2	回收游戏币	游戏币丢失率不超过______%		
3	游戏机的报修	游戏机的报修及时率达到______%以上		

案例分析

北京某外资企业销售部经理王先生，30 岁，工作之余的业余爱好是玩游戏。这次到广州开会，入住某五星级大酒店。晚饭后，王先生来到了康乐中心的电子游戏厅，在具有高科技含量的模拟电子游戏机房里玩了 2 个小时的游戏之后，口干舌燥，想买一瓶饮料，就问服务员小张："我想买瓶饮料，到哪去买？""先生，请到二楼吧台。"服务员小张礼貌地告诉他。王先生听后，站起身来到二楼吧台，买了一瓶饮料之后，回到座位上，准备继续玩游戏，但由于中断了 5 分钟，激情与兴致大减，就怏怏地回到了房间，用电话向主管进行了投诉。

问题：假如你是主管，该如何处理？

思考与练习

1. 游艺项目服务过程中应注意哪些事项？
2. 绘制游艺项目服务工作流程。
3. 阐述游艺厅员工目标考核的内容？

附录　康乐部工作表格

一、康乐中心营业日报

班组名称	接待人数		本日发生数				本日累计数
	预订客人	未预订客人	现金	信用卡	转账	支票	
保龄球室							
网球场							
壁球室							
乒乓球室							
高尔夫球室							
台球室（美）							
台球室（英）							
游泳池							
健身房							
保健室							
多功能厅							
钓鱼中心							
婴幼儿活动室							
其他							
合计							
备注							

日期：　　　　　　　　　　　　　　　填表人：

二、康乐中心营业月报

班组名称	本月累计数	与去年同期相比		本月金额累计数
		月人累计数	月金额累计数	
保龄球室				
网球场				

续表

班组名称	本月累计数	与去年同期相比		本月金额累计数
		月人累计数	月金额累计数	
壁球室				
乒乓球室				
高尔夫球室				
台球室（美）				
台球室（英）				
游泳池				
健身房				
保健室				
多功能厅				
钓鱼中心				
婴幼儿活动室				
其他				
合计				
备注				

日期： 填表人：

三、康乐中心当日工作情况汇报表

月 日

项 目	内 容			
考勤	上班时间	姓名	下班时间	姓名

续表

<table>
<tr><th>项　目</th><th colspan="3">内　　容</th></tr>
<tr><td rowspan="3">钥匙物品交接情况</td><td>早班</td><td>中班</td><td>夜班</td></tr>
<tr><td>交收</td><td>交收</td><td>交收</td></tr>
<tr><td>备注：</td><td>备注：</td><td>备注：</td></tr>
<tr><td rowspan="6">检查情况</td><td colspan="2">设备设施检查</td><td></td></tr>
<tr><td colspan="2">电源切断</td><td></td></tr>
<tr><td colspan="2">门窗检查</td><td></td></tr>
<tr><td colspan="2">消防安全</td><td></td></tr>
<tr><td colspan="2">客人活动意见反馈</td><td></td></tr>
<tr><td colspan="2">若其他项目有问题请注明 *</td><td></td></tr>
</table>

* 注：若无任何问题，此栏请写“一切正常”，并由当班人员签字

当班负责人签字：

四、客人租用物品记录表

日期	房号	退房日期	经办人	借出物品	借出时间	借用客人签名	收回时间	备注

五、客用品领用借用记录表

日期	领用或借用物品	领用人	归还日期	归还人	备注

制表人：

六、康乐中心贵宾娱乐记录表

贵宾姓名	卡号	身份证号码	日期	项目	人数	时间		持卡人签名	经办人	备注
						起	止			

七、物品消毒记录表

时间	消毒内容	清洗消毒人	检查人	检查情况

八、游戏币记录表

日期	班次	值班人	账单号	剩余币数	寄存人及币数	备注

九、送洗布草记录表

送洗时间	送洗布草名称	数量	送洗人	领取时间	领回布草名称	数量	领取人	备注

十、员工仪容仪表检查表

班组：　　　　　　　　　日期：　　　　　　　　　检查人：

姓名	发型	头饰（女）	化妆（女）	胡须（男）	指甲	饰物	衬衣领口袖口	工装上衣	工牌	工裤/工裙	肉色丝袜	深色袜	领带领结领扣	皮鞋	手套	备注

十一、康体中心消毒记录表

日期	时间	泳池消毒	男桑温度	泳池水温	女桑温度	泳池水温度	泳池pH值	泳池余氯值	浸脚池消毒	负责人

十二、制卡申请表

日期：　　年　　月　　日

（会员卡、次卡）资料			
类型	卡号	数量	有效期
30次卡			6个月
60次卡			9个月
100次卡			12个月
200次卡			18个月
会员卡			12个月
会员卡			12个月
会员卡			12个月
合计			
续卡情况			
制卡人签名			
康乐部负责人签名			

十三、泳卡登记表

日期	种类	卡号	办卡日期	联系人	联系电话	截止日期	经手人	剩余次数

十四、预订记录表

日期	项目	预订时间	单位	联系人	联系电话	预订员	接预订时间	特殊要求	预订状态	备注

十五、技师工作记录表

日期	项目	放号/手牌号	按摩房号	时间	技师姓名	价位	账号	服务员	技师签名	备注

十六、报损记录表

日期	报废物品及数量	报废原因	经手人	检查人	仓管员

十七、钥匙记录表

日期	钥匙名称	领用时间	领用人	经手人	归还时间	归还人	经手人

十八、外线电话记录表

日期	时间	时长	联系人	电话号码	事由	拨打者

十九、宾客意见收集表

年　　月　　日

客人姓名		性别	
工作单位			
消费地点			
宾客意见			
落实情况			

二十、宾客意见落实跟踪表

班组	日期	宾客意见	整改措施	落实情况

二十一、设备维护记录表

日期	时间	检查内容	运行情况	检查人

二十二、内部质检表

部门 / 班组：　　　　　　　　　　　　　　　　　　　　日期：　　年　　月　　日

类别	时间	检查内容	责任人	检查人	处理措施
清洁卫生					
仪容仪表					
岗前准备					
操作规范					
行为规范					
设施设备					
节能降耗					
员工亮点					

二十三、商品日消耗表

种类	日期	配备	销售	结余	日期	配备	销售	结余	日期	配备	销售	结余

二十四、备用金交接记录表

日期	班次	值班人员	零钱数	明细	备注

二十五、泳池加药记录

日期	时间	优氯净	硫酸铜	澄清剂	加药人	吸尘人
月　日						
月　日						
月　日						

二十六、培训效果评估表

培训日期：	培训部门 / 班组：
培训课题：	培训师：
评估项目（请在您认为相对应的括号中打“√”）	**分数**
培训师的仪容仪表、行为规范程度 很好（10分）　好（8分）　一般（6分）　差（4分）	
培训师的课程准备情况（培训材料、培训场地、道具等） 很好（10分）　好（8分）　一般（6分）　差（4分）	
培训内容的丰富程度 很好（10分）　好（8分）　一般（6分）　差（4分）	
培训师的语言表达能力 很好（10分）　好（8分）　一般（6分）　差（4分）	
培训形式及氛围营造情况 很好（10分）　好（8分）　一般（6分）　差（4分）	
培训内容的实效性 很好（10分）　好（8分）　一般（6分）　差（4分）	
对培训主题的把握情况 很好（10分）　好（8分）　一般（6分）　差（4分）	
对授课进程的掌握情况 很好（10分）　好（8分）　一般（6分）　差（4分）	
对培训课堂纪律的维护情况 很好（10分）　好（8分）　一般（6分）　差（4分）	
对培训效果的检查 很好（10分）　好（8分）　一般（6分）　差（4分）	

请您提出对本次培训的意见和建议：

____

____

二十七、客史档案表

姓名	性别	卡号	单位	联系电话	娱乐项目	喜好及习惯

二十八、遗留物品记录表

捡拾日期	遗留物品数量及种类	捡拾人	捡拾地点	吧台员工	认领日期	认领人签字	认领人有效证件及号码	经手人签字

二十九、会员卡登记表格

办卡日期	卡号	宾客姓名	单位	联系电话	金额	折扣	有效日期	会员手册	经手人

三十、康乐中心巡视检查表

情况 地点	日期	巡视时间	巡视人员	巡视情况
601				
602				
603				
605				
卫生间				
606				
607				
608				
609				

续表

情况 / 地点	日期	巡视时间	巡视人员	巡视情况
610				
游戏机室				
服务室				

注：1. 无客人情况下早班巡视时间为：8：00，12：00，16：00；中班为16：00，20：00，24：00；夜班为24：00，04：00，08：00。巡视内容主要为：卫生、设施设备、安全。

2. 有客人时1小时一巡视或根据客人要求进行服务巡视。

三十一、康乐中心卫生清理检查表

清理人		清理时间			自查时间		
自查人		复查人			复查时间		
检查区域	**检查项目**	**自查情况**	**复查情况**	**检查区域**	**检查项目**	**自查情况**	**复查情况**
大厅	指示牌			台球室	大门		
	水牌				地毯		
	大门				墙边		
	墙边				配电盒		
	壁灯				沙发		
	吧台				茶几		
	电脑				烟灰缸、火柴		
	电话				衣架、衣撑		
	打印机				服务器		
	税控机				价目表		
	POS 机				绿植		

续表

检查区域	检查项目	自查情况	复查情况	检查区域	检查项目	自查情况	复查情况
大厅	验钞机			台球室	球台		
	保险柜				灯罩		
	电话指南				球杆		
	便签本				记分牌		
	宣传册				手套		
	垃圾桶				巧克粉		
	配电盒				架杆		
	木地板				球轨道		
公共区域	墙边				灯		
	走廊玻璃				垃圾桶		
	壁画			乒乓球室	门		
	插座				墙边		
	标志牌				沙发		
	房号牌				茶几		
	壁灯				服务器		
	绿植				价目表		
	高处木格				烟灰缸、火柴		
	冰箱				衣架、衣撑		
	灭火器				饮水机		
	安全通道				布草筐		
卫生间	大门				壁橱、桌子		
	台面				乒乓球		
	绿植				长巾筐长巾		
	物品				抽纸盒		
	镜面				球鞋、袜子		
	电镀件				记分牌		

续表

检查区域	检查项目	自查情况	复查情况	检查区域	检查项目	自查情况	复查情况
卫生间	面盆			乒乓球室	电视		
	马桶				垃圾桶		
	壁画				乒乓球台		
	木隔断				灯及空调开关		
	地面				地面		
棋牌室	大门			服务室	门		
	灯光及吊灯				灯及空调开关		
	配电盒				垃圾桶		
	墙边				可回收物品		
	沙发（毛发）				清洁篮		
	靠垫				清洁物品		
	衣架、衣撑				消毒柜		
	壁画				杯具		
	电视				文件架		
	烟灰缸、火柴				饮水机		
	象棋				电热壶		
	军棋				水桶		
	跳棋				备量橱		
	围棋				物品备量		
	茶几				私人物品		
	价目表				香巾柜		
	服务器				布草筐		
	壁橱				热水瓶		
	七常				七常		
	麻将牌			游戏机室	门		
	筹码				灯及空调开关		
	麻将桌				衣架、衣撑		

续表

检查区域	检查项目	自查情况	复查情况	检查区域	检查项目	自查情况	复查情况
棋牌室	抽屉盒			游戏机室	垃圾桶		
	桌布				茶几		
	垃圾桶				烟灰缸、火柴		
	绿植				游戏机		
	地毯				椅子		
					木地板		
今日计划卫生							
清理情况							
卫生总评		优　　良　　差					
检查人							

三十二、康体中心卫生清理检查表

清理人				清理时间			
检查人				检查时间			
复查人				复查时间			
检查区域	检查项目	检查情况	复查情况	检查区域	检查项目	检查情况	复查情况
大厅	大门			女桑	大门		
	指示牌				地面墙面		
	水牌				地脚线		
	灯				梳妆台		
	电脑				更衣柜		
	电话				体重秤		
	验钞机				消毒柜		
	保险柜				垃圾桶		
	打印机				长条凳		
	税控机				淋浴间		

续表

检查区域	检查项目	检查情况	复查情况	检查区域	检查项目	检查情况	复查情况
大厅	便签本			女桑	干蒸室		
	宣传册架				湿蒸室		
	Logo 图				卫生间		
	杯具				清洁区		
	烟灰缸、火柴				助浴区		
	公放橱				地漏		
	开关				布草筐		
	垃圾桶				绿植		
	茶几				电镀件		
	沙发				配电盒		
	地面			男桑更衣区	大门		
	绿植				灯		
	墙边				地面		
	吧台				地脚线		
	饮料柜				梳妆台		
	展示架				更衣柜		
	饮水机				长条凳		
	消毒柜				布草筐		
	报刊架				垃圾桶		
	抽纸				消毒柜		
健身房	大门				体重秤		
	灯				VIP		
	墙边				配电盒		
	木地板			男桑淋浴区	搓澡床		
	健身器				充气枕头		
	垃圾桶				淋浴间		
	体重秤				卫生间		
	饮水机				电镀件		

续表

检查区域	检查项目	检查情况	复查情况	检查区域	检查项目	检查情况	复查情况
健身房	茶几			男桑淋浴区	皂液器		
	座椅				地漏		
	DVD 机				地面墙面		
	电视机				按摩池		
	提示牌				灯		
	绿植				卫生间		
	更衣柜				助浴区		
	梳妆台				干蒸室		
	镜面				湿蒸室		
游泳池	绿植				垃圾桶		
	躺椅			男桑干身区	地面墙面		
	茶几				开关		
	垃圾桶				梳妆台		
	地面墙面				镜面		
	灯				饮水机		
	救生圈				长条凳		
	救生杆				柜子		
	地漏			公共区域	地面墙面		
	提示牌				绿植		
	大门				壁画		
	饮水机				玻璃框		
	水质牌				灭火器		
	玻璃				卫生间		
吧台七常	物品备量			女桑七常	物品备量		
	物品摆放				物品摆放		
	记录本				记录本		
	卫生清洁工具				卫生清洁工具		

续表

检查区域	检查项目	检查情况	复查情况	检查区域	检查项目	检查情况	复查情况
男桑七常	物品摆放			泳池七常	物品摆放		
	物品备量				物品备量		
	卫生清洁工具				卫生清洁工具		
	记录本				记录本		
今日计划卫生							
清理情况							
卫生总评		优　　良　　差					
检查人							

三十三、康乐中心租用麻将押金单

No.

宾客姓名：	证件号码：
使用场地：	房号：
租用物品名称 / 数量：	租用时间： 起：______日______时 至：______日______时
备注：	收取押金数额：
	客人签字： 日期：
经办服务员签名：	工号：

租用麻将规定：

为满足客人娱乐需求，本酒店康乐中心提供出租麻将服务：

1. 出租麻将（带桌）价格为 20 元 / 小时。
2. 出租麻将桌为 10 元 / 小时。
3. 客人需交押金 200 元整，方可出租并开始计时。
4. 客人娱乐完毕请立即打电话（请拨 6236）通知服务员收回，计时即时结束。

三十四、康乐中心客用更衣柜长期租用登记表

No.

宾客姓名		会员（房号）卡号码	
联系地址		联系电话	
活动场地		租用时间	
更衣箱号码		备注：	
批准者			
发放钥匙数量		经办人	
收取押金数额		日期	

三十五、康乐中心教练、陪练服务通知单

No.

服务场所		宾客姓名	
联系电话		性　别	
联系地址、房号			
服务时间			
服务要求			
备注			

教练、陪练员签收：　　　　　　　　　　经办人：

日期：

三十六、VIP 免费康乐预订委托书

宾客姓名		身　份	
房号 / 公司		免费活动人数	
免费活动要求		免费活动时间	
免费服务要求：			
接待部门		批准者	
联系人		联系电话	
变更 / 取消记录		预订销售处批准	
		服务场所签收	
		预订员	
备注		预订日期	
		输入日期	

经办人：

已确认（　　　）　　　　未确认（　　　）

三十七、康乐中心团体包场预订委托单

No.

单位			
预订日期			
联系人		联系电话	
活动时间		参加人数	
活动项目		安排场所	

续表

结算方法		服务要求	
直接付费		茶水饮料	
转账		教练指导	
其他		其他	
收费标准		优惠折扣	
预付定金		批准者	
变更 / 取消记录 经办人: 日　期:		服务场所签收	
		预订员	
		预订日期	
		输入日期	

经办人:

已确认（　　　）　　　　　　未确认（　　　）

三十八、看护婴儿服务委托书

×××酒店

看护婴儿委托书

房号:____________　　日期:____________

要求看护时间：从________至________

客人签名:______________

我们已为您安排了________小姐作为婴儿保姆，看护时间以2小时起算。

收费标准如下：

基价:______元人民币/小时。

如果看护时间超过午夜12时，每小时将加收______元人民币。

如果您要取消委托，请务必提前3小时通知我们，否则，我们将按最低看护时间收取基价。

客房部经理:　　　　　　　　　　日期:

××× HOTEL

Baby Sitting Request

Room No. ____________ Date: ____________

Service time requested: from ________ to ________.

Guest Signature: ____________

The house nursemaid we have specially assigned for you is Miss________.The minimum service time per order is 2 hours.

Charged as following:

Basic charge:________ yuan RMB per hour.

It will be an additional charge of ________ yuan RMB per hour for the service after 12: 00pm.

Cancellation notice should be made 3 hours in advance. Otherwise, the basic charge for minimum service time will be charged accordingly.

Housekeeping Manager: ____________ Date:____________

参考文献

[1] 李玫 . 康乐服务与管理 [M] . 上海：上海交通大学出版社，2011.

[2] 刘俊敏 . 酒店康乐部精细化管理与服务规范 [M] . 北京：人民邮电出版社，2009.

[3] 刘哲 . 康乐服务与管理 [M] . 北京：旅游教育出版社，2009.

[4] 牛志文，周廷兰 . 康乐服务与管理 [M] . 北京：中国物资出版社，2010.

[5] 宋佩华，白彦平 . 中医药对美容学的贡献 [C] .2002 中国中西医结合皮肤性病学术会议论文汇编，2002：486-488.

[6] 王成 . 从技能学习到项目教育：基于运动项目文化的高校游泳课程改革构想 [J] . 体育学刊，2019，26（06）：103-107.

[7] 王宏鹏 . 康乐行业发展与康乐教学探索 [J] . 辽宁教育行政学院学报，2006（3）：140-141.

[8] 吴克祥，周昕 . 酒店康乐经营管理 [M] . 北京：中国旅游出版社，2004.

[9] 张艺 . 我国高星级酒店康乐部发展问题的探讨 [J] . 生产力研究，2010（4）：175-177.

[10] 左剑 . 康乐服务与管理 [M] . 北京：科学出版社，2010.